Bahnreform in Österreich

Europäische Hochschulschriften

European University Studies

Publications Universitaires Européennes

Reihe V **Volks- und Betriebswirtschaft**

Series V Economics and Management

Série V Sciences économiques, gestion d'entreprise

Band/Volume **3432**

Andreas Hametner

Bahnreform in Österreich

Schienenverkehr zwischen Markt und Staat

PL ACADEMIC RESEARCH

Bibliografische Information der Deutschen Nationalbibliothek
Die Deutsche Nationalbibliothek verzeichnet diese Publikation in der Deutschen Nationalbibliografie; detaillierte bibliografische Daten sind im Internet über http://dnb.d-nb.de abrufbar.

ISSN 0531-7339
ISBN 978-3-631-62709-9

PL Academic Research ist ein Imprint der Peter Lang GmbH.
Peter Lang – Frankfurt am Main · Berlin · Bruxelles · New York · Oxford · Warszawa · Wien

www.peterlang.de

Widmung

Ich danke meiner Familie und meinen Freunden und ganz besonders meiner Lebensgefährtin für die Unterstützung während des gesamten Studiums und besonders während des Schreibens dieser Arbeit.

Außerdem bedanke ich mich bei Christian Zeller für die gute Betreuung dieser Arbeit, für seine Geduld und Unterstützung.

Danke!

Vorwort des Betreuers

Liberalisierungen und Privatisierungen im Bahnverkehr: den Prozessen auf den Grund gehen

Seit den 1980er Jahren zählen Liberalisierungen und Privatisierungen zu den zentralen gesellschaftlichen und politischen Auseinandersetzungen in Europa. Im Zuge der neoliberalen Wende setzte sich die Vorstellung durch, Märkte seien grundsätzlich in nahezu allen Bereichen der Gesellschaft die effizienteste Form der Koordinierung wirtschaftlicher Tätigkeiten.

Der in den meisten Ländern seit Ende des 19. Jahrhunderts staatlich organisierte Eisenbahnverkehr wurde ein wichtiges Feld dieser Auseinandersetzungen. Die Europäische Union tat sich als zentrale Akteurin zur Durchsetzung neoliberaler Konzepte hervor. Die neoliberale Integration Europas war mit umfassenden Umwälzungen im Eisenbahnverkehr verbunden. Die Dynamik der Liberalisierung und Privatisierung unterscheidet sich allerdings in den einzelnen Ländern beträchtlich voneinander und hängt stark von politischen Kräfteverhältnissen, wirtschaftlichen Strukturen und gesellschaftlichen Gegebenheiten ab. Um die Dynamik und Wirkungen neoliberal geprägter Eisenbahnpolitik in einzelnen Ländern zu verstehen, ist eine empirische Analyse nötig, die einerseits die konkrete Politik in den Kontext neoliberaler Theorien und Konzepte stellt und andererseits die Auswirkungen sowohl an den Ansprüchen und Zielen der EU als auch der nationalen Regierungen misst.

Diese Herausforderungen nimmt Andreas Hametner an. Er geht in der vorliegenden Arbeit den weitreichenden Veränderungen in der europäischen und österreichischen Eisenbahnpolitik auf den Grund. Er fragt zunächst, worauf sich die Vorstellung des Marktes als effizienteste Koordinationsmethode stützt.

Er erläutert die theoretischen Grundlagen des Neoliberalismus und arbeitet mit einer Analyse grundlegender Werke von Friedrich von Hayek und Milton Friedman die zentralen Argumente neoliberaler Wirtschaftspolitik heraus. Diese liberalen Vorstellungen von der prinzipiellen Überlegenheit des Marktes als Koordinationsmechanismus wirtschaftlicher Tätigkeiten erlangten ab Mitte der 1970er Jahre wieder an Zuspruch und setzten sich schließlich zum hegemonialen Diskurs durch.

Andreas Hametner untersucht inwiefern die Schienenverkehrspolitik der EU seit den 1980er Jahren der neoliberalen Orientierung entspricht. In der Tat setzt die Eisenbahnpolitik der EU seit Mitte der 1980er Jahre und besonders seit dem Erlass der Richtlinie 91/440 vom 29. Juli 1991 zur Entwicklung der Eisenbahnunternehmen durch den Rat der Europäischen Gemeinschaften auf Liberalisierung und Privatisierung. Die EU systematisierte diese Orientierung in den Folgejahren mit einer Reihe weiterer Richtlinien und Verordnungen.

Auf der Grundlage einer umfassenden Veränderung der EU-Schienenverkehrspolitik und einer Reihe damit zusammenhängender rechtlicher Vorgaben wurde auch in Österreich der zuvor staatlich verwaltete Schienenverkehr in einen wettbewerblich organisierten Markt umgewandelt. Die staatliche Bahnverwaltung wurde in ein privatwirtschaftlich organisiertes Unternehmen transformiert und der Sektor für private Akteure geöffnet. Dieser Prozess wurde entsprechend dem neoliberalen Paradigma mit der Überlegenheit freier Märkte über staatliche Planung und Regulierung begründet. Was sind die Auswirkungen dieser Politik auf den österreichischen Schienenverkehrssektor? Hat die Liberalisierungspolitik einen diskriminierungsfreien Wettbewerb erzeugt? Hat die Liberalisierung die Leistungsfähigkeit des Schienenverkehrssektors in Österreich erhöht und konnte dieser seinen Anteil gegenüber anderen Verkehrsträgen vergrößern? Welche Akteure haben letztlich von der Liberalisierung des Schienenverkehrs profitiert? Andreas Hametner nimmt in seinen Untersuchungshypothesen die neoliberalen Annahmen ernst und die Ziele der Eisenbahnpolitik der EU und Österreichs beim Wort. Das vorliegende Buch verfolgt das Ziel zu klären, welche Auswirkungen die Liberalisierung des österreichischen Schienenverkehrs, also die Implementierung von Marktmechanismen, auf Qualität und Quantität des Schienenverkehrs hat.

Die Analyse Andreas Hametners stützt sich auf eine umfangreiche Auswertung offizieller Dokumente der EU, österreichischer Gesetze und Verordnungen, offizieller Studien sowie theoretischer und empirischer Literatur zum Thema. Darüber hinaus hat der Autor aufschlussreiche Interviews mit Verkehrsexperten und Akteuren der Eisenbahnpolitik geführt.

Der Autor geht vorsichtig und sorgfältig vor. Er vermeidet vorschnelle Schlüsse. Die Entwicklungstendenzen sind jedoch sichtbar. Im Güterverkehr wie im Personenverkehr beschränken sich neue Anbieter auf besonders lukrative Verkehre. Deshalb warnt Andras Hametner vor dem *Rosinenpicken* durch neue Unternehmen auf lukrativen Strecken, der Fragmentierung des Angebots und der Tarife sowie dem Rückzug der Bahnen aus der Fläche. Die Verkehrspolitik der EU und in den Nationalstaaten hat also nicht zu einer Stärkung der öffentlichen Bahnen, sondern zu einer fortschreitenden Desintegration und Fragmentierung in eine Vielzahl von Unternehmen geführt, die sich auf Teilbereiche spezialisieren.

Die zukünftige Entwicklung wird beim Güterverkehr und Personenverkehr voraussichtlich unterschiedlich verlaufen. Im Güterverkehr ist mit den stark internationalisierten Unternehmen DB Schenker Rail und FRET SNCF, den Logistik- und Güterverkehrsunternehmen der Deutschen Bahn und der französischen SNCF, ein europäisches Oligopol entstanden. Kleineren Akteuren wie Rail Cargo Austria, der Güterverkehrstochter der ÖBB, bleibt nichts anderes übrig, als sich auf spezifische Nischen zu konzentrieren oder durch Übernahmen an Größe zu gewinnen. Im Personenverkehr ist die Liberalisierung weniger weit vorangeschritten. Auch auf eigenwirtschaftlich zu erbringenden Strecken wird sich ein Wettbewerb kaum entwickeln, da der Staat durch die Bestellung und Finanzierung gemeinwirtschaftlicher Leistungen weiterhin eine zentrale Rolle einnimmt. Denn trotz Liberalisierung und teilweiser Privatisierung ehemaliger Staatsbetriebe ist der Staat sowohl beim Personen- als auch Güterverkehr weiterhin gefragt, um durch eine entsprechende Finanzierung Angebote in der Fläche jenseits der profitablen Strecken aufrechtzuerhalten. Allfällige Gewinne auf diesen profitablen Strecken können die Unternehmen jedoch selbst einstreichen.

Andreas Hametner leistet mit der vorliegenden Arbeit einen wichtigen Beitrag zum Verständnis der gegenwärtigen österreichischen Schienenverkehrspolitik sowie ihren theoretischen Prämissen und politisch-rechtlichen Vorgaben auf der Ebene der Europäischen Union. Der Autor hat die Herausforderung, diese unterschiedlichen Untersuchungen miteinander zu verbinden, vorzüglich gelöst. Er geht den Dingen theoretisch und empirisch auf den Grund.

Die umfangreiche Arbeit ist in jeder Hinsicht beeindruckend: die theoretische Durchdringung des Neoliberalismus, die Analyse der EU Schienenverkehrspolitik, die Analyse der österreichischen Schienenverkehrspolitik und die empirische Untersuchung und Bewertung der Liberalisierung des österreichischen Schienenverkehrs.

Liberalisierungen und Privatisierungen werfen grundlegende gesellschaftliche Fragen auf. In seiner Diskussion der theoretischen Grundlagen des Neoliberalismus greift Andreas Hametner diese Fragen auf. Ist der Markt tatsächlich die effizienteste Methode, um unterschiedliche wirtschaftliche Akteure zu koordinieren, um Bedürfnisse und Produktion zusammenzubringen?

Die Antwort der neoklassischen Ökonomie ist klar und einfach: nur der Markt könne in einer ausdifferenzierten und hochgradig arbeitsteiligen Gesellschaft die Akteure effizient koordinieren. Der Markt, sofern er nicht unangemessen durch den Staat reguliert werde, strebe zu einem Gleichgewicht. Der Staat könne unmöglich die Fülle von Informationen zusammentragen, um die Produktion sinnvoll zu planen. Diese Argumente von Hayeks sind ernst zu nehmen.

Die Lektüre der vorliegenden Arbeit legt aber nahe, dass die Antwort auf diese gesellschaftlichen Schlüsselfragen nicht so einfach ist. Andreas Hametner zeigt, dass sich gerade im Verkehrswesen ein zentraler Widerspruch zwischen betriebswirtschaftlicher und volkswirtschaftlicher Rationalität auftut. Die Entwicklung des heutigen Transportsystems ist vom Widerspruch zwischen individueller und gesellschaftlicher Rationalität gekennzeichnet. Ist es von der unternehmerischen Gewinnmaximierung her gesehen sinnvoll, bestimmte Strecken mit dem Personenwagen oder dem Lastwagen zu überwinden, so bewirkt die Summe all dieser individuellen oder betriebswirtschaftlichen Lösungen einen enormen wirtschaftlichen, gesellschaftlichen und ökologischen Verschleiß.

Das Verkehrswachstum insbesondere des Güterverkehrs auf der Straße, der weitere Preisdruck, die zunehmenden räumlichen Disparitäten und die sich auch räumlich immer stärker akzentuierende Arbeitsteilung stellen uns vor grundlegende Herausforderungen. Wie können wir diese Prozesse bewusst und demokratisch so steuern, dass sie die ökologische Belastung einigermaßen in Grenzen halten und die gesellschaftlichen Ungleichheiten nicht erhöhen, sondern verringern?

Jenseits von Markt und zentralistischem Kommando sind weitere Koordinationsformen gesellschaftlicher Akteure zu entwickeln, die es möglich machen, dass die gesellschaftlichen und individuellen Bedürfnisse und die Produktion auf jeweils unterschiedlichen geographischen Maßstabsebenen einander entsprechen. Diese Herausforderung erfordert nicht nur theoretische Arbeit, sondern viele praktische Erfahrungen. Das wird dauern.

Christian Zeller, Salzburg

Inhaltsverzeichnis

Abbildungs- und Tabellenverzeichnis

Abkürzungsverzeichnis

Abl. EG	Amtsblatt der Europäischen Gemeinschaften
AG	Aktiengesellschaft
BGBl.	Bundesgesetzblatt
B-VG	Bundes-Verfassungsgesetz
CAT	City Airport Train
CDO	Collateral Debt Obligation
CFR	Căile Ferate Române
DB	Deutsche Bahn AG
EG	Europäische Gemeinschaft
et. al.	Und andere
EU	Europäische Union
EuGH	Europäischer Gerichtshof
EVU	Eisenbahnverkehrsunternehmen
EWG	Europäische Wirtschaftsgemeinschaft
FPÖ	Freiheitliche Partei Österreichs
GATS	General Agreement on Trade in Services
GmbH	Gesellschaft mit beschränkter Haftung
GWL	gemeinwirtschaftliche Leistung
HL-AG	Eisenbahn-Hochleistungsstrecken AG
i.d.F.	in der Fassung
i.d.g.F.	in der geltenden Fassung
i.e.S.	im engeren Sinne
IBE	Infrastrukturbenützungsentgelt

k.u.k.	kaiserlich und königlich
NAFTA	North American Free Trade Agreement
o.J.	ohne Jahr
ÖBB	Österreichische Bundesbahnen bzw. ÖBB-Holding AG
ÖBB-PV	ÖBB-Personenverkehr AG
OECD	Organisation for Economic Co-operation and Development
ÖIAG	Österreichische Industrieholding AG
ÖVP	Österreichische Volkspartei
Pkm	Personenkilometer
RCA	Rail Cargo Austria
RFF	Réseau Ferré de France
RL	Richtlinie
SBB	Schweizer Bundesbahnen
SCG	Schienen-Control Gesellschaft
SCHIG	Schieneninfrastrukturfinanzierungsgesellschaft
SCK	Schienen-Control Kommission
SNCF	Société nationale des chemins de fer français
SPÖ	Sozialdemokratische Partei Österreichs
Tkm	Tonnenkilometer
VCÖ	Verkehrsclub Österreich
VO	Verordnung
zit. n.	zitiert nach

Einleitung

In den beiden vergangenen Jahrzehnten wurde in nahezu allen Ländern Europas, der OECD und auch in vielen Entwicklungs- und Schwellenländern der Schienenverkehrssektor nachhaltig reformiert. Ausgehend von rechtlichen Vorgaben einer immer stärker auf die Verkehrspolitik Einfluss nehmenden Europäischen Union, hat auch Österreich die Reform seiner nationalen Eisenbahn eingeleitet. Ziel dieser Politik ist die Liberalisierung des Schienenverkehrssektors. Staatliche Regulierung soll in diesem Bereich verringert, gesetzliche Markteintrittsbarrieren zurückgefahren und die politische Einflussnahme auf die staatlichen Bahnverwaltungen reduziert werden. Die Bahnverwaltungen sollen so dem staatlichen Einfluss entzogen und in weiterer Folge in privatwirtschaftlich organisierte Unternehmen umgewandelt werden. Langfristiges Ziel ist es, den Marktmechanismus als Regulierungs- und Koordinationsmechanismus auch im Schienenverkehr zu etablieren.

Diese Entwicklung ist eingebettet in zwei unterschiedliche Rahmenbedingungen.

Die Eisenbahn, lange Zeit für den Transport von Personen und Gütern das wichtigste Verkehrsmittel, verliert im Vergleich mit den anderen Verkehrsträgern kontinuierlich an Bedeutung. Der Modal Split verschiebt sich seit Beginn der Massenmotorisierung immer stärker zu Gunsten des Straßenverkehrs. Hinzu kommt eine generelle Steigerung des Verkehrs, welche sich vorwiegend auf den Straßenverkehr konzentriert. Der Schienenverkehr ist allerdings zentral für die Mobilität breiter Bevölkerungsschichten. Ihm kommt somit eine große ökonomische wie soziale Bedeutung zu. Außerdem ist er dem Straßenverkehr unter Betrachtung seiner ökologischen, ökonomischen und sozialen Probleme überlegen und wird deshalb als Hoffnungsträger des Verkehrssektors gesehen. Der Schienenverkehr ist eine wesentliche Säule, bei der Realisierung von nachhaltiger Mobilität. Eine leistungs- und wettbewerbsfähige Eisenbahn ist somit von grundsätzlicher Wichtigkeit für eine jede Volkswirtschaft.

Ebenfalls einer Veränderung unterworfen ist die vorherrschende Meinung zum Verhältnis von Markt und Staat, zur Wirtschaftspolitik und zur Rolle des Staates bei der Erbringung von Leistungen. Seit den 1980er Jahren findet jener Prozess, der als *Neoliberalismus* bezeichnet wird, immer mehr Anwendung. Gemeint sind damit der Rückzug des Staates und die Implementierung von Marktmechanismen in ehemals staatlichen Bereichen zur Regulierung und Koordination der Wirtschaftstätigkeit. Begründet wird dies mit der Überlegenheit des Marktmechanismus durch höhere Effizienz bei Produktion, Allokation und

Distribution von Dienstleistungen und Gütern. Jener Diskurs, welcher den staatlichen Einfluss auf die Wirtschaft grundsätzlich für schlecht hält, hat sich mittlerweile gesellschaftlich durchgesetzt. Er basiert nach der Meinung des Autors dieser Arbeit nicht auf einer ökonomisch-wissenschaftlichen Begründung, sondern ist auf die Ideen einzelner Autoren zurückzuführen, welche sich allmählich in den Köpfen vieler Menschen und damit auch vieler Politiker in den letzten Jahrzehnten etabliert haben. Diese Ideen lassen sich prägnant zusammenfassen: „Weniger Staat, mehr privat."

Mit diesem Argument wurde auch die europäische und damit ebenso die österreichische Schienenverkehrspolitik der letzten Jahre begründet. Da die Leistung des Schienenverkehrs immer weiter abnahm und der Anteil am Modal Split immer geringer wurde, sollte dem neoliberalen Paradigma gemäß durch die Implementierung von Wettbewerb dem Schienenverkehr wieder neues Leben eingehaucht werden. Die Vertreter dieser Liberalisierungspolitik sehen als Ziel ihrer Politik, die Leistung des Schienenverkehrs wieder zu erhöhen, ihn so im intermodalen Vergleich zu stärken und damit Vorteile für die gesamte Gesellschaft zu bewirken.

Mit der vorliegenden Arbeit soll geklärt werden, welche Veränderungen und Auswirkungen die Liberalisierung des österreichischen Schienenverkehrs, also die Implementierung von Marktmechanismen in diesem Sektor gebracht hat. Ist der Marktmechanismus geeigneter zur Lösung der dem Schienenverkehr immanenten Probleme als staatliche Planung? Welche Auswirkungen haben sich durch diesen Prozess für die beteiligten Interessensgruppen Staat, Kunden, ehemaliger Monopolist und private Unternehmen ergeben? [1]. Im Fokus steht somit die gesamtgesellschaftliche Perspektive. Sowohl ein leistungsfähiger Schienenverkehr als auch ein sich zu Gunsten des Schienenverkehrs verschiebender Modal Split wären für die Gesamtgesellschaft ein Gewinn. Die Organisation und Regulierung eines Wirtschaftssektors hat Auswirkungen auf dessen Leistungs- und Wettbewerbsfähigkeit. Aus diesem Grund ist die Bewertung der Liberalisierung des österreichischen Schienenverkehrssektors von großer Bedeutung.

Die Arbeit ist in vier Blöcke aufgeteilt. Als erstes steht der Versuch, anhand dreier Standardwerke *neoliberaler* Theoretiker eine Definition des umstrittenen

1 Auswirkungen der Liberalisierung auf die Interessensgruppe der Beschäftigten werden im Rahmen dieser Arbeit nicht untersucht. Zum einen hätte dies den Schwerpunkt der Arbeit verschoben. Zum anderen liegen bereits sehr elaborierte Arbeiten zu diesem Thema vor (vgl. Richter-Steinke 2010). Dennoch anerkennt der Autor, dass die Auswirkungen auf die Arbeitsverhältnisse von immenser gesellschaftlicher Bedeutung sind.

Begriffs des Neoliberalismus zu destillieren. Dann wird die europäische Schienenverkehrspolitik der letzten Jahrzehnte vorgestellt und unter der zuvor zusammengefassten neoliberalen Perspektive betrachtet. Ebenso wird dann im Speziellen der Liberalisierungsprozess des österreichischen Schienenverkehrs betrachtet. Kern der Arbeit ist schließlich die Beurteilung der Liberalisierung des österreichischen Schienenverkehrs anhand bestehender Daten aus einer Sekundäranalyse und eigens durchgeführten Experteninterviews.

1. Die neoliberale Theorie

Dieses Kapitel soll den vielbenutzten Begriff des Neoliberalismus näher erläutern. Besonderes Augenmerk wird hierbei auf das Verständnis und die Bedeutung von Markt und Staat im neoliberalen Diskurs gelegt. Dies ist eine wesentliche Voraussetzung zum Verständnis der Begründung und der Ziele der Liberalisierung des Schienenverkehrs in der EU und Österreich im Speziellen.

1.1. Der Begriff des Neoliberalismus

Neoliberalismus – Dieser Begriff prägt viele der momentanen politischen oder ökonomischen Debatten. Es handelt sich um einen vielschichtigen und vielbenutzten Begriff. Neoliberal ist ein Attribut, mit dem sowohl Auswirkungen der Globalisierung und des Kapitalismus allgemein als auch wirtschafts- und sozialpolitische Veränderungen bezeichnet werden. Besonders oft fällt der Begriff, wenn es um die Liberalisierung von Bereichen ehemaligs staatlicher Wirtschaftstätigkeit, um die Deregulierung von Märkten und die Privatisierung von Staatsunternehmen geht. Neoliberalismus wird verbunden mit Marktfundamentalismus und Sozialdarwinismus. Doch was verbirgt sich hinter dem Begriff genau? Um in den nachfolgenden Kapiteln dieser Arbeit den Terminus *Neoliberalismus* verwenden zu können, muss dieser vorab genau definiert werden. Dies wird im Folgenden getan, denn ohne eine genaue Definierung kann keine Bewertung der dem Neoliberalismus zugeschriebenen wirtschaftspolitischen Maßnahmen stattfinden. Bewusst ist dem Autor hierbei, dass der Begriff Neoliberalismus in asymmetrischem Gebrauch ist und zumeist nur von Kritikern verwendet wird. Da aktuelle Literatur, die den Begriff positiv konnotiert, rar ist, wird die Idee durch drei Klassiker des (Neo-)Liberalismus[2] weiter illustriert.

Ein grundlegendes Problem des Begriffes Neoliberalismus ist, dass dieser zwar in vielen populären also auch wissenschaftlichen Veröffentlichungen verwendet wird, eine genaue Definition allerdings meist vermieden wird (Boas et al. 2009). Der Neoliberalismus wird hingegen als schillernder, aber umstrittener Begriff, als Schlagwort und Kampfparole verwendet und bezeichnet viele nega-

2 Die Autoren der unter Kapitel 1.3 vorgestellten Bücher bezeichnen sich beide selbst nicht als Neoliberale und lehnen diesen Begriff teilweise sogar ab (Boas et al. 2009). Von den Kritikern werden die drei Werke allerdings als Klassiker und Wegbereiter der neoliberalen Theorie gesehen, somit ist deren Inhalt wesentlich zum Verständnis des heutigen Neoliberalismus-Diskurses.

tive Auswirkungen der Reformen der letzten Jahrzehnte (Boas et al. 2009:137; Butterwegge et al. 2008b:13; Ptak 2008:13; Renner 2003; Willke 2003:11). Die Diskussion um die eigentliche Theorie des Neoliberalismus steht meist im Hintergrund oder fällt ganz unter den Tisch (Butterwegge et al. 2008b:13). Dadurch, dass der Begriff nicht genau definiert wurde, ist natürlich auch ein einheitlicher wissenschaftlicher Diskurs schwierig. Hinzu kommt, dass der Begriff stark ideologisch aufgeladen ist und aus dieser Aufladung auch sein asymmetrischer Gebrauch resultiert (Boas et al. 2009). Willke (2003:185) spricht sogar von einer „Begriffsverwahrlosung". Der Begriff wird hauptsächlich von Kritikern, beinahe nie zur Selbstetikettierung verwendet (Butterwegge et al. 2008a:11) und ist heute durchwegs negativ geprägt, wie folgende Beispiele aufgezählt von Willke (2003) zeigen:

> „Die Gemäßigten unter den Kritikern beklagen die ökonomische „Kolonialisierung der Lebenswelt" (Habermas), den „Imperativ der Rendite" (Sennett), „gnadenlosen Ökonomismus" (Lohmann) und „Marktfundamentalismus" (Giddens); [...] Die Radikaleren prangern die „Despotie" des Marktes an und schmähen die „infernale Maschine" des Kapitalismus (Bourdieu); sie entlarven im herrschenden System einen „barbarischen Ultraliberalismus" (Forrester), den „totalen Markt" (Schui) und den „Kapitalismus ohne Maske" (Chomsky)"

Hierbei muss allerdings berücksichtigt werden, dass der Begriff innerhalb der letzten Jahrzehnte einen starken Bedeutungswandel durchgemacht hat. Die negative Deutung des Begriffs ist also eher ein modernes Phänomen (Ptak 2008:13). Diese Bedeutungsverschiebung wird in Kapitel 1.2 erläutert.

Zusätzlich dazu, dass der Begriff selbst nicht klar festgelegt ist, gibt es auch noch andere Begriffe, die mit ähnlichen Sachverhalten assoziiert werden und den Diskurs verkomplizieren. Zu nennen sind hier beispielsweise Monetarismus, Washington Consensus, Neokonservativismus und Marktreformen (Boas et al. 2009). Neoliberalismus hat sich zwar gegen diese anderen Begriffe durchgesetzt, Neoliberalismus wird aber zur Bezeichnung verschiedener Phänomene verwendet:

- Am häufigsten wird der Begriff ins Feld geführt, wenn wirtschaftspolitische Reformen das Thema sind, bei denen grundsätzlich der Einfluss des Staates zurückgedrängt werden soll. Neoliberalismus meint hier ein politisches Konzept aus unterschiedlichen Maßnahmen, namentlich Liberalisierung, Deregulierung, Privatisierung, Flexibilisierung und Freihandel (Boas et al. 2009:12; Ptak 2008:83).

- Die zweite Auslegungsvariante des Begriffs ist jene als Entwicklungsmodell. Er bezeichnet somit eine ganzheitliche Entwicklungsstrategie, die in Kontrast zu einer staatlich gelenkten Entwicklung steht (Boas et al. 2009).
- Drittens kann Neoliberalismus auch eine ganze Ideologie bezeichnen, welche sich nicht auf ökonomische Sachverhalte beschränkt. Mit ihr wird das Verhältnis von Individuen zum Kollektiv in einer Gesellschaft betrachtet und bewertet. Die Freiheit des Einzelnen und seine Unabhängigkeit von den Entscheidungen anderer ist hierbei der höchste soziale Wert (Boas et al. 2009).
- Außerdem kann der Begriff ein akademisches Paradigma bezeichnen, welches zu erklären versucht, wie Märkte funktionieren. Hierbei wird die neoliberale Theorie meist stark in Zusammenhang mit den neoklassischen Erklärungsansätzen gebracht (Boas et al. 2009).

Der Übergang zwischen diesen einzelnen Auslegungsvarianten des Neoliberalismus ist fließend. Die Aufzählung verdeutlicht, dass mit dem Begriff vorsichtig umgegangen werden muss, denn ohne eine Einengung der Bedeutung bleibt unklar, was tatsächlich gemeint ist. Neben diesen unterschiedlichen Auslegungsvarianten gibt es außerdem viele verschiedene regionale Spielarten von Handlungsweisen, die als neoliberal gedeutet werden (Schmidt 2007). Die neoliberale Theorie ist also kein geschlossenes Konzept, sondern hat durchwegs pluralistischen Charakter (Engartner 2008a:33, 41). Im Verlauf des letzten Jahrhunderts haben sich verschiedene theoretische Schulen herausgebildet, die mit der neoliberalen Theorie in Zusammenhang gebracht werden, im Laufe der Zeit hat sich der Begriff also gewandelt.

Allen gemeinsam ist die Betonung des Marktes als Koordinationsmittel wirtschaftlicher Aktivitäten, da Wettbewerb und Konkurrenz am Markt diverse Vorteile bringen. Der Staat hingegen soll aus dem eigentlichen Wirtschaftsprozess nach Möglichkeit herausgehalten werden. Denn wirtschaftliche Freiheit bringt nicht nur ökonomische Vorteile, sondern auch individuelle Freiheit (Harvey 2007a:14). Daraus ergibt sich auch das Feindbild des Neoliberalismus: Die gröbere Einmischung des Staates in den Bereich der Wirtschaft und jegliche Form des Kollektivismus. „Die Verantwortung für das Wirtschaftsleben dem Staate anvertrauen, heißt: Kollektivismus“ (Röpke 1948:8 zit. n. Ptak 2008)

1.2. Bedeutungswandel des Neoliberalismus – Die zwei Neoliberalismen

Der Begriff Neoliberalismus als Bezeichnung für modernere Varianten liberaler Theorien etablierte sich 1938 auf dem Colloque Walter Lippmann in Paris (Engartner 2008a:32). Mit diesem Begriff – der schon zur damaligen Zeit umstritten war – wollten sich die am Symposium teilnehmenden Wissenschaftler sowohl gegenüber staatsinterventionistischem (kommunistischem wie faschistischem) als auch klassisch liberalem Gedankengut abgrenzen. Mit dem Präfix *Neo* wollte man sich vor allem vom klassischen Wirtschaftsliberalismus und seiner *Laissez-faire* Einstellung unterscheiden. Denn allen Akteuren war bewusst, dass zwar der direkte Eingriff in das Marktgeschehen durch die Politik schlecht, aber eine institutionelle Rahmenordnung auf jeden Fall von Nöten sei (Renner 2003:3). Der klassische Liberalismus ist zwar aufgrund der Marktmechanik und des individualistischen Menschenbildes ein Bezugspunkt, doch fehlt diesem der institutionelle Rahmen (Ptak 2008:15). Denn „kein vernünftiger Mensch kann sich ein Wirtschaftssystem vorstellen, in dem der Staat ganz untätig ist“ (Hayek 1971:62). Schon damals war klar, dass sich unter der Bezeichnung Neoliberalismus kein homogener Kreis von Wissenschaftlern finden lässt. Beispielsweise war unter dieser Gruppe auch Friedrich August von Hayek, der für einige noch zu klassisch liberal geprägt war (Renner 2003:3).

1.2.1. Ordoliberalismus als typische Ausformung des *alten* Neoliberalismus

Unter dem Banner des Neoliberalismus formierte sich so eine Gruppe von Ökonomen, die für die Freiheit des Einzelnen und die Minimierung staatlichen Einflusses eintraten, aber Interventionen für das Funktionieren der Märkte für notwendig befanden (Engartner 2008a:32). Marktwirtschaft wurde somit als eine staatliche Veranstaltung angesehen und ihre zugrunde liegende Regeln vom Staat erwartet (Ptak 2008:34). Der *alte* Neoliberalismus versuchte „durch die Reaktivierung markt- und konkurrenzwirtschaftlicher Prinzipien die verlorengegangene Selbststeuerungsfähigkeit der kapitalistischen Wirtschaft wiederzugewinnen“, da er vor allem den interventionistischen Staat für die Weltwirtschaftskrise verantwortlich machte (Heidt et al. 1989:198-201). Im Kontrast zum klassischen Liberalismus, der überhaupt keinen Einfluss des Staates duldete, kann diese Variante des Neoliberalismus aber als moderat und pragmatisch angesehen werden. Sie forderte einen starken Staat, der mit seiner Ordnungspolitik die Märkte konstituieren sollte (Ptak 2008:32). Besonders populär wurde dieser Neoliberalismus in Deutschland nach dem zweiten Weltkrieg. Die als Ordoliberalismus bezeichnete Variante prägte die Wirtschaftspolitik unter Minister Ludwig Erhard. Innerhalb eines ordnungspolitischen Rahmens (deswegen die Bezeichnung Ordoliberalismus) wurden dem freien Markt möglichst viel Freiheit gelassen (Ptak 2008:81-86). Das deutsche Wirtschaftswunder gab den Protagonisten recht. Ob diese Entwicklung allerdings rein auf die neoliberale Ausrichtung der Wirtschaftspolitik zurückzuführen war, ist fraglich.

Die Bezeichnung Neoliberalismus etablierte sich also hauptsächlich für den Ordoliberalismus, auch Freiburger Schule genannt, aber auch andere, nicht so große Strömungen wie der soziologische Liberalismus wurden darunter subsumiert (Renner 2003). Führende Theoretiker dieser Zeit waren Walter Eucken, Franz Böhm, Wilhelm Röpke, Alexander Rüstow, Alfred Müller-Armack und Friedrich August von Hayek. Zur damaligen Zeit wurde der Term *neoliberal* noch als Eigenbezeichnung verwendet und war durchwegs positiv besetzt. Außerdem vertraten die meisten seiner Proponenten auch humanistische Werte (Boas et al. 2009). Der Ordoliberalismus wird deshalb auch von einigen Autoren als ausgereifteste und sozial verträglichste Form des Liberalismus angesehen (Caspart 2008:27).

Die neoliberale Wirtschaftspolitik im Nachkriegsdeutschland wurde aber aus pragmatischen Gründen immer mehr zurückgedrängt. In der realen Wirtschaftspolitik wurde neben dem Prinzip der Freiheit auf dem Markt auch immer mehr auf das Prinzip des sozialen Ausgleichs Rücksicht genommen (König et al. 1997:67). „Die Bundesrepublik [...] entwickelte sich zum Wohlfahrtsstaat mit einer gemischten Wirtschaft" (Ptak 2008:82). Genauso wie für Deutschland war auch für Österreich der korporatistische Wohlfahrtsstaat prägend für die Wirtschaftspolitik der folgenden Jahrzehnte (Abele et al. 1989).

1.2.2. Auslöser der Bedeutungsveränderung

Auch wenn nach dem zweiten Weltkrieg der Keynesianismus mit seinen theoretischen Grundlagen basierend auf Staatsinterventionen und antizyklischen Maßnahmen beherrschend war, blieb ein Kern von Ökonomen dem liberalen Gedankengut treu. Als es dann infolge der Wirtschaftskrise in den 1970er Jahren zu einem Mangel an wirtschaftspolitischen Perspektiven kam, wurden liberale Ideale wieder aufgegriffen. Teilweise wurde die Krise mit dem zu großen staatlichen Einfluss begründet, was eine Diskreditierung staatlicher Interventionen zur Folge hatte (Engartner 2008a:44). Der so genannte *embedded liberalism*, also die Idee eines kapitalistischen Wohlfahrtsstaat, löste sich somit langsam auf

(Harvey 2007a:19). Diese *neuere* Variante des Neoliberalismus schätzt die Rolle des Staates im Gegensatz zum *älteren* Neoliberalismus geringer ein (Ptak 2008:32). Die Argumentationslinien der Liberalen mit der Rücknahme staatlichen Einflusses und dem verstärkten Rückgriff auf Marktmechanismen schien vielen Politikern einleuchtend. Nun allerdings bezeichnete sich niemand als neoliberal.

neuerer Neoliberalismus: Chicagoer Schule; Friedrich von Hayek (österr. Schule)	kritische Fremdbezeichnung	spontane Ordnung der Märkte
älterer Neoliberalismus: Ordoliberalismus (Freiburger Schule); teilweise Soziologischer Liberalismus	Selbstetikettierung	staatliche Ordnungspolitik als Rahmen für Märkte

Abb. 1 Bedeutungswandel Neoliberalismus; Quelle: (Ptak 2008); eigene Darstellung

Der Begriff wurde erstmals wieder in Südamerika aufgegriffen. Er charakterisierte die Wirtschaftspolitik unter Augusto Pinochet (Boas et al. 2009). Die Kritiker meinten damit jene wirtschaftspolitischen Reformen, die stark von den Ideen der Chicagoer Schule beeinflusst waren (Harvey 2007a), also der Betonung von freien Märkten als effizientestes Mittel, der Kritik staatlichen Einflusses und dem Vertrauen auf die neoklassische Preistheorie (Butterwegge et al. 2008a). Von Südamerika aus verbreitet sich der Begriff Neoliberalismus nun in die englischsprachige wissenschaftliche Community mit der neueren negativen Konnotation (Boas et al. 2009). Aber auch in den Ländern des Westens kam es zur Ausbreitung der neoliberalen Theorie[3]. Vor allem durch die Machtübernahme von Präsident Reagan in den USA und Premierministerin Thatcher in Großbritannien wurde marktfundamentalistische Wirtschaftspolitik wieder populär. Beeinflusst wurden diese beiden Staatschefs vor allem von den Theorien zweier bekannter Ökonomen: Milton Friedman (und dessen Chicagoer Schule) auf der einen Seite und Friedrich August von Hayek (wird teilweise der Österreichi-

3 Der immer wieder von verschiedenen Autoren genannte Einfluss neoliberaler Think-Tanks auf die Ausbreitung, allen voran der Mont Pèlerin Society, wird hier nicht behandelt.

schen Schule der Nationalökonomie zugerechnet, teilweise auch der Freiburger Schule des Ordoliberalismus) auf der anderen Seite (Butterwegge et al. 2008a; Harvey 2007a:33). Es entwickelt sich eine Wirtschaftspolitik, welche das prägende Paradigma für die nächsten Jahrzehnte werden sollte.

Besonders relevant sind die Thesen von Friedrich August von Hayek und Milton Friedman. Diese beiden werden nicht nur von verschiedenen Autoren als am prägendsten angesehen (Butterwegge et al. 2008a; Harvey 2007a; Willke 2003:107), die Auszeichnung der beiden mit dem Preis für Wirtschaftswissenschaften der schwedischen Reichsbank im Gedenken an Alfred Nobel 1974 und 1976, kurz dem Wirtschaftsnobelpreis, ist ebenfalls ein Indiz für deren Relevanz. Klar ist, dass das, was heute als Neoliberalismus bezeichnet wird, nur schwer zu fassen ist, weil dieser anpassungs- und wandlungsfähig ist und weil immer wieder unterschiedliche Akteure und Theorien dem Neoliberalismus zugerechnet werden (Engartner 2008a:44).

1.3. Die heutige Bedeutung des Neoliberalismus

Im Anschluss werden nun die zwei maßgeblichsten Vertreter des Neoliberalismus anhand dreier Bücher vorgestellt, um somit eine eigene Neoliberalismus-Definition für diese Arbeit kompilieren zu können. Die Auswahl dieser drei Bücher soll keineswegs simulieren, dass diese alleine ausreichen würden, das Phänomen des Neoliberalismus in seiner Gänze zu verstehen und zu erklären. Der Meinung des Autors nach ist die Idee des Neoliberalismus und ihre Vorstellung, dass kollektive Handlungsformen in Form staatlicher Interventionen im Wirtschaftsbereich schlecht seien, auch nicht auf die Thesen einzelner Wissenschaftler zurückzuführen. Vielmehr lässt sich mit den darin beschriebenen Ideen ein Bild zeichnen von einer grundsätzlichen Vorstellung in den Köpfen vieler Menschen und damit auch vieler Politiker, welche sich in den letzten Jahrzehnten etabliert hat. Staaten seien schlechte Unternehmer, der Markt mit den auf ihm zusammentreffenden Individuen ist in jedem Falle der geeignete Mechanismus zur Gestaltung der Wirtschaftstätigkeit, kurz „weniger Staat, mehr privat."

1.3.1. Vertreter neoliberaler Ideen

1.3.1.1. Friedrich August von Hayek

Friedrich August von Hayek ist ohne Zweifel einer der wichtigsten Vertreter neoliberaler bzw. liberaler (wenn man seiner Diktion folgt) Ideen. Er war über ein halbes Jahrhundert „eine Schlüsselfigur des Neoliberalismus" (Ptak 2008:15). Hayek wurde 1899 in Wien geboren. Dort begann er auch sein Studium, anfänglich der Rechts- und Staatswissenschaften und dann der politischen Ökonomie. Während seiner Studienzeit sympathisierte er anfänglich noch mit Ideen sozialistischer Prägung. Nachdem er sich allerdings dem Studium der politischen Ökonomie zuwandte, änderte er seine Meinung drastisch. Vor allem die Lehre des Wiener Ökonomen und wesentlichsten Vertreters der Österreichischen bzw. Wiener Schule der Nationalökonomie Ludwig von Mises und sein Hauptwerk „Die Gemeinwirtschaft" (Mises 1922) ließen ihn umdenken. Er erkannte nun, dass eine kollektivistische Wirtschaftsweise vor allem wegen des Informationsproblems zu Fall kommen müsse (Willke 2003:109). Für Hayek ist es eine Anmaßung von Wissen, zu meinen, dass ein Planer sämtliches dezentral verteiltes Wissen entweder ersetzen könne oder aber glauben würde, dass dieses gesammelt und ausgewertet werden könne. Für ihn schafft dies nur der Markt. Fortan widmete er sich besonders stark dem Verhältnis vom Individuum und Kollektiv und dessen Organisation in der Gesellschaft, aber auch der Geld- und Konjunkturtheorie (Willke 2003:109). Nach seinem Studium an der Universität Wien wurde er an die London School of Economics berufen und traf dort auch auf John Maynard Keynes, der eine gänzliche andere Meinung vertrat. Mit diesem verband ihn aber ein Verhältnis gegenseitiger Bewunderung (Willke 2003:109). Im Jahr 1947 gründete er mit einigen anderen Liberalen das Netzwerk *Mont Pèlerin Society*, benannt nach dem Schweizer Ort des ersten Treffens. Dieses „entwickelte sich in der Folge zum bedeutendsten neoliberalen Elitenetzwerk der Welt mit gegenwärtig an die 1000 Mitgliedern aus allen Kontinenten und etwa 100 vernetzten Denkfabriken" (Ptak 2008:22). Sein nächster universitärer Halt war Chicago. Dort lehrte er unter anderem gemeinsam mit Milton Friedman und gründete mit diesem die Chicagoer Schule (Hochreiter 2006; Willke 2003:110). Danach erhielt er einen Ruf an die Universität Freiburg, welche damals ebenfalls eine Hochburg liberalen Gedankengutes war. Hier entstand auch einige Jahre zuvor der Neoliberalismus alter Prägung, der Ordoliberalismus bzw. die Freiburger Schule (Hochreiter 2006; Willke 2003:110). In Freiburg blieb er mit Ausnahme einer kurzen Honorarprofessur in Salzburg, die er allerdings im Nachhinein bedauerte, bis zu seiner Emeritierung (Ebenstein 2003:254). Gekrönt wurde sein wissenschaftliches Wirken mit dem sogenannten Nobelpreis für Wirtschaft im Jahr 1974, den er gemeinsam mit Gunnar Myrdal erhielt (Willke 2003:110). Vor allem auf Grund seines Mitwirkens in allen Zentren des wissenschaftlichen Neoliberalismus in Wien (Österreichische Schule), London (School of Cannan), Chicago (Chicagoer Schule) und Freiburg (Freiburger Schule/Ordoliberalismus) kommt ihm und seinen Werken eine Schlüsselstellung bei der Betrachtung und Interpretation dieser Wirtschafts- und Gesellschaftstheorie zu. Dem wird durch die Vorstellung zweier seiner

Werke im Anschluss Rechnung getragen. Friedrich August von Hayek starb 1992.

1.3.1.2. Milton Friedman

Milton Friedman wurde 1912 in New York geboren und stammt aus bescheidenen Verhältnissen (Willke 2003:128). Er studierte Wirtschaftswissenschaften an der Rutgers University und an der University of Chicago. Seinen Doktor erhielt er schließlich an der Columbia University (The Friedman Foundation For Educational Choice 2011). Nach seinem Studium und mehreren Forschungsaufenthalten, unter anderem beim renommierten National Bureau of Economic Research, erhielt er einen Ruf an die University of Chicago, an welcher er bis zu seiner Emeritierung blieb (Willke 2003:128). Er setzte sich vor allem mit der Konsumtheorie und Geldtheorie auseinander und war erbitterter Gegner des nachfrageorientierten Keynesianismus. Außerdem thematisierte er die große Bedeutung der Geldpolitik und bewertete diese höher als die Fiskalpolitik. Er war somit einer der Gründer und Leitfiguren des Monetarismus. Vor allem aber war Friedman zeitlebens von der Überlegenheit und Effizienz von Märkten gegenüber staatlichem Handeln überzeugt. Für ihn war die Vision von einem freien Markt das zu verfolgende Ziel (Rodrik 2011). Er sah sich selbst nicht nur als Lehrender, sondern auch als Kämpfer für die freiheitlichen Ideale, die heute als neoliberal angesehen werden. Er selbst bezeichnete sich allerdings nie als neoliberal. Um seine Thesen einem möglichst großen Publikum vorstellen zu können, schrieb er auch populärwissenschaftliche Bücher und war Schöpfer einer mehrteiligen Fernsehserie zum Thema freier Märkte (The Friedman Foundation For Educational Choice 2011). Für sein wissenschaftliches Wirken wurde Friedman 1976 mit dem sogenannten Nobelpreis für Wirtschaft und mit der Freiheitsmedaille des Präsidenten (der Vereinigten Staaten von Amerika) ausgezeichnet (The Friedman Foundation For Educational Choice 2011; Willke 2003:128). Durch seine intellektuelle Führungsrolle in der Chicagoer Schule, welche viele als prägende Kraft des heutigen Neoliberalismus sehen, personifiziert Milton Friedman mit seinen Theorien wie kein anderer den Neoliberalismus. Milton Friedman verstarb 2006 in San Francisco.

1.3.2. Der Weg zur Knechtschaft – Friedrich August von Hayek

Mit *Der Weg zur Knechtschaft* – im Englischen unter dem Titel *Road to Serfdom* erschienen – verfasste Friedrich August von Hayek 1944 eines der prägendsten neoliberalen Bücher des 20. Jahrhunderts. Dies zeigt sich zum einen daran, dass es nicht nur von Kritikern, sondern auch von Befürwortern als eines der wichtigsten Bücher dieser wirtschaftspolitischen Richtung angesehen wird (Butterwegge et al. 2008a; Hochreiter 2006). Zum anderen liegt es auch an seiner starken Verbreitung. Hayeks Plädoyer für eine wirtschaftsliberale Ausprägung der Politik Großbritanniens verkaufte sich bis heute über 2 Millionen Mal (Ormerod 2006). Hayek richtet sein Buch zuallererst an die britische Öffentlichkeit und hier vor allem an die vermeintlich in ihrer Gesamtheit dem Sozialismus zugetane intellektuelle Elite. Deshalb widmet er sein Buch auch „[d]en Sozialisten in allen Parteien" (Hayek 1971). Trotz seiner Kritik an dieser laut ihm fehlgeleiteten intellektuellen Elite bleibt Hayek in der Diktion seines Buches äußerst höflich. Er diskreditiert seine Gegner nicht, sondern wirft ihnen nur einen Irrtum vor (Hayek 1971; Wohlgemuth 2010).

Bei der Betrachtung dieses frühen Werks von Hayek ist außerdem der historische Kontext zu beachten. Er schrieb es während des zweiten Weltkriegs, nachdem sich in weiten Teilen Europas totalitäre Regime faschistischer oder stalinistischer Prägung ausgebreitet hatten. Auch in Großbritannien sah er Tendenzen, welche seiner Meinung nach Parallelen zu jenen Entwicklungen aufwiesen, die beispielsweise in Deutschland, Italien und Russland zum Aufstieg totalitärer Regime geführt hatten (Hayek 1971:19, 29). Darauf bezieht sich auch eine der Kernaussagen Hayeks. Er sieht nämlich im Faschismus und Nationalsozialismus nicht eine Reaktion auf, sondern eine Folge der sozialistischen Tendenzen der Zeit davor (Hayek 1971:21). Für Ihn sind der Nationalsozialismus genauso wie der Sozialismus nur verschiedene Spielarten des Kollektivismus oder auch Planwirtschaft genannt (Hayek 1971:15, 56). Beiden gemeinsam ist der Versuch der vollkommenen Beherrschung des Produktionsapparates unter einer zentralen Leitung (Hayek 1971:16). Unter Sozialismus, dies ist zu erwähnen, versteht Hayek in diesem Buch immer einen Sozialismus, welcher „eine Vergesellschaftung aller Produktionsmittel und damit notwendig eine zentrale Planwirtschaft anstrebte" (Hayek 1971:16).

Er interpretiert die Ausbreitung des staatlichen Einflusses auf die britische Ökonomie als Gefahr für Marktwirtschaft und Privateigentum und weiter für die Freiheit an sich. Denn jegliche Planwirtschaft führte langfristig in die Diktatur und eine Wirtschaftsdiktatur sei eine generelle Diktatur, da sie über die Mittel zu all unseren Zielen herrsche (Hayek 1971). Planwirtschaft ohne Wirtschaftsdiktatur ist für Hayek insofern nicht möglich, da seiner Meinung nach in dem hochkomplexen Feld von Wirtschaft und Wirtschaftspolitik keine demokratische Einigung erfolgen kann, da es zu viele Wahlmöglichkeiten gibt (Hayek 1971:91). Zusätzlich bedürfe es bei einer zentral gesteuerten Wirtschaft Planern mit einem umfassenden Moralkodex, um in allen Situationen die korrekten Entscheidungen zu treffen, die Existenz solcher Menschen sieht Hayek allerdings als unmöglich an. Bei seiner Kritik des Sozialismus unterscheidet Hayek nach dessen Idealen und dessen Methode. Die zu verwirklichenden Ideale von sozialer Gerechtigkeit, größerer Gleichheit und Sicherheit werden laut Hayek auch von vielen Liberalen vertreten. Die Methoden der „Abschaffung der Privatunternehmen und des Privateigentums an den Produktionsmitteln und die Schaffung eines Planwirtschaftssystems, in dem an die Stelle des für seinen Gewinn arbeitenden Unternehmers eine zentrale Planwirtschaftsbehörde tritt", die Hayek als Kollektivismus bezeichnet, lehnen die meisten Nicht-Sozialisten allerdings ab (Hayek 1971:54). Denn wie schon erwähnt sieht er mit der Freiheit der Wirtschaft auch die politische und persönliche Freiheit bedroht. Als problematisch sieht er auch Bestrebungen, in Teilbereichen der Ökonomie planwirtschaftliche Mechanismen einzusetzen, da ein „‚Mittelweg' zwischen ‚atomistischem' Wettbewerb und zentraler Steuerung" zwar möglich ist, aber sowohl Planwirtschaft als auch Marktwirtschaft als Werkzeuge stumpf werden, wenn sie mit dem jeweils anderen gemischt werden (Hayek 1971:65). „Das Wettbewerbsprinzip verträgt zwar einen gewissen Zusatz von Reglementierung, aber es kann nicht mit Planwirtschaftsprinzipien in jedem beliebigen Ausmaß kombiniert werden, ohne seine Funktion als bewährter Führer der Produktion zu verlieren" (Hayek 1971:65).

Dem so charakterisierten Sozialismus stellt er seine Definition des Liberalismus entgegen. Für Hayek sollte der Liberalismus kein starres Dogma darstellen, sondern es sollte nur versucht werden, möglichst viel den spontanen Kräften der Gesellschaft zu überlassen und so wenig Zwangsmaßnahmen wie nötig zu setzen (Hayek 1971). Allerdings spricht er sich klar gegen den so genannten *laissez-faire*-Liberalismus und für eine Ordnungspolitik aus (Hayek 1971:36-39). Seinen Lesern möchte er damit verdeutlichen, dass man, nur weil man die Planwirtschaft als solche ablehnt, nicht automatisch ein *laissez-faire*-Liberaler sein muss (Hayek 1971:58). Für Hayek besteht nämlich ein „Unterschied zwischen der bewußten Schaffung eines Systems, in dem die freie Konkurrenz sich mit dem denkbar größten Nutzen auswirken wird, und dem passiven Sichabfinden mit den nun einmal bestehenden Einrichtungen" (Hayek 1971:37). Für Ersteres tritt er ein, Zweites steht seiner Meinung nach für den *laissez-faire*-Liberalismus alter Prägung, den er als überholt ansieht. Es bedarf also gewisser staatlicher Rahmenbedingungen unter denen sich die positiven Auswirkungen von Wettbewerb und Konkurrenz am besten entfalten können. Denn „kein vernünftiger Mensch kann sich ein Wirtschaftssystem vorstellen, in dem der Staat ganz untätig ist" (Hayek 1971:62). Zwar sagt der Liberalismus, dass der Leistungswettbewerb als Methode der Wirtschaftssteuerung einer jeden anderen Methode überlegen ist, allerdings bedarf es eines rechtlichen Rahmens, der Sicherheit und Ordnung in das Wirtschaftsleben bringt (Hayek 1971:58). Neben der Institution des Rechtsstaates, welcher zur Sicherung des Privateigentums unabdingbar ist, gibt es noch weitere Aktivitäten, welche laut Hayek durchaus vereinbar mit den Prinzipien des Liberalismus sind. Er nennt hierbei Sicherheits- und Umweltregulierungen sowie die Sozialfürsorge. Außerdem erkennt er auch an, dass gewissen Bereichen wie der Infrastruktur (er nennt hierbei den Straßenbau als Beispiel) und dem Problem der externen Kosten durch marktwirtschaftliche Prinzipien nicht beizukommen sei (Hayek 1971:61). Allerdings solle ansonsten immer auf den Markt als Steuerungsmechanismus zurückgegriffen werden. Prinzipien wie die Geschäfts- und Vertragssicherheit, die freie Arbeitswahl und die Vermeidung von Monopolen sollten immer beachtet werden (Hayek 1971). Interessanterweise erkennt Hayek auch die Ungleichheiten, die in einer Marktwirtschaft entstehen. Er sieht diese hauptsächlich als Resultat des Erbrechts und der damit einhergehenden Akkumulation von Privateigentum. Doch trotzdem ist für Ihn ein Unbegüterter in einer Marktwirtschaft freier als ein Reicher in einem planwirtschaftlichen Pendant (Hayek 1971:136). Hayek favorisiert somit klar die Freiheit vor der materiellen Sicherheit. Doch gerade weil er diese aus der Marktwirtschaft resultierenden Ungleichheiten anerkennt, beinhaltet seine Idee des Liberalismus auch einige soziale Gesichtspunkte: Zum einen vertritt er die Meinung, dass jedem ein „gewisses Minimum an Nahrung, Obdach und Kleidung garantiert werden [sollte], das für die Erhaltung der Gesundheit und der Arbeitsfähigkeit ausreicht" (Hayek 1971:157). Auch im Bereich der Fürsorge und vor allem des Sozialversicherungswesens sieht Hayek den Staat gefordert, denn „die Gewährleistung größerer Sicherheit durch den Staat und die Wahrung der individuellen Freiheit sind nicht grundsätzlich unvereinbar" (Hayek 1971:158). Allerdings solle sich der Staat auch hierbei äußerst zurückalten. Denn je mehr ein Staat plane, desto mehr schränkt er die Individuen in ihrer persönlichen Planung ein (Hayek 1971:105ff) und dies führt zu einer Planungsspirale, bei der am Ende dem Staat die Zuständigkeit für alles obliegt. Damit sei der Weg zur Knechtschaft eingeschlagen.

1.3.3. Die Verfassung der Freiheit – Friedrich August von Hayek

Im Jahr 1960 schrieb Hayek während seiner Zeit in Chicago *Die Verfassung der Freiheit*, im Englischen Original *The constitution of liberty*. In deutscher Sprache erschien das Buch im Jahr 1971. Die folgende Zusammenfassung der wichtigsten Aussagen bezieht sich auf die deutsche Fassung. Beim Verfassen dieses Buches verfolgte Hayek das Ziel einer seiner Meinung nach umfassenden Darstellung des Ideals der Freiheit, da es bis zum damaligen Zeitpunkt seiner Ansicht nach an einem solchen Werk mangelte. Vor allem wollte er den unmittelbaren Nutzen der persönlichen Freiheit für die Probleme seiner Zeit schildern (Hayek 2005). Ausdrücklich wird darauf hingewiesen, dass ein Ideal beschrieben wird und keinesfalls eine wissenschaftliche Erklärung geliefert werden soll (Hayek 2005:XVII). Das nüchtern geschriebene Werk behandelt in seinen drei Teilen sowohl philosophische, rechtliche, staatsrechtliche als auch nationalökonomische Aspekte von Freiheit und Zwang. Im Rahmen dieser Masterarbeit können nicht alle Aspekte dieses neoliberalen Standardwerkes beachtet werden. Die Betrachtung konzentriert sich auf jene Teilaspekte, die in Beziehung zur Wirtschaftstätigkeit des Staates stehen oder die für das Verständnis dieser Tätigkeit und deren Auswirkung auf die Freiheit von Relevanz sind. Im Gegensatz zu *Der Weg zur Knechtschaft*, dessen Hauptaugenmerk auf der Diskreditierung des Sozialismus lag, ist „Die Verfassung der Freiheit“ ein Plädoyer für den (Neo-) Liberalismus. Hayek selbst sieht sich durchwegs als Liberalen (Hayek 2005:518).

1.3.3.1. Der Begriff der Freiheit

Im ersten Abschnitt des Buches definiert Hayek ausführlich den für ihn so wichtigen Freiheitsbegriff (Hayek 2005; Vogel 2011). Jene Freiheit die vorherrscht, wenn „ein Mensch nicht dem willkürlichen Zwang durch den Willen eines anderen oder anderer [...] unterworfen ist“ (Hayek 2005:14) ist die Maxime, welcher alles gesellschaftliche Verhalten unterworfen werden sollte. Denn dann kann der Mensch nach eigenen Entschlüssen und Plänen handeln. Wird ein Mensch durch Zwang an dieser Möglichkeit gehindert, dann wird „auf diese Weise ein Individuum als denkendes und wertendes Wesen [ausgeschaltet] [...] und es zum bloßen Werkzeug zur Erreichung der Zwecke eines anderen“ (Hayek 2005:29). Dies bedeutet den Verlust an Wissen und Erfahrung, die durch dieses Individuum nun nicht mehr in die Gesellschaft eingebracht werden können. Eine gemäß Hayek anzustrebende Politik der Freiheit muss immer versuchen jeglichen Zwang zu verringern, auch wenn dies nicht immer zur Gänze möglich ist, da der Staat zur Verhinderung von Zwang durch andere selbst Zwang androhen muss (Hayek 2005:15; Vogel 2011). Allerdings sollte auch diese Androhung möglichst minimal, unpersönlich, abstrakt und ohne Willkür gehalten werden. Hayek grenzt den Begriff der persönlichen Freiheit auch deutlich von anderen möglichen Definitionen ab. Sie hat nichts mit politischer Freiheit, innerer Freiheit oder jener Freiheit zu tun, alles tun zu können, was man will. Außerdem merkt Hayek an, dass der Begriff der Freiheit in der Vergangenheit überstrapaziert wurde und zu seinem Missfallen auch für politische Agitation zur Förderung von Umverteilung von wirtschaftlichen Gütern benutzt wurde (Hayek 2005:24).

1.3.3.2. Freiheit und Wohlstand

An dieser Kritik zeigt sich auch deutlich, dass persönliche Freiheit und Wohlstand für Hayek keinen direkten Bezug zueinander haben müssen. Denn so sagt Hayek:

> „Der Höfling, der im Schoße des Luxus, aber in ständiger Bereitschaft für seinen Herrn lebt, kann viel unfreier, weniger in der Lage sein, sein eigenes Leben zu leben oder seine eigenen Möglichkeiten, sich nützlich zu machen, zu wählen als ein armer Bauer oder Handwerker“ (Hayek 2005:24f).

Man müsse verstehen, dass Freiheit einem zwar viele Vorteile bringe, allerdings damit auch die Verantwortung für einem selbst einhergehe. „Vor allem [schreibt Hayek,] (2005:25) aber müssen wir verstehen, daß wir frei und zugleich elend sein können. Freiheit bedeutet nicht alle guten Dinge […] oder die Abwesenheit aller Übel“. Die Verantwortung für das eigene Wohlergehen ergibt in Kombination mit einer ungleichen Ausstattung von Möglichkeiten die materielle Ungleichheit der Menschen. Diese Ungleichheit ist für Hayek allerdings natürlich (Hayek 2005:59) und überdies auch kein Widerspruch zur Maxime der Freiheit. Diese gilt vor dem Gesetz, schließt aber nicht die gleiche Ausstattung mit materiellen Gegebenheiten ein. Ungleichheiten bestehen, da die Menschen nicht von Geburt an gleich sind, aufgrund der intergenerationellen Weitergabe von Vermögen und wegen der individuellen und zufälligen Ausnutzung von Gelegenheiten (Hayek 2005). Der Versuch der Umverteilung dieser ungleichen Verhältnisse ist für Hayek nicht nur grundfalsch, sondern führt seiner Meinung nach auch noch zu einer Verstärkung der Disparitäten. Denn Umverteilung hemmt den Fortschritt, von dem sich Hayek erhofft, dass er Not und Elend lindern kann (Hayek 2005:62f). Soziale Gerechtigkeit und Freiheit schließen sich somit aus (Felber 2005).Dies liegt daran, dass jener Fortschritt, auf dessen dauerhafter Existenz laut Hayek die gesamte Zivilisation beruht, vorhandene Ungleichheiten als Voraussetzung braucht. Es bedarf einer begüterteren Minderheit, welche die Neuerungen und fortschrittlichen Entwicklungen austesten und bewerten kann. Nur durch diese Selektion ist Fortschritt möglich und die minder begüterte Schicht profitiert aus den Erfahrungen der Minderheit (Hayek 2005:56ff; Vogel 2011). Und damit die breite Masse dann an diesem bereits getesteten Fortschritt teilhaben kann, muss dieser schnell von Statten gehen. Umverteilung würde den Fortschritt jedoch abbremsen und somit zum Nachteil von allen gereichen. Wohlfahrt im Sinne von sozialer Fürsorge und Versicherungsleistungen ist in einer Industriegesellschaft unbestritten, der sich ausbreitende Wohlfahrtstaat als solcher ist jedoch eine *kalte Sozialisierung* (Hayek 2005:350ff).

1.3.3.3. Herrschaft des Gesetzes

Für Hayek von besonderer Bedeutung bei der Gewährleistung von Freiheit ist das kodifizierte Recht als Schutz gegen Zwänge, sowohl physischer als auch ökonomischer Natur (Hayek 2005:174). Des Weiteren ist auch Rechtssicherheit durch die klare und nachvollziehbare Zuweisung von Privateigentum und die Durchsetzung von Verträgen wichtig, um der Freiheit zu ihren Vorteilen zu verhelfen. Freiheit unter dem Gesetz bedeutet, dass allgemein abstrakte Regeln vorliegen, die es jedem Individuum möglich machen, die Folgen seines Verhaltens abzuschätzen und auf dieser Bewertung aufbauend zu planen (Hayek 2005:180). Diese Herrschaft des Gesetzes, welche sich gegen jeglichen individuellen Eingriff verwahrt, ist nicht vereinbar mit der Debatte um Umverteilung und Verteilungsgerechtigkeit, da sonst nicht mehr alle Individuen vor dem Gesetz gleich behandelt werden würden (Hayek 2005:316ff).

1.3.3.4. Politik der Freiheit – die Rolle des Staates

Um den einzelnen Individuen möglichst viel Freiheit zu gewähren, sollte die Gesellschaft durch das Mittel der Politik wenig einschränkend wirken. Zurückhaltung bei der bewussten Lenkung ist vor allem deshalb geboten, da die Gesellschaft äußerst komplex ist und der menschliche Verstand mit der konstruktivistischen Lenkung überfordert wäre (Hayek 2005:87f). Die Gesellschaft wurde laut Hayek vom Menschen nicht bewusst gestaltet, sondern entstand auf Grund der Verkettung von unbewussten Zufällen (Hayek 2005; Vogel 2011). Wegen dieser Überforderung des menschlichen Intellekts bei einer geplanten Lenkung der Gesellschaft soll möglichst viel dem Spontanen und Nicht-geplanten überlassen werden. Diesem Problem widmete er unter dem Titel *Die Anmaßung von Wissen* nicht nur seine Rede zur Verleihung des sogenannten Nobelpreises, sondern gemeinsam mit Wolfgang Kerber (2001) auch ein gleichnamiges Buch. „Die Vernunft ist zweifellos des Menschen wertvollster Besitz. Unser Argument soll bloß zeigen, daß sie nicht allmächtig ist“(Hayek 2005:91). Durch diese spontane Ordnung kann von allen Beteiligten wesentlich mehr Wissen angeeignet werden und überdies können die Beteiligten auch aus Wissen Nutzen ziehen, welches sie gar nicht selbst haben. Dies kann aber nur funktionieren, wenn nicht so stark durch Lenkung eingegriffen wird. Denn Planung bedeutet immer, dass nur ein Teil der Gesellschaft Pläne aufstellt und somit das Wissen von anderen nicht genutzt wird. Durch das freie Spiel der Kräfte (angelehnt an die unsichtbare

Hand Adam Smiths) können aber die besten Fähigkeiten und die nützlichsten Kombinationen von Wissen ermittelt werden (Hayek 2005; Vogel 2011). Den einzelnen Individuen muss möglichst viel Freiheit in ihren Handlungsoptionen gegeben werden, damit sie mit dem vorhandenen Wissen in jeder erdenklichen Kombination experimentieren können. Jegliche Lenkung wäre hier kontraproduktiv, denn somit würde der Zufall eingeschränkt und das partiell verteilte Wissen voneinander abgetrennt (Hayek 2005:37-39; Vogel 2011).

Somit ist die wesentliche Voraussetzung für eine prosperierende Wirtschaft, welche allen zu Gute kommt, die Freiheit des Einzelnen. Die daraus entstehende, wenn auch ungleich verteilte Entwicklung führt zum Fortschritt aller.

Welche Rolle soll der Staat hierbei einnehmen, um das Ideal einer liberalen Gesellschaft zu verwirklichen? Grundsätzlich sollte der Staat möglichst auf die spontanen gesellschaftlichen Kräfte zurückgreifen. Vor allem in der Wirtschaftspolitik ist der Markt als Regulativ gefragt, da auch hier die Lenkung von Produktion und Preis eine Anmaßung von Wissen wäre (Hayek 2005:204). Allerdings erkennt Hayek an, dass eine funktionierende Marktwirtschaft gewisse staatliche Tätigkeiten voraussetzt (Hayek 2005:306). Denn für ihn bedeutet Freiheit der Wirtschaftstätigkeit, Freiheit unter dem Gesetz und nicht das Fehlen jeglicher staatlicher Handlungen (Hayek 2005:304; Vogel 2011). Dies bedeutet eine bewusste Absage an den *laissez-faire*-Liberalismus alter Prägung. Für Hayek ist bei der Lenkung durch den Staat vor allem wesentlich, dass dies durch eine allgemein abstrakte Regel passiert, die mit der Herrschaft des Gesetzes vereinbar ist (Hayek 2005:306). Es gibt somit auch für Hayek einen Bereich legitimer staatlicher Tätigkeit.

Allen voran ist dies die Verhinderung von Gewalt und Zwang durch Individuen mit Hilfe des staatlichen Gewaltmonopols. Des Weiteren soll der Staat durch sein Gewaltmonopol die Institution des Privateigentums sichern und die Durchsetzung von Verträgen erzwingen. Hiermit wird grundsätzlich Rechtssicherheit gewährleistet, welche für die vorausschauende Wirtschaftstätigkeit aller Individuen wesentlich ist (Hayek 2005:307ff). Außerdem sind bei der Umsetzung liberaler Politik die Betonung der Vertragsfreiheit und das gleiche Recht auf Produktion und Konsumtion wichtig. Doch obwohl der Rechtsstaat das wichtigste Ziel des Liberalismus ist, beschränkt sich die Aufzählung Hayeks bei den Aufgaben des Staates nicht darauf (Hayek 2005). Es gibt einige Dienstleistungen, die durch den Staat bereit gestellt werden sollen. Es handelt sich hierbei um Dienstleistungen, die einerseits „einen günstigen Rahmen für individuelle Entscheidungen" (Hayek 2005:308) schaffen und andererseits um jene, „die sicher wünschenswert sind, aber von Unternehmungen im Wettbewerb nicht bereitgestellt werden, weil es entweder unmöglich oder auch nur schwierig ist, den Einzelnen für deren Inanspruchnahme zu belasten" (Hayek 2005:308). Zu ersteren Aufgaben gehört das Geldsystem, das Eich- und Vermessungswesen, Grundbücher und Statistiken. Zu den Zweiten gehören der Bau und die Erhaltung von Straßen, der Betrieb von sanitären Einrichtungen, die Bereitstellung eines militärischen Apparates zur Sicherung des Staates und auch Bereiche der Daseinsvorsorge[4] (Hayek 2005:184-187, 307ff) und Sozialfürsorge, beispielsweise für Arbeitsunfähige und Gebrechliche (Hayek 2005:184). Überdies wird dem Staat auch die Besteuerung als erlaubte Zwangsmaßnahme zugestanden, da mit dieser die Finanzierung der zuvor genannten Dienstleistungen und Infrastruktur durchführbar ist.

Allerdings schließt das Postulat der persönlichen Freiheit grundsätzlich gewisse Methoden staatlicher Tätigkeit aus. Hierzu gehören alle Maßnahmen, welche nicht mit der Herrschaft des Gesetzes konform gehen, da sie nicht abstrakte und allgemeine Regeln beinhalten zum Beispiel eine dirigistische Berufszuweisung oder die Reglementierung des Preises. Denn hier ist die spontane Ordnung durch die Tätigkeit vieler Individuen am Markt das geeignetere Mittel (Hayek 2005).

Problematisch sieht Hayek auch eine staatliche Kontrolle über Produktionsfaktoren. Schon gar, wenn sich der Staat durch sein Zwangsmonopol weitere Monopole sichert. Der Staat darf zwar der Ansicht Hayeks nach auch als aktiver Unternehmer mitwirken, allerdings gibt es grundsätzlich keinen Grund, mit Ausnahme der oben genannten Dienstleistungen. Vor allem besteht immer die Gefahr, dass aus einem Staatsbetrieb ein Staatsmonopol wird. Denn Hayek teilt das Misstrauen gegenüber Staatsunternehmen, da diese durch die Zwangsbesteuerung durch ihren Eigentümer immer einen Vorteil haben (Hayek 2005:309). Zwar bestehen keine grundsätzlichen ideologischen Gründe für eine Ablehnung von Monopolen, da nicht die Monopole schädlich sind, sondern nur etwaige Eintrittsbarrieren für zusätzliche Marktteilnehmer (Hayek 2005:360f), aber sie „sind notorisch unökonomisch, und der bürokratische Regierungsapparat ist es noch mehr […] (Hayek 2005:461). Außerdem gibt es grundsätzlich

4 Hayek geht von einem Betätigungsfeld aus bei welchem großen gesellschaftlichen Vorteilen nur geringe Gewinne gegenüberstehen. Dies kann meiner Ansicht nach als Bereich der Daseinsvorsorge interpretiert werden. Hayek bedient sich hierbei eines Zitates von Adam Smith: „diejenigen öffentlichen Anstalten und Unternehmungen …, die, so vorteilhaft sie für ein ganzes Volk sein mögen, doch von der Art sind, daß der Gewinn niemals einem einzelnen oder einer kleinen Anzahl von Personen die Kosten ersetzen könnte" (Smith 1907: zit n. Hayek 2005:308).

kein Argument für den Staat eine Wirtschaftstätigkeit aufzunehmen, denn auch in den oben genannten Bereichen kann der Staat zwar die finanzielle Verantwortung durch Subventionen übernehmen, die eigentliche Durchführung aber dem Wettbewerb ausgesetzten Unternehmungen überlassen (Hayek 2005:309).

Es kann auf jeden Fall „eine wirkliche Gefahr für die Freiheit werden, wenn ein zu großer Teil der Wirtschaftstätigkeit direkt in die Hände des Staates gerät" (Hayek 2005:308).

1.3.4. Kapitalismus und Freiheit – Milton Friedman

Das Buch *Kapitalismus und Freiheit* ist ein populärwissenschaftlich verfasstes Werk, in dem die Vorzüge des wettbewerblich organisierten Kapitalismus als Leitmotiv präsentiert werden. Wichtigste Voraussetzung hierfür ist die Freiheit des Individuums, Aus dieser Freiheit des Individuums erwächst wirtschaftliche Freiheit, welche zu politischer Freiheit führen kann (Friedman 1976:22). Neben diesem Leitmotiv widmet sich Friedman außerdem der Rolle der Regierung in einer freien Gesellschaft. Denn deren Verhalten beeinflusst das Ausmaß der individuellen Freiheit stark. Grundsätzlich ist Friedman äußerst skeptisch gegenüber dem Staat als Einflussfaktor in Wirtschaftsfragen und er tendiert generell zur Forderung, staatliche Interventionen zu reduzieren und damit die persönliche Freiheit zu sichern (Friedman 1976:11). Seine Vorstellung der Organisation des Gemeinwesens ist eine freie Marktwirtschaft, der die uneingeschränkte Institution des Privateigentums und die uneingeschränkte Möglichkeit zur Konkurrenz zu Grunde liegt (Friedman 1976:11). Er sieht sich somit als Vermittler der Anschauung des Liberalismus klassischer Prägung. Gleichzeitig merkt er an, dass der Begriff des Liberalismus einen Bedeutungswandel hinter sich hat, seine Benutzung somit schwierig ist (Friedman 1976:23).

1.3.4.1. Freiheit des Individuums

Wie bereits erwähnt ist für Friedman die individuelle Freiheit das Hauptziel der Gesellschaft. Die Etablierung von freien Märkten für Güter und Dienstleistungen aller Art sind eine Vorbedingung für die persönliche Freiheit, während staatliche Interventionen in die private Sphäre und in diese Märkte die größte Gefahr für die persönliche Freiheit des Einzelnen darstellen (Friedman 1976:13). Denn die „[w]irtschaftliche Freiheit als solche macht einen bedeutenden Teil der ganzen Freiheit aus" (Friedman 1976:29). Diese gilt es zu bewahren, indem einerseits die Macht der Regierung allgemein begrenzt wird und diese außerdem durch den Mechanismus der Gewaltenteilung auf verschiedene Institutionen verteilt wird (Friedman 1976:29).

1.3.4.2. Markt statt staatlicher Lenkung

Für Friedman ist die Kernfrage einer jeden sozialen Organisation, wie man die wirtschaftlichen Aktivitäten einer großen Anzahl von Individuen koordinieren könne. Hierfür gibt es nur zwei Varianten: zentrale Lenkung oder die freiwillige Kooperation von Individuen am Markt (Friedman 1976:33f). Auch wenn andere behaupten würden, dass ein System, welches auf freiem Unternehmertum basiert, instabil sei, so sei doch gerade die bürokratische Kontrolle plump und ineffektiv, vor allem in Kontrast zum freiwilligen Zusammenspiel von Millionen von Menschen (Friedman 1976:14). „Jede Art einer Regierungsintervention beschränkt direkt das Feld der individuellen Freiheit und gefährdet indirekt die Erhaltung der Freiheit [...] (Friedman 1976:57).

Der Markt mit seiner Fülle an unterschiedlichen Aktionen ist also für Friedman auf jeden Fall das geeignete Mittel zur Organisation der wirtschaftlichen Aktivitäten und kann niemals durch gelenkte Handlungen des Staates ersetzt werden. Sonst wird aus Fortschritt Stagnation. Außerdem müssen durch die Ausbreitung von Marktmechanismen immer weniger Bereiche durch Majoritätsentscheidungen determiniert werden, was für ihn als Vorteil erscheint (Friedman 1976:47). Doch trotz all dieser negativ behafteten Eigenschaften staatlichen Handelns sieht Friedman auch gewisse Aufgaben für den Staat. Zu allererst muss dieser durch seine Gremien die Spielregeln für die Marktteilnehmer in einem Aushandlungsprozess bestimmen und deren Einhaltung kontrollieren (Friedman 1976:47). Neben dieser Kontrolle von Gesetz und Ordnung bedarf es außerdem der Kontrolle zur Einhaltung von Verträgen, der Durchsetzung des Privateigentums und der Gewährleistung des Wettbewerbs auf den Märkten, nicht jedoch der Sozialfürsorge, welche privaten Akteuren obliegt. Hinzu kommen die Landesverteidigung, das Geldwesen und das Eingreifen bei natürlichen Monopolen (Friedman erwähnt hier vor allem technische Monopole, welche eine Variante des natürlichen Monopols darstellen; siehe Kapitel 2.5.2).

1.3.4.3. Staat und Monopole

Bei solchen natürlichen Monopolen, bei denen es wirtschaftlicher und wirkungsvoller ist, nur ein Unternehmen zu betreiben (Friedman 1976:161), sieht es Friedman als grundsätzlich gerechtfertigt an, dass der Staat direkt in das Marktgeschehen eingreift. Denn ansonsten wäre der Austausch durch den Markt sehr kostspielig bzw. praktisch nicht möglich. Allerdings auch nur in dem Fall, bei dem „sich das technische Monopol auf Dienstleistungen und Waren bezieht, die unentbehrlich sind und wenn die Monopolstellung sehr stark ist (Friedman 1976:53). Jedenfalls ist ein privates Monopol (also ein in Privateigentum stehendes Monopolunternehmen), wenn auch grundsätzlich schlecht, das kleinere Übel zu einem staatlich kontrollierten Monopolisten. Denn bei einem privaten Monopolisten ist die Hoffnung größer, dass dieser auf Veränderungen schneller reagiert (Friedman 1976:51-57). Aber auch das Vorliegen eines technischen Monopols, bei dem das Eingreifen des Staates das geeignete Mittel ist, rechtfertigt auf keinen Fall den Ausschluss von anderen Marktteilnehmern. Außerdem wäre ein solcher Ausschluss grundsätzlich sinnlos, da bei einem tatsächlich vorliegenden technischen Monopol die Gefahr einer Konkurrenz so oder so nicht bestehen würde (Friedman 1976:54).

Prinzipiell sind staatliche Lenkungsmaßnahmen im Verhältnis zum freien Spiel der Marktkräfte auf jeden Fall das schlechtere Mittel. Sie behindern die wirtschaftliche Entwicklung meist, anstatt sie zu unterstützen. „Es war nur möglich, diese Maßnahmen zu ertragen und zu überwinden, weil der Markt so außerordentlich gute Möglichkeiten bot und so fruchtbar war. Die unsichtbare Hand erreichte mehr Fortschritt als die sichtbare Rückschritt“ (Friedman 1976:255).

1.4. Kernthesen des neoliberalen Paradigmas

Obwohl der Neoliberalismus eine ziemlich heterogene Strömung darstellt, können dieser Wirtschafts- und Gesellschaftstheorie (Ptak 2008:23) mehrere grundsätzliche Thesen entnommen werden, die mehr oder weniger von allen Anhängern vertreten werden.

Die persönliche (Handlungs-)Freiheit eines jeden einzelnen Individuums ist die oberste Maxime neoliberaler Politik. Hierbei gilt vor allem, dass die Freiheit wirtschaftlicher Aktivitäten die Freiheit eines jeden Einzelnen bedingt (Harvey 2007a:14). Alle Maßnahmen des Staates müssen darauf ausgerichtet sein, die Freiheit des Einzelnen auszubauen und zu stärken (Friedman 1976; Hayek 1971; 2005). Vor allem alle planerischen Elemente des staatlichen Handelns sind dem Neoliberalismus ein Dorn im Auge, sind sie doch der erste Schritt Richtung Planwirtschaft, Richtung Kollektivismus. Planung von staatlichen Stellen bringt nicht nur eine Einschränkung der Individuen und somit den Ausschluss von Wissen und Erfahrung von diesen (Hayek 1971; 2005), sondern ist auch eine Anmaßung von Wissen (Ptak 2008:47). Ein viel besseres Werkzeug zur Lösung wirtschaftlicher Probleme ist der Markt. Diesen durch menschliche Planung zu ersetzen ist aus Gründen der Komplexität nicht möglich. Der Staat hat sich also aus der Privatwirtschaft herauszuhalten (Caspart 2008:31f) und auch sonst auf ein Minimum zu beschränken. Freie Märkte sind der Planung überlegen, es gibt nur Staats- und kein Marktversagen (Ptak 2008:18), denn Märkte sind wesentlich weniger anfällig für Missbrauch (Engartner 2008a:39). Die spontane Ordnung der Märkte, auch *Katallaxie* genannt, ist ein Verfahren, das nicht von außen beeinflusst werden kann, denn Märkte formieren sich spontan und von selbst (Ptak 2008:42). Trotzdem bedarf der Markt eines Rahmens in Form einer Ordnungspolitik. Voraussetzungen für das einwandfreie Funktionieren der Märkte sind vor allem: Privateigentum, ein funktionierender Rechtsstaat und Handlungs-, Meinungs-, und Vertragsfreiheit (Harvey 2007a; Hayek 1971; 2005).

1.4.1. Der Markt in der neoliberalen Theorie

Wenn sich nun der Markt aufgrund dieser Voraussetzungen entfalten kann und er nicht durch staatlichen Maßnahmen behindert wird, dann hat er unschlagbare Vorteile:

- In einem freien Markt kann jedes Individuum seine persönliche Freiheit ausleben und ist keinem Zwang von außen ausgesetzt (Willke 2003:190).
- Der Markt koordiniert die Wünsche und Handlungen von Millionen von Menschen und agiert so als eine abstrakte Wissensverwaltung. Somit kann das in der Gesellschaft verstreute Wissen und auch das stille Wissen für alle nutzbar gemacht werden, was durch einen planerischen Prozess nicht möglich wäre (Engartner 2008a:32-43; Ptak 2008:44). Außerdem führt diese Fähigkeit zur Koordinierung zu einem Gleichgewicht im Sinne der neoklassischen Theorie. Der Markt ist somit höchst effizient. Außerdem muss niemand unter Zwang teilnehmen, sondern die Mitwirkung am Marktgeschehen beruht auf Freiwilligkeit (Willke 2003:34).
- Der Markt wirkt als Mechanismus für Anreiz und Sanktionen: Marktgerechtes Verhalten wird durch Gewinne belohnt, jenes Verhalten, das nicht im Sinne der Märkte ist, wird durch den Verlust und im schlimmsten Fall durch den Bankrott bestraft (Engartner 2008a:36; Willke 2003:57). Somit wird langfristig nur das angeboten, was auch nachgefragt wird. Die etwaigen Gewinne sind somit Motivation für das Verhalten der Akteure marktgerecht zu agieren. Außerdem erhöht der Wettbewerb am Markt die Suche nach den jeweils Besten (Akteuren, Produkten, etc.)(Altvater 2008). Dies führt in weite-

rer Folge zu Innovationen, welche den Wohlstand aller fördern (Hayek 2005; Willke 2003:191).

- Nicht als Hauptziel, aber als Nebenwirkung schaffen freie Märkte Gemeinwohl. Dies wird von den Individuen zwar nicht angestrebt, ergibt sich aber emergent, vor allem durch das Durchsickern von Wohlstand (*trickle down*) von den reichen in die armen Gesellschaftsschichten (Harvey 2007a:82). Grundsätzlich gibt es drei Optionen, wie Gemeinwohl verwirklicht werden kann: individuelle Tugend (unrealistisch), staatlicher Zwang (wurde oft versucht, aber nie erreicht) und durch den Marktmechanismus (dies zwar nicht mängelfrei, aber trotzdem die beste Möglichkeit) (Caspart 2008:14). Gerade diese Mängel sind außerdem meist nicht auf den Marktmechanismus, sondern auf die politischen Rahmenbedingungen zurückzuführen. Schließlich gibt es kein Marktversagen, sondern nur Staatsversagen.

1.4.2. Die Rolle des Staates in der neoliberalen Theorie

Grundsätzlich billigt der Neoliberalismus dem Staat nur eine untergeordnete Rolle zu. Allerdings bedeutet der Wunsch nach weniger staatlichen Interventionen im Umkehr nicht automatisch, dass kein staatliches Handeln der Idealzustand sei. Das Fehlen jeglicher staatlichen Tätigkeit im Sinne des klassischen Wirtschaftsliberalismus ist nicht das Ziel, sondern es bedarf einer ausgewogenen Ordnungspolitik (Hayek 1971; 2005), mit der Kernfunktion eines liberalen Rechtsstaates (Ptak 2008:32). Wirtschaftspolitisch soll sich der neoliberale Idealstaat nach Möglichkeit heraushalten (Karrass 2008:246).

Grundsätzlich soll der Staat durch unterschiedliche Handlungsweisen vor allem für ein gutes Geschäftsklima sorgen (Harvey 2007a:24).

- Ein erster Schritt um dies zu ermöglichen ist, jedem Einzelnen so viele Freiheiten wie möglich zuzugestehen, mit der Konsequenz, dass ein jeder auch die Verantwortung für sich trägt (Harvey 2007a:27).

- Dem Staat kommt das Gewaltmonopol auf seinem Hoheitsgebiet zu. Dieses muss er einsetzen, um die Bevölkerung vor anderen Gewalten und vor Zwang von Innen wie Außen zu schützen. Weiters muss der Staat die Individuen auch durch eine Sicherheits- und Umweltregulierung schützen (Hayek 1971; Willke 2003:85).

- Mit der Sicherung der Institution des Privateigentums und der Gewährleistung des Rechtsstaates kommt dem neoliberalen Staat eine weitere wesentliche Rolle zu. Sowohl das Vertrauen auf das Funktionieren des Rechtsstaates als auch auf die Durchsetzung von Eigentumstiteln ist eine wesentliche Voraussetzung für das Vertrauen der Teilnehmer des freien Marktes in diesen (Harvey 2007a:82; Hayek 2005; Willke 2003:85).

- Überdies muss der Staat die vorherrschende Markt- und Wettbewerbsordnung gewährleisten. Hierzu gehört auch die Sicherung der Vertragsfreiheit, am besten durch eine wettbewerbsfreundliche Gesetzgebung und marktfördernde Institutionen (Willke 2003). Allerdings soll der Ordnungsrahmen möglichst locker sein, denn Wettbewerb ist grundsätzlich nicht organisierbar, sondern entfaltet seine Wirkung von selbst (Spontane Ordnung = Katallaxie) (Ptak 2008:41-50).

- Schließlich kommt dem Staat auch im Neoliberalismus eine Rolle bei der Bereitstellung von bestimmten Dienstleistungen und Gütern zu. Hierbei kommen Dienstleistungen und Güter in Bereichen in Betracht, bei denen mit großen positiven externen Effekten zu rechnen ist, weil sie die Rahmenbedingungen für individuelles Handeln auf dem Markt verbessern (Karrass 2008:246). Außerdem kann der Staat dann eingreifen, wenn die Bereitstellung dieser Güter und Dienstleistungen auf dem Markt nicht erwartet werden kann, weil die Kosten nicht auf einzelne Abnehmer umgerechnet werden können bzw. dies kostspielig und schwierig wäre, beispielsweise im Falle von Straßeninfrastruktur (Hayek 1971; 2005). Trotzdem sollte aber, wann immer möglich, der Marktmechanismus der staatlichen Planung vorgezogen werden. Grundsätzlich ist es immer besser, wenn der Staat solche Dienstleistungen und Güter nicht selbst leistet, sondern deren Erbringung durch Marktteilnehmer fördert (Karrass 2008:246). Nur in äußerst prekären Sonderfällen, wenn beispielsweise ein natürliches Monopol auf Dienstleistungen und Waren besteht, die unentbehrlich sind, darf der Staat eingreifen, sich aber keinesfalls durch die Ausnutzung seines Gewaltmonopols ein anderes Monopol sichern. Bei der Erbringung von Leistungen darf der Staat keinesfalls andere Marktteilnehmer fernhalten. Im Zweifel ist ein privates Monopol besser als ein staatliches Monopol (Friedman 1976).

1.5. Kritik am Neoliberalismus

Wie bereits erwähnt, wird der Begriff des Neoliberalismus hauptsächlich von Kritikern verwendet. Kritik wird dem Neoliberalismus auf unterschiedlichen Ebenen entgegengebracht. Teilweise werden seine theoretischen Annahmen kritisiert, teilweise die Durchführung bestimmter Handlungsweisen beanstandet, teilweise die Ergebnisse dieser Handlungsweisen und teilweise der Neoliberalismus als solcher kritisiert. Je nachdem, was die Kritiker als Neoliberalismus verstehen, kommen hierbei andere Aspekte zu Tragen. Oft wird der Begriff Neoliberalismus auch ziemlich unreflektiert benutzt. Dann kann es passieren, dass generelle Kritik an Marktwirtschaft und Kapitalismus als Neoliberalismuskritik ausgelegt werden. Kritikpunkte sind im Bereich der Annahmen der neoliberalen Theorie vor allem die spontane Ordnung der Märkte und deren Überbetonung, das der Neoklassik entlehnte Gleichgewichtsmodell sowie das utilitaristische Menschenbild. Bei den Auswirkungen des Neoliberalismus wird auf die negativen Auswirkungen von Konkurrenz, den Rückzug des Staates, und dessen Auswirkungen auf einzelne Klassen der Gesellschaft hingewiesen.

Ein wichtiger Kritikpunkt ist jener am Primat der Ökonomie (Engartner 2008a). Die Bedeutung der Wirtschaft würde überbetont. Vor allem die Überbetonung des Marktes ist vielen Autoren ein Dorn im Auge. Dessen Wirksamkeit in allen Teilbereichen der Gesellschaft wird verneint. Kritisiert wird vor allem, dass durch die Ausbreitung des Marktes die Mechanismen der Konkurrenz und des Wettbewerbs auch in andere Bereiche gebracht werden (Willke 2003). Auch die Annahme, dass Märkte spontane Ordnungen seien, die nicht durch Eingriffe des Staates mit Hilfe von positiven Zielen beeinflusst werden dürfen, wird verneint. Denn Märkte sind keine losgelösten Mechanismen, sondern „stets durch Menschen geschaffene soziale Institutionen" (Krätke 1998: zit. n. Ptak 2008:48f). Als Beispiele hierfür werden der Binnenmarkt der Europäischen Union und der Markt für Emissionszertifikate genannt, welche sich nicht spontan ergaben, sondern durch Menschen geschaffen wurden (Ptak 2008). Zweiter Kritikpunkt ist, dass die neoliberale Vorstellung, Märkte würden grundsätzlich zu Gleichgewichten neigen, zu abstrakt sei und nicht der Wahrheit entsprechen würde. Außerdem würde die Entwicklung zeigen, dass Märkte vor allem private Monopole entstehen ließen (Harvey 2007a). Skeptisch sind viele Kritiker auch gegenüber dem Menschenbild, welches der Neoliberalismus vermittelt. Der Mensch handle nicht rein am persönlichen Nutzen orientiert, wird kritisiert. Er sei weder so, noch sollte er so sein (Willke 2003:163f).

Einmal angewendet seien die Folgen neoliberaler Politik durchwegs negativ. Die bestehende Konkurrenz in allen Bereichen würde Egoismus und Eigennutz schüren, da jeder Mensch nur Gewinn im Auge hat. Sowohl Umwelt als auch Gesellschaft nähmen dadurch Schaden. Vor allem führe die sich ausbreitende Konkurrenz zu einem Verlust von Solidarität in der Gesellschaft. Kritisiert wird hier vor allem die antiegalitäre Haltung des Neoliberalismus mit dem sozialdarwinistischen Leitmotiv des *survival of the fittest* (Harvey 2007a; Ptak 2008). Auch das Zurückdrängen des Staates, ein wichtiger Bestandteil neoliberaler Politik, wird kritisch gesehen. Der Dreiklang *Deregulierung – Privatisierung – Flexibilisierung* führe zur Zerschlagung des Wohlfahrtsstaates (Bourdieu 1998: zit. n. Willke 2003:170f). Die Beschränkung der Handlungsmöglichkeiten des Staates, also die Entthronung der Politik durch die Ersetzung mit dem Markt auch durch so genannte Sachzwänge, hebele die Demokratie aus. Mit der Deregulierung von Bereichen der Wirtschaft und der Privatisierung von Staatsbetrieben werde dem Staat großer Handlungsspielraum genommen. Vor allem auch das Argument, dass der Staat wirtschaftspolitisch gar keinen Handlungsspielraum haben soll, wird kritisiert.

Von David Harvey wir der Neoliberalismus in seiner neomarxistischen Kritik außerdem als Projekt eingestuft, welches die Vorherrschaft der Wirtschaftselite sichern soll. Für ihn ist es somit ein politisches Projekt, mit der Zielsetzung der Restauration von Klassenmacht. Für ihn geht es bei der Implementierung von Märkten durch Deregulierung und Privatisierung vorrangig um die Schaffung von Investitionsmöglichkeiten zur Kapitalakkumulation. Dies hilft vor allem den Reichen und schadet den Armen. Für ihn ist der Neoliberalismus also vor allem ein Klassenprojekt (Harvey 2007a; 2007b).

Grundsätzlich wird kritisiert, dass der Neoliberalismus als fundamentaler Vertreter des Prinzips der Marktwirtschaft mit dem ihm immanenten Wunsch nach Förderung von Freiheit nur eine Seite von Freiheiten fördert. Der Einteilung von Karl Polanyi (Polanyi 1978:336 zit. n. Harvey 2007:49ff) folgend, lassen sich Freiheiten in die Kategorien gut und schlecht einteilen. Zwar bringe die Marktwirtschaft auch gute Freiheiten wie Rede-, Gewissens-. Versammlungs- und Vereinigungsfreiheit und die Freiheit sich seine Arbeit selbst aussuchen zu können. Diese werden aber von den negativen Freiheiten, wie der Freiheit Mitmenschen ausbeuten zu können und maßlose Gewinne ohne angemessene Leistungen erbringen zu können, überwogen (Polanyi 1978:336 zit. n. Harvey 2007:49ff).

1.6. Instrumente zur Implementierung von Marktmechanismen

In den vorangegangenen Kapiteln haben wir gesehen, dass ein grundsätzliches Anliegen der Wirtschafts- und Gesellschaftstheorie des Neoliberalismus die fundamentale Betonung von Märkten und deren Ausbreitung in Verbindung mit dem Zurückdrängen des Staates aus der Produktion von Gütern und Dienstleistungen ist. Zwar vertreten viele Kapitalismustheorien den Rückzug des Staates, doch die „neoliberale Doktrin drängt stärker als jede andere auf eine Abkehr von öffentlich verantwortetem Eigentum" (Engartner 2008b). Da dieses Paradigma nicht von allen Akteuren anerkannt wird, kam es in der Vergangenheit und kommt es bis heute zu einer lebhaften politischen Diskussion um die Effizienz der Märkte und um den Einfluss des Staates bzw. dessen negativ konnotierter *Ausverkauf* und Rückzug (Scharler 2007:24). Soll nun der Markt als Mechanismus zur Entscheidungsfindung, für Produktion und Distribution statt der politischen Entscheidungsfindung eingesetzt werden, dann bedarf es bestimmter Instrumente, um dies zu bewerkstelligen. Bereiche, die bislang keinem Marktmechanismus unterworfen waren, die überwiegend staatlich reguliert waren und in denen es keinen Wettbewerb zwischen unabhängigen Konkurrenten gegeben hat, lassen sich nicht ohne weiteres in einen ebensolchen Markt umwandeln. Das betrifft heutzutage hauptsächlich Wirtschaftssektoren des Infrastrukturbereiches, da sich die meisten entwickelten Länder aus ihren Industriebeteiligungen bereits weitestgehend zurückgezogen haben (Engartner 2008b:104; König et al. 1997:51). Auch in Österreich zeigt sich dieser Trend, da die meisten Beteiligungen an Industriebetrieben, welche der Staat über seine Industrieholding (ÖIAG) gehalten hat, bereits verkauft wurden (ÖIAG 2011)

Wichtige Schlagwörter, wenn es um die Einführung von Märkten geht, sind die Begriffe *Liberalisierung, Deregulierung und Privatisierung*. Diese bezeichnen alle drei Elemente eines neuen Paradigmas, dessen Ziel die „Redimensionierung und Redefinition staatlicher Aufgaben" ist (Engartner 2008a:85). Eine Abgrenzung dieser Begriffe ist teilweise nur schwer durchzuführen, außerdem bedingen sie sich wechselseitig (König et al. 1997:21; Richter-Steinke 2010:6). Privatisierung meint die in unterschiedlichen Formen auftretende Rücknahme der staatlichen Produktion von Dienstleistungen und Gütern, Deregulierung die Reduktion von staatlichen Eingriffen in das Wirtschaftsgeschehen und dessen Regulierung. Der Begriff Liberalisierung, welcher teilweise als Oberbegriff für die beiden anderen Aspekte benutzt wird, bezeichnet im Kontext der Wirtschaftspolitik allgemein die Rücknahme staatlichen Einflusses und die verstärkte Bedeutung von Märkten (König et al. 1997; Müller 2003; Richter-Steinke 2010).

Eine Politik, die versucht alle drei Merkmale umzusetzen, wird meist als Liberalisierungspolitik bezeichnet, ist also darum bemüht, dass sich Marktprinzipien als die Leitprinzipien der Wirtschaft durchsetzen: besonders die Prinzipien der Eigenverantwortlichkeit, dezentraler Entscheidungsfindung und der Konkurrenz (Höpner et al. 2009:5f). Daraus lässt sich klar ablesen, dass die Verwirklichung von Liberalisierung, Deregulierung und Privatisierung wesentlich zur Durchsetzung der neoliberalen Vorstellung von Ökonomie im Besonderen und Gesellschaft im Allgemeinen beitragen. Grundsätzlich „ist davon auszugehen, dass die Diskussion der Fragen, welchen Staat und wie viel Staat wir brauchen, auf absehbare Zeit eine bedeutende, wenn nicht gar die zentrale Bruchlinie durch unsere Gesellschaft markieren wird" (Engartner 2008b:132).

1.6.1. Liberalisierung

Auch wenn es schwer fällt, die zentralen Begriffe der Liberalisierungspolitik auseinander zu halten, zumal die Unterscheidung nicht immer trennscharf möglich ist, muss doch ein Versuch unternommen werde. Das Wörterbuch zur Politik (Schmidt 2010) kennt unter dem Begriff Liberalisierung drei unterschiedliche Bedeutungen.

> Erstens die „Umwälzung einer mehr oder minder stark autoritärstaatlichen Herrschaftsordnung", zweitens den „Vorgang oder das Ergebnis des Abbaus von Hemmnissen individueller [...] Freiheit in Gesellschaft, Wirtschaft und Politik" und drittens „in der Wirtschaftspolitik [, den] Vorgang oder [das] Ergebnis von gezielten Bestrebungen, die auf die Stärkung von [...] Markt und [...] Wettbewerb, insb[esonders] durch Verminderung oder Abbau staatsdirigistischer oder sonstiger politischer Eingriffe ins Wirtschaftsleben, also auf [...] Deregulierung oder auf Marktschaffung gerichtet sind".

Liberalisierung zielt also auf eine Gesellschaft ab, in der weniger von staatlicher Stelle geplant wird, sondern mehr dem freien Spiel der gesellschaftlichen Kräfte überlassen wird. Wird der Begriff Liberalisierung nur auf ökonomische Sachverhalte angewandt, so ist damit eine allgemeine Rücknahme von staatlicher Einflussnahme und ein verstärktes Auftreten von freien Märkten gemeint. Hier kommt es zu einem Zusammenspiel mit den beiden anderen Begriffen Deregulierung und Privatisierung. Der staatliche Einfluss sinkt sowohl, wenn ein geringer Anteil der Produktionsfaktoren in staatlichem Einfluss steht, als auch, wenn dem Staat die Möglichkeit genommen wird, auf die privaten Akteure am Markt durch Regulierungen Einfluss zu nehmen. Teilweise wird Liberalisierung auch noch weiter differenziert. Höpner et.al. (2009) nennen die Begriffe regulatorische Liberalisierung bzw. distributive Liberalisierung. Erstere zielt auf den Abbau von generellen Einschränkungen der Ökonomie seitens des Staates ab, zweitere meint im Speziellen den Abbau von Maßnahmen, die zuvor im Einklang mit den Prinzipien Solidarität und Umverteilung implementiert wurden.

Wird in dieser Arbeit der Begriff der Liberalisierung verwendet, so ist, wenn nichts Gegenteiliges erwähnt wird, damit immer ein weiter Liberalisierungsbegriff gemeint. Dies bedeutet, dass der Begriff sowohl die Deregulierung von Märkten (also den Zugang für Private zu bislang rein staatlich organisierten Wirtschaftssektoren durch eine Rücknahme von staatlichen Regulierungen) als auch die Privatisierung von Staatsbetrieben inkludiert. Liberalisierung in diesem weiten Sinne ist somit die Umsetzung neoliberaler Wirtschaftspolitik, mit der ein Rückzug des Staates bezweckt wird.

1.6.2. Deregulierung

Ähnlich wie der Begriff der Liberalisierung ist auch das Begriffspaar Regulierung und Deregulierung nicht einheitlich definiert (Müller 2003). Mit Regulierung im weiteren Sinne ist die allgemeine Steuerung der Gesellschaft gemeint. Im engeren Sinne bedeutet es die gesellschaftliche Steuerung seitens des Staates durch das Recht und die Ausübung des Zwangsmonopols (Klaus 2009). Auf ökonomische Sachverhalte bezogen ist mit Regulierung der Eingriff des Staates in das Marktgeschehen gemeint. Hierbei sind zwei Begründungsvarianten möglich: Zum einen werden Regulierungen vorgenommen um Marktversagen zu verhindern. Dies ist zum Beispiel der Fall, wenn es aufgrund von bestimmten Umständen zu externen Effekten oder zu ausgeprägter Marktmacht (Monopole, Kartelle) kommt. Zum anderen kommt es zu Regulierungen, wenn der Staat die Rahmenbedingungen für unternehmerisches Handeln gestaltet. Insbesondere kommt es hierbei zu Regulierungen in der Verteilungs-, der Fiskal- oder Struktur- und der Wettbewerbspolitik (Müller 2003:38f; Richter-Steinke 2010). Gerade bei dieser politisch geprägten Form des Eingriffs durch Regulierung liegt natürlich ein weites Feld für Diskussionen vor. Deregulierung kann im Umkehrschluss hierzu als Rücknahme von Regulierungen betrachtet werden. Im weiteren Sinne ist hiermit die verstärkte Anwendung von Individualentscheidungen statt Gesellschaftsentscheiden zu bezeichnen. Hierbei liegt eine inhaltliche Überschneidung mit dem Begriff der Liberalisierung vor, teilweise wird Deregulierung auch als Strömung der Liberalisierung angesehen (Richter-Steinke 2010:6). Im engeren Sinne versteht man unter Deregulierung die Reduktion von staatlicher Lenkung und das Favorisieren von Individualentscheiden (Müller 2003). Wieder expliziter wird der Begriff in der Wirtschaftspolitik verwendet und bezeichnet hier „diejenigen (kraft Gesetzes oder Vereinbarung zwischen

Verbänden oder zwischen Wirtschaftsverbänden und Staat getroffenen) Maßnahmen, die auf den Abbau von Marktzutritts- und Marktaustrittsbeschränkungen sowie von Preis- und Mengenregulierungen gerichtet sind“ (Schmidt 2010). Deregulierung trägt also wesentlich zu einer Stärkung der Prinzipien Markt und Wettbewerb bei und zielt darauf, ersteren als Gremium zur Entscheidungsfindung sowie als Regulativ für Preis und Qualität vermehrt zu installieren (König et al. 1997:25).

In mancher Literatur wird statt dem Begriff Deregulierung ebenfalls der Terminus Liberalisierung benutzt[5]. Deshalb wird im Folgenden statt Deregulierung teilweise der Begriff Liberalisierung im engeren Sinne (Liberalisierung i. e. S.) verwendet.

1.6.3. Privatisierung

Beim Begriff der Privatisierung ist zu beachten, dass die ihm zugeordneten Vorgänge zum einen in unterschiedlichen Formen auftreten und er zum anderen auch nicht einheitlich verwendet wird. Letzteres lässt darauf schließen, dass es noch einen Konflikt um die Deutungshoheit des Begriffes gibt (Richter-Steinke 2010). Außerdem betrifft der Vorgang der Privatisierung sowohl rechtliche, ökonomische als auch politische Fragestellungen, somit ist ein breites Spektrum an Personen nicht nur davon betroffen, sondern auch aktiv an diesem Prozess beteiligt (König et al. 1997). Privatisierung wird oft gemeinsam mit Deregulierung genannt. Teilweise als Bestandteil, teilweise als Voraussetzung von diesem. Generell handelt es sich bei der Privatisierung um „die Umwandlung öffentlichen Vermögens in privates […] Eigentum, z.B. durch Überführung eines staatlichen oder kommunalen Betriebes in ein privates Unternehmen oder durch Übertragung von Eigentumsrechten vom Staat auf Private“ (Schmidt 2010). Grundsätzlicher Konsens herrscht bei der Vorstellung, dass Privatisierung den Rückzug des Staates aus der tatsächlichen Produktion von Gütern und Dienstleistungen herbeiführt. Es kommt dadurch immer stärker zu einer Verlagerung von der Produktion hin zur Gewährleistung der Produktion durch Private (König et al. 1997:35).

---

5 Dies ist vor allem der Fall, wenn es um die Liberalisierung des Schienenverkehrsmarktes in der EU geht. Hier wird der Liberalisierungsbegriff gleichgesetzt mit dem Zugang für private Dritte zu einem bisher geschlossenen Markt.

Wie bereits erwähnt können Privatisierungen in unterschiedlichen Ausprägungen auftreten. Zeuner (1998: zit. n. Richter-Steinke 2010:38) unterscheidet Privatisierungen nach ihrer Art. Laut dieser Einteilung gibt es:

- Die Staatskapitalisierung mit der Privatisierung von erwerbswirtschaftlichen Unternehmen,
- Die Aufgabenkapitalisierung mit der Privatisierung von (Primär-) Infrastrukturen wie Bahn, Post, Telekommunikation und Wasser,
- sowie die Staatsprivatisierung hoheitlicher Aufgaben mit der Privatisierung öffentlicher Dienstleistungen und Funktionen. (Zeuner 1998: zit. n. Richter-Steinke 2010:38f)

Zusätzlich kann das Phänomen der Privatisierung auch noch nach seinen unterschiedlichen Formen gegliedert werden Als Varianten zu nennen sind hierbei Vermögensprivatisierungen, materielle Privatisierungen, formelle Privatisierungen, funktionelle Privatisierungen und ferner auch implizite Privatisierungen und die Sonderformen des *Cross Border Leasings* und der *Public Private Partnership*. Außerdem gibt es diverse Mischformen.

1.6.3.1. Die Vermögensprivatisierung

Die Vermögensprivatisierung ist vermutlich eine der unauffälligsten und politisch am wenigsten umstrittene Form der Privatisierung. Hierbei handelt es sich nämlich um eine reine Übertragung von Eigentumsrechten, also dem schlichten Verkauf von Eigentum des Staates, das nicht in Zusammenhang mit materiellen Aufgaben des Staates steht (König et al. 1997:29). Kritisch ist hierbei nur, dass zuvor Konsens darüber bestehen muss, was die materiellen Aufgaben des Staates sind. Beispielsweise kann der Verkauf von staatseigenen Immobilien als Vermögensprivatisierung gesehen werden, sofern diese Immobilien nicht in Zusammenhang mit staatlichen Aufgaben stehen.

1.6.3.2. Die formelle Privatisierung

Zweite Variante der Privatisierung ist die so genannte formelle (auch formale, kalte) oder Organisationsprivatisierung. Hierbei kommt es zu einer Umwandlung der öffentlich-rechtlichen Form in eine des Privatrechtes. Das entsprechende Unternehmen wird hierbei in eine privatrechtliche Kapitalgesellschaft umgewandelt, meist in eine Gesellschaft mit beschränkter Haftung oder eine Aktiengesellschaft. Allerdings verbleibt das Unternehmen im Eigentum des Staates (im Falle Österreichs beim Bund oder den entsprechenden Gebietskörperschaften).

Im Sinne der Implementierung von Märkten und Wettbewerb ist dies eine schwach ausgeprägte Form der Privatisierung. Allerdings haben politische Institutionen nur mehr indirekt Zugriff auf das Unternehmen und dessen Betrieb, da sie nur mehr als Eigentümer auftreten. Inwieweit für das neu gegründete Unternehmen politische Zurufe weiterhin die Maxime für den eigentlichen Betrieb sind, hängt zum einen von den hierfür bestellten Personen und deren Umfeld ab sowie von der gewählten Rechtsform. Bei GmbHs ist der Einfluss seitens der Eigentümerschaft höher als bei einer AG. Bei einer formellen Privatisierung dieser Form geht die Leistungserstellung auf die neu gegründete Rechtspersönlichkeit über. Deren Ziel ist zum einen die Vorbereitung einer darauf folgenden materiellen Privatisierung, aber auch die Entlastung des Staatshaushaltes, da einem privatisierten Unternehmen mit implementierten betriebswirtschaftlichen Mechanismen höhere Effizienz unterstellt wird (Engartner 2008b:85-106; König et al. 1997:25ff; Richter-Steinke 2010:38ff; Scharler 2007:22).

1.6.3.3. Die materielle Privatisierung

Drittens lässt sich unter dem Begriff Privatisierung auch der vollkommene oder teilweise Verkauf von Anteilen an einem Unternehmen subsumieren. Die so genannte materielle Privatisierung bezeichnet somit die tatsächliche Übertragung von Eigentumsrechten ehemals staatlicher Unternehmen an Private. Oft wird diese Form als „eigentliche" Privatisierung angesehen, da hierbei ein kompletter Rückzug des Staates aus der Bereitstellung von Gütern und Dienstleistung stattfindet. Der Staat zieht sich also auch als Eigentümer zurück und kann auf einen Sektor nur mehr durch Regulierungen einwirken. Diese sind auch teilweise notwendig. Schließlich handelt es sich bei Staatsbetrieben, die nun privatisiert werden, häufig um Monopolunternehmen. Werden diese nun ohne Regulation privatisiert, wird aus einem staatlichen Monopol nun ein privates. Dies ist nicht wünschenswert. Bei einer materiellen Privatisierung kommt es im Zuge des Verkaufs zu einmaligen Erlösen, Anspruchsrechte auf künftige Gewinne kann der Staat dafür allerdings nicht mehr geltend machen. Eine solche Privatisierung kann entweder durch den Verkauf an einen oder wenige private Investoren geschehen, aber auch durch eine Emission der Aktien über die Börse (Engartner 2008b:85-106; König et al. 1997:29ff; Richter-Steinke 2010:38ff; Scharler 2007:23).

1.6.3.4. Die funktionelle Privatisierung

Bei der vierten Variante, der funktionellen Privatisierung, kommt es zu einer Erfüllung von Aufgaben durch Private, die zuvor von staatlichen Einrichtungen erfüllt wurden. Es kommt somit nicht zum Verkauf von staatlichem Eigentum und auch nicht zur Umwandlung von öffentlichem in privates Eigentum. Stattdessen wird an ein privates Unternehmen eine bestimmte Aufgabe übertragen. Somit rangiert die funktionelle Privatisierung als Variante zwischen materieller und formeller Privatisierung (König et al. 1997:29ff; Scharler 2007:23f).

Teilweise wird von einigen Autoren auch eine implizite Form unter dem Begriff der Privatisierung subsumiert. Damit ist die die Einführung von Wettbewerbselementen im Bereich von ehemaligen staatlichen Monopolen durch die Rücknahme von Regulierungen gemeint (Engartner 2008b:107; Rodi 1996: zit. n. Hof 2005:7). Dieser Sachverhalt überschneidet sich aber stark mit der oben genannten Bedeutung von Deregulierung. Weitere Sonderformen von Privatisierungen sind das so genannte *Cross Border Leasing* und das *Public Private Partnership. Cross Border Leasing* meint ein Finanzkonstrukt, bei dem unter Ausnutzung vor allem von Besonderheiten des amerikanischen Steuerrechts länderübergreifende Leasinggeschäfte getätigt werden (Engartner 2008b:112). Diesen Geschäften wird ein finanzieller Vorteil für beide Vertragspartner unterstellt. *Public Private Partnership* bezeichnet eine Zusammenarbeit von privaten Unternehmen und öffentlichen Institutionen. Bei diesem Zusammenwirken wird meist der Vertreter des privaten Sektors damit „beauftragt, Planung, Durchführung und Betrieb einer ursprünglich öffentlichen Aufgabe [...] zu übernehmen“ (Engartner 2008b:115). Die Gebietskörperschaften entrichten dafür den privaten Investoren ein Entgelt für die Nutzung dieser bereitgestellten Leistungen. Zu diesen Sonderformen meinte Jörg Huffschmid (Huffschmid 2004: zit. n. Engartner 2008b:115f): „Gegenwärtig findet die heftigste Form der Privatisierung in der EU ohne Änderung der Eigentumsverhältnisse statt, indem die Bereitstellung öffentlicher Dienstleistungen ausgelagert und an private Unternehmen vergeben wird, die aus dem öffentlichen Haushalt bezahlt werden.“

Allen diesen Privatisierungsvarianten gemeinsam ist, dass es sich um einen Rückzug des Staates entweder aus der Produktion von Gütern und Dienstleistung oder auch aus der Verantwortung für diese zurückzieht. Qualität und Quantität der Aufgaben eines Staates werden durch dieses Instrument geringer. Die Privatisierung kann sich sowohl auf das Vermögen eines Staates, seine Organisation als auch auf seine Aufgaben beziehen und ist somit ein Instrument, das den handelnden Staat auf allen Ebenen zurückdrängt (König et al. 1997:31).

Eine Annäherung an das neoliberale Ideal eines schlanken Staates im Sinne von „Less government is good government“ (Moore 1983: zit. n. Engartner 2008b:87) findet somit statt. Träger der Leistungserbringung können nach erfolgter Privatisierung nun statt staatlichen Monopolisten bzw. staatlichen Unternehmen, private Monopolisten, staatliche und private Unternehmen im Wettbewerb und private Unternehmen alleine (im Wettbewerb) sein (König et al. 1997:32).

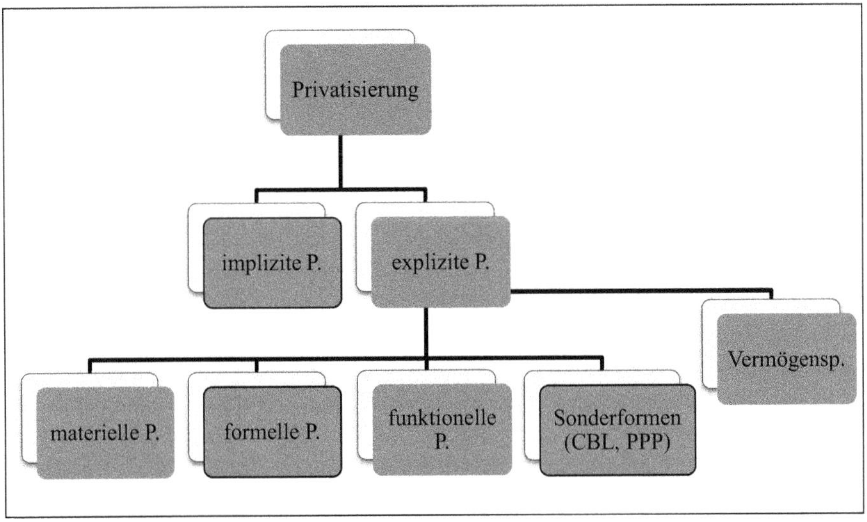

Abb. 2 Formen der Privatisierung; Quelle: (Rodi 1996: zit. n. Hof 2005:7) eigene Darstellung

Ob die erwünschten Ziele der Haushaltskonsolidierung, der Reduktion von Bürokratie durch Verschlankung der Organisationsstruktur, der stärkeren Wettbewerbsfähigkeit und der verbesserten Effizienz im Falle von Privatisierungen eintreffen, ist schwer festzustellen. Im Rahmen dieser Arbeit kann die Beantwortung dieser Frage nur für die teilweise durchgeführte Privatisierung der Österreichischen Bundesbahnen versucht werden. Bei einer jeden Privatisierung von staatlichem Eigentum sollte allerdings nie außer Acht gelassen werden, dass eine eventuell vorliegende Verbesserung der betriebswirtschaftlichen Effizienz eines privatisierten Unternehmens nicht immer im Einklang mit dem volkswirtschaftlichen Optimum stehen muss. In einer gesamtstaatlichen Analyse der Wohlfahrt kann es durchaus zu Divergenzen zwischen betriebswirtschaftlicher und volkswirtschaftlicher Logik kommen (Engartner 2008b).

1.7. Zwischenfazit I – Neoliberalismus

Der Begriff des Neoliberalismus ist sehr umstritten, ideologisch aufgeladen und hat in den letzten Jahrzehnten einen großen Bedeutungswandel durchgemacht. Ursprünglich eine Bezeichnung für eine liberale Wirtschaftspolitik, welche Interventionen des Staates im Rahmen einer Ordnungspolitik akzeptierte, meint man heute mit Neoliberalismus eine Entwicklung, welche den staatlichen Einfluss auf die wirtschaftliche Entwicklung minimieren möchte. Es handelt sich hierbei um ein wirtschaftspolitisches Paradigma, welches freie Märkte unter allen Umständen als das effizientere Mittel der Regulierung und staatliche Regulierung immer als schlechtere Lösung ansieht. Der Markt als Mechanismus gewährt persönliche wirtschaftliche Freiheit, koordiniert, vor allem die Verwaltung von Wissen, bewirkt ein Gleichgewicht von Angebot und Nachfrage und setzt Anreize bzw. sanktioniert falsches Verhalten. Der Staat soll sich hingegen bei der Regulierung zurückhalten, um den Individuen möglichst viel Freiheit zu lassen. Sein Verantwortungsbereich erstreckt sich im Neoliberalismus nur auf das Gewaltmonopol, einen funktionierenden Rechtsstaat, welcher vor allem die Institution des Privateigentums schützt und den Markt gewährleistet. Nur in ganz seltenen Fällen soll er auch in die Produktion von Gütern und Dienstleistungen einsteigen, dann aber keinesfalls private Akteure davon ausschließen. Begründet wird dies vor allem durch die höhere Effizienz privaten Handelns und die Problematik der Wissensgenerierung für staatliche Planung und Regulierung. Außerdem schränkt staatliche Planung die Freiheit der Einzelnen ein. Diese ist aber für den Wettbewerbsmechanismus unabdingbar.

Um den Markt als Mechanismus zur Lenkung der Wirtschaftstätigkeiten weiter voranzutreiben, versucht die Politik des Neoliberalismus mit verschiedenen Instrumenten den Staat zurückzudrängen. Bislang rein öffentliche Sektoren werden für private Unternehmen geöffnet, Regulierungen reduziert und staatliche Unternehmen in den privatwirtschaftlichen Sektor überführt. Damit will man die Effizienz dieser Sektoren und Unternehmen erhöhen.

Nicht jeder Prozess, der Wettbewerb und Markt implementiert, ist automatisch dem Neoliberalismus zuzurechnen[6]. Dies ist nur dann der Fall, wenn Wettbewerb und die Erzeugung von Märkten ungeachtet bestehender Schwierigkeiten und Komplexitäten und ohne Betrachtung bzw. Einbeziehung von Vorteilen staatlicher Lenkung oder Regulierung befürwortet werden, wenn also schran-

6 Inhaltliche Überschneidungen mit dem allgemeinen Begriff des Kapitalismus, der Neuen politischen Ökonomie und anderen Kapitalismustheorien sind vorhanden.

kenlos für Liberalisierung, Deregulierung und Privatisierung eingetreten wird. Dann kann diese politische Argumentation als neoliberal bezeichnet werden. Dies bedeutet „Wettbewerb um des Wettbewerbs bzw. der Freiheit des Einzelnen wegen und nicht wegen gesamtökonomischer Vorteile oder positiver Auswirkungen auf die Gesamtgesellschaft". Denn die erhöhte betriebswirtschaftliche Effizienz von privatisierten Staatsunternehmen oder der ökonomische Vorteil für bestimmte Sektoren muss nicht immer auch eine erhöhte volkswirtschaftliche Effizienz im Sinne gesamtgesellschaftlicher Vorteile bedeuten.

2. Europäische Schienenverkehrspolitik

Bevor man sich näher mit den politischen und ökonomischen Veränderungen am Schienenverkehrssektor auseinandersetzen kann, muss man sich zuerst die tatsächliche Bedeutung dieses Sektors vergegenwärtigen. Der Schienenverkehr als einer der wesentlichen Verkehrsmodi trägt nachhaltig zur Mobilität einer Gesellschaft bei. Gerade diese Mobilität ist wesentlich für eine prosperierende Wirtschaft und eine ihr zugrunde liegende Gesellschaft (Docherty et al. 2009:615; Europäische Kommission 2001:3).

Definitionen

Wie in diesem kurzen Absatz schon deutlich wurde, lassen sich die Begriffe Verkehr und Mobilität separieren. Zwar geschieht dies nicht immer trennscharf, aber durch zwei Definitionen soll nun der Unterschied verdeutlicht werden.

- „Mobilität wird im umfassenden Sinne als Beweglichkeit verstanden. Hierzu gehört neben der räumlichen Mobilität traditionell auch die soziale Mobilität [...] oder die berufliche Mobilität" (Nuhn et al. 2006:19). Mobilität meint somit die theoretische Möglichkeit zur Bewegung im Raum und in sozialen Netzwerken.
- Als Verkehr bezeichnet man hingegen die tatsächliche Bewegung in konkreten Räumen (Stein 2006:40). Verkehr wird von Nuhn und Hesse (2006:18) also als „allgemein [...] realisierte Ortsveränderung von Personen, Gütern und Nachrichten definiert". Am häufigsten ist dies eine Bewegung von einem Standort zum anderen durch ein Verkehrsmittel des Individual- oder des öffentlichen Verkehrs. Weiters können die Verkehrsträger auch nach schienengebundenen und straßengebundenen Varianten unterschieden werden.
- Im Verkehr findet die Mobilität somit ihre konkrete Realisierung (Magistrat der Landeshauptstadt Linz 2004).

Bedeutung von Mobilität und Verkehr für eine Volkswirtschaft

Dem Verkehr und der daraus resultierenden Mobilität von Personen und dem Transport von Gütern kommt eine große Bedeutung innerhalb einer Gesellschaft zu. In modernen Volkswirtschaften, in denen Arbeitsteilung zwischen unterschiedlichen Akteuren, die keine räumliche Nähe aufweisen müssen, immer wichtiger wird, ist auch der Verkehr von immer größerer Bedeutung. Es bedarf des Transports von Rohstoffen zu großen verarbeitenden Industriebetrieben, der Verteilung von Zwischenprodukten und der Distribution von Endprodukten an

Händler und Konsumenten. Außerdem ist Verkehr eine Grundlage für die soziale Vernetzung der Bevölkerung, denn es bedarf der Mobilität in Bezug auf Arbeitsbeziehungen, Ausbildung und Einkauf (Docherty et al. 2009:616). Schon der deutsche Wirtschaftstheoretiker Friedrich List erkannte:

> „Der wohlfeile, schnelle, sichere und regelmäßige Transport von Personen und Gütern ist einer der mächtigsten Hebel des Nationalwohlstandes und der Civilisation nach all ihren Verzweigungen." (Burmeister 2001:21).

Neben dieser Bedeutung des Verkehrs für Austausch von Waren, der räumlichen Erschließung und somit der Verbindung von heterogenen Gebieten hat er auch noch zwei weitere wesentliche Implikationen für die Volkswirtschaften (Button 2010:48; Weber 2009:25f). Durch seine integrale Stellung für die Funktionsweise einer arbeitsteiligen Volkswirtschaft hat der Transport von Gütern natürlich eine immense Wirkung auf andere Wirtschaftszweige. Somit kann ihm eine Multiplikatorwirkung zugesprochen werden (Weber 2009:25). Als letzte Facette der Bedeutung des Verkehrs muss hier seine Rolle als wichtiger Wirtschaftsfaktor angesprochen werden.

- In den EU27 erwirtschaftet der Transportsektor im Jahr 2008 4,6% der Bruttowertschöpfung (Diese Zahl steht nur für jene Unternehmen, deren Hauptgeschäftszweck der Transport ist.)(European Commission 2011:19).
- Über 9 Millionen Menschen arbeiteten in diesem Sektor im Jahr 2008. Dies waren 4,5% aller Arbeitnehmer (European Commission 2011:19).
- Die europäischen Haushalte gaben für Mobilität 2009 über 890 Milliarden Euro aus. Dies entsprach mehr als 13% der gesamten Konsumausgaben (European Commission 2011:19).

Diese Daten deuten somit ebenfalls auf die besondere Bedeutung von Verkehr und Mobilität für eine Volkswirtschaft hin. Außerdem lässt sich auch eine Korrelation zwischen der Höhe des Bruttoinlandprodukts und der Mobilität von Personen und Fracht feststellen. Nicht hinreichend geklärt ist allerdings die Frage, wie diese Korrelation gerichtet ist (Button 2010:49-53).

Neben seiner großen Bedeutung sind dem Verkehrssektor auch große Kosten immanent. Vor allem die Infrastruktur für schienengebundene und straßengebundene Verkehrssysteme ist teuer. Alleine die Straßeninfrastruktur kostete Österreich im Jahr 2000 ca. 4,8 Milliarden Euro (Herry et al. 2007:217).

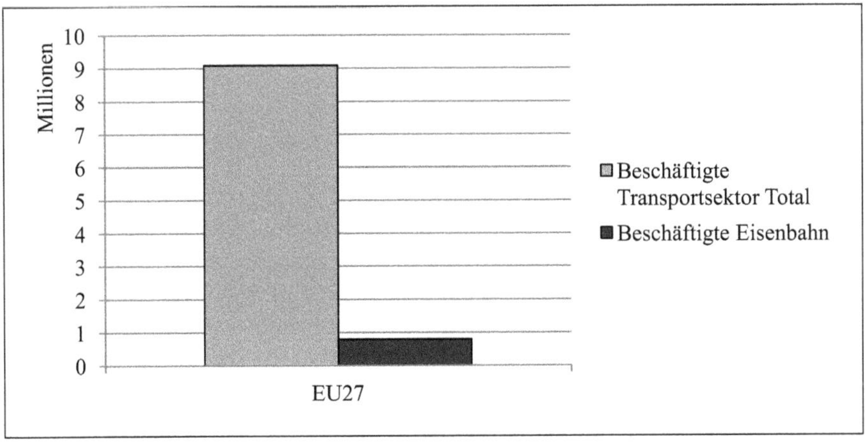

Abb. 3 Beschäftigte im Transportsektor und bei der Eisenbahn in den Staaten der EU27; Quelle: (European Commission 2011)

Bedeutung des Schienenverkehrs

Innerhalb des Verkehrssektors kommt dem Schienenverkehr eine besondere Rolle zu. Über 200 Jahre war die Eisenbahn der wichtigste Verkehrsträger. Die Eisenbahn war wesentlicher Faktor für die Industrialisierung vieler Länder. Auch die Wertung der Eisenbahn als sogenannte Basisinnovation im Kontext der Theorie der langen Wellen spiegelt seine Bedeutung wieder (Kriedel 2005). Besonders wichtig für die herausragende Stellung des Schienenverkehrs ist neben seiner vergleichsweise hohen Sicherheit, Umweltfreundlichkeit und seinen für den Nutzer meist sozialverträglichen Kosten die große Bandbreite an unterschiedlichen Einsatzmöglichkeiten. Schienenverkehr eignet sich sowohl für den großflächigen Personenverkehr als auch für den Güterverkehr und hier vor allem für Massen- und Schwertransporte (Nuhn et al. 2006:63f; Pietrantonio et al. 2004:1). Vor allem im intermodalen Vergleich weist der Schienenverkehr gegenüber dem straßengebundenen Personen- und Güterverkehr verschiedene Vorteile auf.

2.1. Aktuelle Rahmenbedingungen

Der Verkehrssektor war in den letzten Jahrzehnten vor allem von zwei Trends maßgeblich geprägt. Zum einen war eine starke generelle Zunahme des Verkehrsaufkommens festzustellen und zum anderen eine Veränderung des Modal Splits zu Ungunsten des Öffentlichen Verkehrs und hier vor allem des Schienenverkehrs. Diese Trends können mit Veränderungen sowohl der ökonomisch-technischen als auch der sozialen Rahmenbedingungen begründet werden (Nuhn et al. 2006:21).

2.1.1. Zunahme des Verkehrs

Die immer stärkere Vernetzung der Volkswirtschaften innerhalb des ständig wachsenden europäischen Binnenmarktes und die daraus resultierende stärkere Arbeitsteilung hat das Transportaufkommen stark steigen lassen. Dies trifft allerdings nicht nur auf den Raum der Europäischen Union zu, sondern ist auch in anderen Freihandelszonen wie beispielsweise der NAFTA festzustellen (Button 2010:41). Die kontinentalübergreifende weltwirtschaftliche Integration trägt ebenso dazu bei. Noch grundlegender leisteten natürlich auch technische Innovationen zum Wachstum des Verkehrsaufkommens ihren Beitrag, indem sie diesen überhaupt erst ermöglichten. Vor allem die Massenmotorisierung von breiten Gesellschaftsschichten ließ den Verkehr anschwellen (Nuhn et al. 2006:21). Zusätzlich kommt es auch durch das natürliche Bevölkerungswachstum zu einer Steigerung des Verkehrs. Stärke Auswirkungen zeigen sich durch den gesellschaftlichen Wandel vor allem in Bezug auf den Personenverkehr. Gründe hierfür sind unter anderem eine verstärkt geforderte Arbeitsmobilität, die Abnahme der Haushaltsgröße, die gesellschaftliche Altersstruktur und das generelle Ideal einer mobilen Gesellschaft (Nuhn et al. 2006:21-27). Die Zunahme zeigt sich also sowohl beim Personenverkehr als auch im Güterverkehr.

Die Anzahl an zurückgelegten Personenkilometern (Straßen- und Schienenverkehr, sowie Luft- und Seeschifffahrt) stieg im Raum der EU27 zwischen 1995 und 2009 um 22,1%. Der Gütertransport (Straßen- und Schienenverkehr, Luft- und Seeschifffahrt sowie Pipelines) legte im gleichen Zeitraum um 18,7% zu (European Commission Directorate-General for Mobility and Transport 2011a). Nur die globale Wirtschafts- und Finanzkrise hat diese Entwicklung zumindest kurzfristig umgekehrt. Nach deren Bewältigung darf allerdings wieder von einem steigenden Transportaufkommen ausgegangen werden. In Deutschland ist die Verkehrsleistung von Eisenbahn- und Straßengüterverkehr bis 2011 beispielsweise wieder auf das Niveau vor der Krise angestiegen (Destatis 2013).

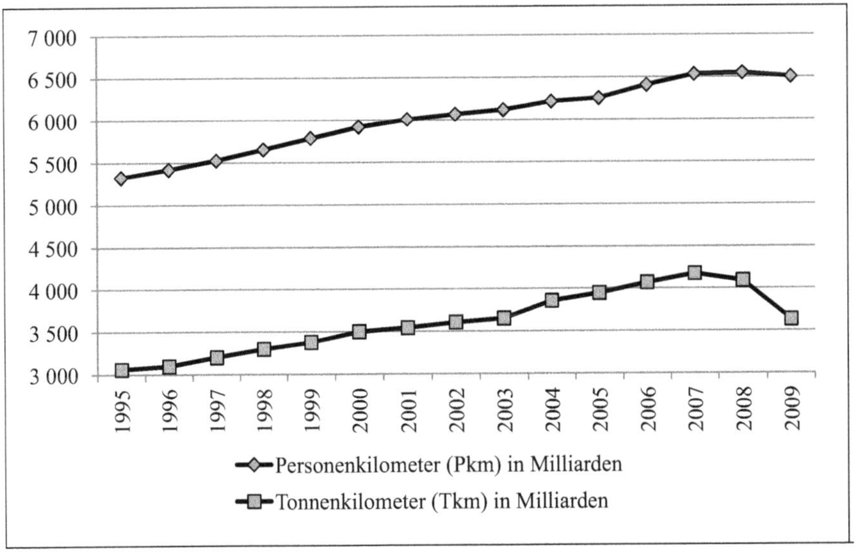

Abb. 4 Verkehrszunahme in den Ländern der EU27; Quelle: (European Commission Directorate-General for Mobility and Transport 2011a; 2011b); eigene Darstellung

2.1.2. Veränderung des Modal Split

Neben der allgemeinen Verkehrszunahme ist im intermodalen Vergleich außerdem ein relativer und teilweise auch ein absoluter Rückgang des schienengebundenen Verkehrs festzustellen. Sowohl im Personenverkehr als auch im Güterverkehr ist eine immer stärkere Verlagerung von der Schiene auf die Straße bemerkbar. Dieser Trend, gemessen in Personenkilometern bzw. Tonnenkilometern, hält seit 1960 und dem Beginn der Massenmotorisierung an (Pietrantonio et al. 2004:2). Im Güterverkehr liegt der Transport per Eisenbahn in absoluten Zahlen – nach zwischenzeitlichen Steigerungen – 2009 wieder auf dem Niveau von 1995. Der Anteil der Schiene am gesamten Transportaufkommen sinkt innerhalb der Staaten der EU27 allerdings kontinuierlich. Lag er 1995 noch bei 12,6% sank er bis 2009 auf nur mehr 10%. Im gleichen Zeitraum stieg der Anteil des Transports von Gütern auf der Straße von 42,1% auf 46,6% (European Commission 2011:32). Auch im Personenverkehr hat der Straßenverkehr ein starkes Übergewicht. Alleine der Personenverkehr mit PKW machte 2009 bereits 73,5% aller Pkm aus. Allerdings hat sich dieser Anteil in den letzten Jahren nur mehr geringfügig verstärkt. Der Personentransport per Bus auf der Straße ging sogar leicht zurück, dies allerdings nicht zu Gunsten der Schiene, da deren Anteil ebenso von 6,6% auf 6,2% sank (European Commission 2011:42).

Begründet wird der Rückgang des Schienenverkehrsanteils sowohl mit endogenen als auch mit exogenen Gründen. Bei den exogenen Gründen wird vor allem auf die veränderte Güterstruktur referenziert. In den letzten Jahrzehnten kam es in Folge der Veränderung der Industriestruktur in Europa zu einem Bedeutungsverlust traditioneller Massengüter wir Kohle und Stahl und zu einer Verlagerung hin zu hochwertigen Halb- und Fertigprodukten. Außerdem wurden auch die Produktionsstrukturen verändert. Statt große Lager anzulegen wurde vermehrt just in time produziert. Dies fordert viel Flexibilität und kommt dem bis dahin eher starren Schienenverkehr nicht entgegen (Burmeister 2001:25-29; Pietrantonio et al. 2004:8). Weiters wird in der Literatur auch häufig das Problem der Staatseingriffe in den Schienenverkehrssektor genannt. Demzufolge liegt der Rückgang der Schiene daran, dass innerhalb dieses Sektors kein Wettbewerb herrscht. Wettbewerb fördere Effizienz und würde somit dem Schienenverkehr im intermodalen Vergleich Vorteile bringen. Im Umkehrschluss stellt staatliche Planung somit ein Hindernis zum Ausbau des Schienenverkehrsanteils dar. Hervorzuheben sind neben dem Mangel an Konkurrenz, welcher eine geringere Kundenorientierung, eine geminderte Flexibilität und ein allgemein schlechteres Service zur Folge hat, die Schwierigkeiten des grenzüberschreitenden Verkehrs. Aufgrund des Bestehens von nationalstaatlichen Monopolen ist der grenzübergreifende Transport von Personen und Gütern deutlich erschwert. Hierdurch ist der Straßenverkehr deutlich begünstigt (Pietrantonio et al. 2004:4). Der neoliberalen Diktion folgend stellen also vor allem die institutionellen Bedingungen die Begründung für die schlechte Situation des Schienenverkehrs dar (Burmeister 2001:25; Europäische Kommission 2001; 2011). Dem wiederum wird häufig entgegnet, dass vor allem die institutionelle Bevorzugung des Straßenverkehrs durch Besteuerung und einseitige Infrastrukturinvestitionen der Straße im intermodalen Vergleich mit der Schiene besondere Vorteile bringen würde (VCÖ 2001:11f, 19-22, 26). Diese Verzerrung würde vor allem die gesellschaftlichen Vorteile des Schienenverkehrs außer Acht lassen.

2.1.3. Probleme des Verkehrs

Der Transport von Personen und Gütern – so viele Vorteile er auch für unsere moderne Gesellschaft bringt – ist auch mit einigen negativen Auswirkungen behaftet. Grundsätzlich lassen sich diese in Analogie zur Nachhaltigkeitsdefinition des sogenannten *Brundtland*-Berichts der Weltkommission für Umwelt und Entwicklung in die Kategorien ökologisch, ökonomisch und sozial einteilen

(World Commission on Environment and Development 1987). Angeführt von der Debatte rund um Emissionen und den Treibhausgaseffekt sind vor allem die ökologischen Probleme ein großes Thema.

2.1.3.1. Ökologische Probleme

- Emissionen: Das vermutlich größte Problem des Verkehrs sind die durch ihn entstehenden Emissionen. Diese sind hauptsächlich auf das Verbrennen von Treibstoffen zur Energiegewinnung zurückzuführen. Neben den Emissionen durch Verbrennung entstehen außerdem Feinstaube durch den Materialabrieb von Reifen, Bremsen und Straßenbelag (Deutsches Institut für Urbanistik 2005:37-38; Steubing 1999:33). Beides hat negative Auswirkungen auf die Gesundheit der Menschen und auf die Umwelt im Allgemeinen. Vor allem die entstehenden Treibhausgase sind besonders dramatisch, aber auch weitere Auswirkungen wie das Waldsterben und diverse gesundheitliche Auswirkungen auf Menschen und Tiere sind zu verzeichnen. Anzumerken ist nun freilich, dass das Problem der Emissionen hauptsächlich vom motorisierten Individualverkehr verursacht wird. Denn je Personenkilometer sind sowohl der Energieverbrauch als auch die CO2-Emissionen beim Schienenverkehr verschwindend gering im Verhältnis zum Straßenverkehr (VCÖ 2010a:27).

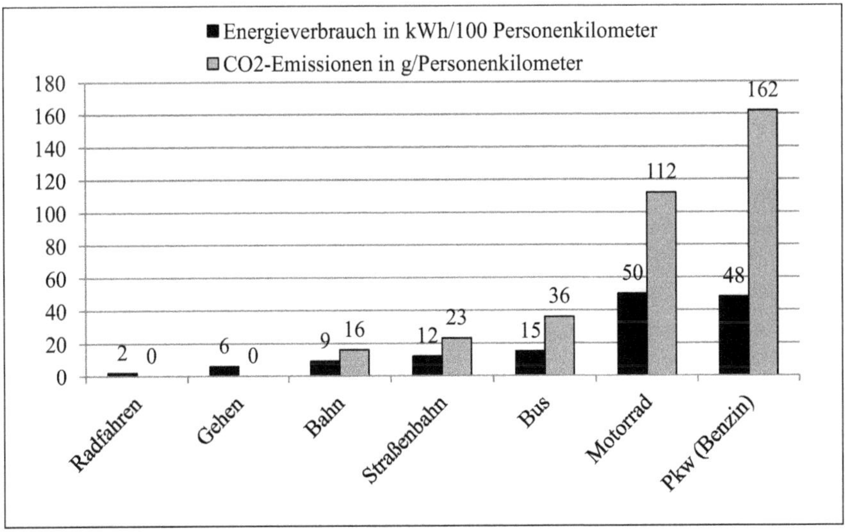

Abb. 5 Energieverbrauch und Emissionen im intermodalen Vergleich; Quelle: (VCÖ 2010a:27); eigene Darstellung

- Lärm: Ein weiteres Problem des Verkehrs sind Lärmemissionen. Verkehr auf der Schiene und auf der Straße erzeugt großen Lärm, ersterer ist aber auf klar zugewiesene Strecken begrenzt. Letzerer ist somit weiter verbreitet. Dieser Lärm ist sowohl für Menschen als auch Tiere schlecht, schadet dem seelischen und körperlichen Wohlbefinden und kann auch gesundheitsschädlich sein (Buchwald et al. 1999:62; Button 2010:174; Steubing 1999:27).
- Flächenverbrauch: Die Verkehrsinfrastruktur braucht generell viel Platz. Für den straßengebundenen Verkehr ist dieser allerdings noch ausgeprägter als beim Schienenverkehr. Neben den Straßen als wichtigstem Bestandteil der Infrastruktur bedarf es außerdem vieler Stellplätze. Dieser wachsende Bedarf bei gleichbleibend vorhandener Fläche an Dauersiedlungsraum ist vor allem in urbanen Gebieten problematisch (Lacher 2001; Steubing 1999:26; VCÖ 2010c:15).

2.1.3.2. Soziale Probleme

Wie bereits erwähnt kommt Mobilität in einer modernen Gesellschaft eine besondere Bedeutung zu und ist wesentlich für die Teilhabe an dieser. Können sich Personen aufgrund ihrer finanziellen Situation Mobilität nicht oder nur eingeschränkt leisten, so determiniert dies ihre Stellung in der Gesellschaft (Stein 2006:37). Hier ist nun die Politik gefragt, für jeden ein Mindestmaß an Mobilität im Sinne einer Daseinsvorsorge zu gewährleisten. Diese Aufgabe kommt dem öffentlichen Verkehr zu, denn gibt es keinen öffentlichen Verkehr, sind sozial Schwächere in ihrer Mobilität stark eingeschränkt.

2.1.3.3. Ökonomische Probleme

Ein ökonomisches Problem liegt in der Abhängigkeit des motorisierten Verkehrs von fossilen Treibstoffen und hier vor allem von Erdöl. Mittlerweile ist der Transportsektor für 32% (2008) des gesamten Energieverbrauchs in den EU27 verantwortlich (European Commission 2011:113). Problematisch ist diese Abhängigkeit zum einen, da die globalen Lagerstätten ungleich verteilt sind und somit die Förderung und Verteilung einigen wenigen Ländern obliegt (Europäische Kommission 2001:3). Dies schafft Abhängigkeiten. Das wesentliche größere Problem ist allerdings die Begrenztheit der globalen Erdölreserven und deren fehlende Reproduzierbarkeit. Dies macht deutlich, dass eine steigende Verkehrsentwicklung nicht nachhaltig möglich ist. Der *Peak-Oil*-Theorie folgend wird der Preis für diesen Treibstoff über kurz oder lang dramatisch ansteigen (Altvater 2007:151-155; VCÖ 2010a:17).

Viele der zuvor erwähnten Probleme lassen sich außerdem auch aus einer ökonomischen Perspektive betrachten. Die ökologischen Auswirkungen beispielsweise entstehen zwar durch den Verkehrssektor, diesem werden aber dafür keine Kosten auferlegt. Etwaige Auswirkungen werden von der Gesamtheit der Gesellschaft getragen. Man spricht hierbei von so genannten externen Kosten (siehe Kapitel 2.5.2). Ebenso lassen sich auch die durch Staus und Unfälle hervorgerufenen Kosten sehen. Sie werden direkt durch Verkehr erzeugt, aber von der Allgemeinheit getragen, beispielsweise die Kosten für die Behandlung von Unfallopfern (VCÖ 2001:11f). Die externen Kosten sind je nach Verkehrsträger unterschiedlich hoch. Der Schienenverkehr zeichnet sich im Verhältnis zum Straßenverkehr dadurch aus, dass es zu keinen Staus kommt und die Anzahl der Unfälle und verunglückten Verkehrsteilnehmer deutlich geringer ist (European Commission 2011:97-104). Außerdem sind, wie erwähnt, die ökologischen Auswirkungen aufgrund geringerer Emissionen und begrenztem Lärm im Verhältnis zum motorisierten Individualverkehr deutlich kleiner. Daraus resultieren geringere externe Kosten. Der Schienenverkehr legt der Gesellschaft somit weniger Kosten auf (VCÖ 2005:21).

Betrachtet man nun die beiden ersten Rahmenbedingungen, die generelle Zunahme des Verkehrs und dessen stetige Verlagerung auf die Straße unter Berücksichtigung der Problemdimensionen des Verkehrs, so kommt man zu selben Schluss wie die Europäische Kommission: Noch mehr Verkehrs ist dem derzeitigen Verkehrssystem und vor allem der Straßeninfrastruktur nicht zuzumuten (Lahounik 2004:1). Der Schienenverkehr jedoch zeigt sich in vielen Bereichen als adäquater Ausweg für viele der gezeigten Probleme. Er erzeugt geringere Emissionen, weniger externe Kosten, ist nicht so abhängig von fossilen Treibstoffen und sozial verträglicher. Trotz dieser Vorteile verliert die Eisenbahn Marktanteile. Es bedarf also politischer Maßnahmen und Änderungen der Rahmenbedingungen, denn für die Europäische Kommission ist klar, dass eine Einschränkung der Mobilität keine Lösung ist (Europäische Kommission 2011).

2.2. Historische Entwicklungsphasen europäischer Schienenverkehrspolitik

Der Schienenverkehrssektor ist seit seinem Bestehen von einem abwechslungsreichen Wechsel zwischen privatwirtschaftlichem und staatlichem Wirtschaften geprägt. Dieser Zick-Zack-Kurs ist auf verschiedene Faktoren zurückzuführen und in Österreich sowie in vielen anderen europäischen Ländern ausgeprägt (Wolf 2007). Am Beginn des Eisenbahnzeitalters waren vor allem private Akteure engagiert, welche erste Eisenbahnverbindungen zwischen einzelnen Städten errichteten (Nuhn et al. 2006:70-72). Diese einzelnen Privatunternehmer agierten allerdings nicht im Sinne eines umfassenden Verkehrskonzepts, sondern nach wirtschaftlichen Eigeninteressen. Teilweise kam es sogar zur Errichtung von paralleler Linienführung, was aus volkswirtschaftlicher Hinsicht nicht wünschenswert ist (Wolf 2007). Der Beginn der Eisenbahn war aber auch geprägt von vielen wirtschaftlichen Misserfolgen. Die teure Infrastruktur und der aufwendige Betrieb ließen viele private Eisenbahnunternehmen Bankrott gehen. Um deren Betrieb allerdings weiter fortführen zu können und um die Interessen des Staates nach einem abgestimmten, einheitlichen und umfassenden Schienensystems zu forcieren, wurden viele dieser Privatbahnen im 19. Jahrhundert verstaatlicht (Nuhn et al. 2006:73; Wolf 2007). Außerdem wurde der Schienenverkehrssektor immer stärker staatlich reguliert (Button 2010:473-483), da man seine besondere Bedeutung für die Entwicklung der Volkswirtschaften erkannte. Um 1900 waren somit die meisten privaten Eisenbahnbetreiber verstaatlicht und in ein Unternehmen zusammengeführt. Privatbahnen gab es nur mehr auf regionaler Ebene, die staatlichen Eisenbahnunternehmen genossen eine gewisse Monopolstellung (Dullien 2006:1). Die Zeitspanne bis 1945 war zum einen von weiteren staatlichen Regulierungen des Schienenverkehrssektors geprägt, zum anderen natürlich von den starken Zerstörungen von Schieneninfrastruktur durch den Krieg. In der Nachkriegszeit wurde die meiste Infrastruktur wieder aufgebaut. Trotzdem verlor der Schienenverkehr ab den 1960er Jahren kontinuierlich Anteile am gesamten Verkehrsaufkommen. Man versuchte durch Effizienzsteigerungen den Schienenverkehr attraktiver zu machen. Die Monopolstellung der staatlichen Eisenbahnunternehmen wurde allerdings nicht angetastet (Button 2010:473-483).

Langsam erkannten auch die immer wichtiger werdenden Organe der Europäischen Gemeinschaft die Probleme des Schienenverkehrs und die Bedeutung dieses Verkehrsträgers für Ökologie und Ökonomie. Zwar war dem Verkehr als Wirtschaftszweig im Allgemeinen schon im Gründungsvertrag der Europäischen Gemeinschaft ein eigenes Kapitel gewidmet und dieser damit Gegenstand gemeinsamer Politik, allerdings wurden keine genauen Vorgaben hierzu ausgearbeitet (Burmeister 2001:58; Richter-Steinke 2010:63). Die europäischen Organe mischten sich vor allem deshalb so wenig in diesen Bereich ein, um „den Mitgliedsstaaten die Möglichkeit [zu] belassen […], mit Hilfe der Eisenbahnen gesamtwirtschaftliche und gesellschaftspolitische Aufgaben zu erfüllen“ (Burmeister 2001:61). Der Wendepunkt in der europäischen Verkehrspolitik kam im Jahr 1985. Der zuvor vom Europäischen Parlament beim Europäischen Gerichtshof gegen den Europäischen Rat eingebrachten Untätigkeitsklage wurde stattgegeben. Mit dem Urteil des Europäischen Gerichtshofes wurde bestätigt, dass der Europäische Rat die Dienstleistungsfreiheit im internationalen Verkehr nicht ausreichend vorangetrieben hat (Burmeister 2001:62f; Engartner 2008a:109; Richter-Steinke 2010:64). Mit diesem Urteil änderte sich die europäische Verkehrspolitik vor allem in Bezug auf die Eisenbahn drastisch.

2.3. Liberalisierung im Schienenverkehrssektor – Die aktuelle Ausrichtung europäischer Schienenverkehrspolitik

Ende der 80er und Anfang der 90er Jahre des 20. Jahrhunderts kamen somit mehrere Faktoren zusammen. Durch den Beschluss zur Einheitlichen Europäischen Akte wurde der europäische Binnenmarkt geschaffen (Richter-Steinke 2010:64), der die miteinander vernetzten europäischen Ökonomien noch näher zusammen brachte. Daraus resultierten eine noch stärkere Zusammenarbeit und mehr Verkehr. Der Schienenverkehr war weiterhin äußerst schwach, verlor immer mehr Anteile am Modal Split zu Gunsten der Straße. Außerdem waren die staatlichen Monopolbetriebe stark verschuldet (Burmeister 2001:21). Die Straße, so war man sich sicher, könnte eine weitere Verkehrszunahme nicht mehr bewältigen. Somit sahen die damaligen Organe der Europäischen Gemeinschaft den Binnenmarkt und den diesem zugrundeliegenden Verkehr als Schlüsselsektor in Gefahr. In der Bahn glaubte man nun den verkehrs- und umweltpolitischen Hoffnungsträger gefunden zu haben (Burmeister 2001:21) und hatte den Wunsch diesen Verkehrsträger zu stärken.

Zusätzlich kam es zu einer Verstärkung neoliberaler Wirtschaftspolitik in allen Ländern der OECD, später vor allem im Rahmen des Allgemeinen Abkommens über den Handel mit Dienstleistungen (GATS) (Höpner et al. 2009:3; Richter-Steinke 2010:61). Ein genereller Rückgang des Staates aus vielen Funktionen war die Folge. Dem neoliberalen Paradigma folgend wurde staatliches Handeln als ineffizient bewertet und Märkte als geeignetes Mittel für die Produktion und Distribution betrachtet. Dies wurde nun auch im Schienenverkehrssektor deutlich. Die lange Zeit im Verkehrssektor vorherrschende interventionistische Philosophie (welche von einigen Autoren auch als kontinentaleuropäische Philosophie bezeichnet wurde), deren soziale Ziele durch Regulation, Staatseigentum und staatliche Betriebsführung erreicht werden sollen, wurde allmählich von einer anderen Philosophie verdrängt. Dieser angelsächsische Ansatz behandelt den Verkehr eher wie jeden anderen Sektor. Nach der neoliberalen Auslegung von Verkehrspolitik bedarf es keiner besonderen ordnungspolitischen Mechanismen denn die Implementierung von Marktkräften hilft wesentlich mehr. Dadurch kommt es zu Effizienz. Schließlich soll sich der Verkehrssektor grundsätzlich selbst tragen und nicht von Subventionen abhängig sein (Button 2010:443). Es kam nun also zu Beginn der 1990er Jahre zu einer umfassenden Änderung der europäischen Schienenverkehrspolitik. Das große Ziel war die Liberalisierung der Eisenbahn.

2.3.1. Ziele und Gründe der europäischen Liberalisierungspolitik

Der europäische Schienenverkehr war traditionell von großen vertikal integrierten Staatsbetrieben geprägt. Zusätzlich gab es in jedem Land meist nur eine Handvoll kleiner regionaler Privatbahnen (Richter-Steinke 2010:60). Wettbewerb gab es somit auf den jeweiligen Schienenverkehrsmärkten nicht, da die Staatsbetriebe nur am jeweiligen nationalen Markt verkehrten. In deren Monopolstellung, dem fehlenden Wettbewerb und dem starken politischen Einfluss, dem sie ausgesetzt waren, sah man ein Hemmnis zur Weiterentwicklung des Schienenverkehrssektors. Außerdem waren bei den Bahnen moderne Unternehmensmanagementsysteme noch nicht angekommen. Die Bahn hinkte also weit hinter anderen Verkehrsträgern hinterher und konnte sich auch wesentlich schlechter auf die Anforderungen einer modernen, sich verändernden Wirtschaft einstellen. Doch genau dies wäre nötig, denn wenn die Wirtschaft am europäischen Binnenmarkt weiter wächst, braucht man ein effizientes Verkehrssystem (Europäische Kommission 2001). Aus ökologischen Gründen braucht Europa einen nachhaltigeren Verkehr zu dem die Eisenbahn wesentlich beitragen kann.

Deshalb war es ein Anliegen der Europäischen Kommission diese Strukturen zu verändern, denn von der Einführung von Marktkräften erwartete man sich eine Steigerung der Leistungs- und Wettbewerbsfähigkeit des Schienenverkehrs (Richter-Steinke 2010:61). In ihrem Weißbuch schrieb die Europäische Kommission 2001: „[Z]ur Wiederbelebung bedarf es des Wettbewerbs zwischen den Eisenbahngesellschaften“ (Europäische Kommission 2001:17). Die Öffnung der Märkte ist „eine vordringliche Aufgabe“ und „zentrale Bedingung für die Erneuerung des Schienenverkehrs“ (Europäische Kommission 2001:17, 30).

Zum einen war dies ein Versuch, den Binnenmarkt auch auf die Schiene auszudehnen (Europäische Kommission 2001; 2011). Durch die Öffnung des Schienenverkehrsmarktes und den dadurch möglichen Markteintritt von neuen Unternehmen sollen die Bahnen effizienter werden und dies soll für den Kunden ein besseres Preis-Leistungs-Verhältnis bringen (OECD 2005; Schienen-Control

GmbH 2007:11-12; Vaterlaus et al. 2011:47). Durch Konkurrenz und den daraus entstehenden Kampf um Marktanteile werden Impulse in Form von Innovationen gesetzt (Europäische Kommission 2001). Vor allem in der Organisation der Unternehmen kann der Wettbewerbsdruck zu Umstrukturierungen führen, die dann – so der Wunsch – eine unabhängige und transparente Geschäftsführung zur Folge haben (Europäische Kommission 2001). Gleichzeitig sollen Leistung und Service des Schienenverkehrs als Ganzes nicht sinken, sondern sogar steigen (Vaterlaus et al. 2011:47). Weiters, so die Annahme, wird die Implementierung von Marktmechanismen die Kosten des Schienenverkehrs für die Staaten reduzieren, da seine höhere Effizienz weniger Beiträge und Unterstützung der Länder bedarf (Pietrantonio et al. 2004:6). Gerade diese Kosten sind es schließlich, die dem Image des öffentlichen Schienenverkehrs oft schaden. Schließlich liegt der Kostendeckungsgrad beim Schienenverkehr teilweise nur bei 35% (Pietrantonio et al. 2004:7). Außerdem erhoffte man sich durch die Liberalisierung eine verstärkte grenzübergreifende Zusammenarbeit und mehr grenzüberschreitenden Schienenverkehr (Neunteufel 2003; Pietrantonio et al. 2004:15).

Neben der Hoffnung, dass die Liberalisierung des Schienenverkehrs Kunden, Betreiber und Staat Vorteile bringt, erwartete sich die Europäische Gemeinschaft und später die Europäische Union[7], dass die Bahn durch den Wettbewerb auch im intermodalen Vergleich leistungsfähiger werden würde und somit die Mobilität am europäischen Kontinent nachhaltiger gestaltet werden könnte (Pietrantonio et al. 2004:0). Kann der Schienenverkehr seine Leistungen durch eigenwirtschaftliches und marktkonformes Verhalten steigern, so erhöht er auch seine Möglichkeiten im Wettbewerb mit den Konkurrenten Straßenverkehr und Binnenschifffahrt (Abl. EG 1991 L 237/25; Europäische Kommission 2001).

Zusammenfassen lassen sich die Gründe und Ziele für die Liberalisierung des Schienenverkehrssektors wie folgt: „Die Implementierung von Marktmechanismen schafft Wettbewerb. Wettbewerb schafft Innovation und Effizienz. Dies bringt Vorteile für Kunden, Betreiber und Staat. Ein wettbewerbsfähiger und leistungsfähiger Schienenverkehr hat eine bessere Position im intermodalen Vergleich. Der Modal Split verbessert sich.“

---

7 Die Europäische Union wurde erst 1993 durch den Vertrag von Maastricht ins Leben gerufen. Eine der drei Säulen der Union stellt die Europäische Gemeinschaft dar. Wenn einzelne Aussagen den gesamten Zeitraum der Liberalisierung des europäischen Schienenverkehrs betreffen, wird der Einfachheit halber von der Europäischen Union gesprochen. Darin sind dann ebenso die Handlungen der Europäischen Gemeinschaft und ihrem Vorläufer der Europäischen Wirtschaftsgemeinschaft eingeschlossen.

2.3.2. Erste Schritte zur Liberalisierung

Die Liberalisierung des Schienenverkehrssektors ist ein langwieriger Prozess und kann aufgrund seiner komplexen Struktur nur Schritt für Schritt vollzogen werden. Die legistischen Maßnahmen seitens der Europäischen Union starteten mit einigen einzelnen Richtlinien und Verordnungen. Nach einiger Zeit führten die Liberalisierungsbestrebungen zu einer Bündelung neuer Rechtsakte in sogenannten Bahn(-Reform-)paketen (Pietrantonio et al. 2004:7). Bis dato wurden vier solcher Bahnpakete zwischen 1998 und 2008 beschlossen, obwohl das letzte nur teilweise in der Literatur als solches bezeichnet wird (Die Bahnindustrie 2008:11; Eurailpress.de 2007; Richter-Steinke 2010:69). Das erste Bahnpaket wurde bereits in einer Neufassung aktualisiert. Über ein neues Pakets wird derzeit in den Gremien der Europäischen Union abgestimmt.

Wie bereits erwähnt hatte die Politik der Europäischen Union und ihrer Vorgänger, der Europäischen Wirtschaftsgemeinschaft und der Europäischen Gemeinschaft, ursprünglich nicht den Anspruch, den Eisenbahnsektor zu liberalisieren. Verkehr wurde als wichtige und außergewöhnliche Aufgabe betrachtet, so dass auch marktwirtschaftliche Grundsätze außer Kraft gesetzt werden konnten. Beispielsweise legte die Verordnung 1191/69 der EWG (ABl. EG 1969 L 156/1) fest, dass Betrieben des Öffentlichen Verkehrs verpflichtende gemeinwirtschaftliche Leistungen (GWL) auferlegt werden konnten (Lahounik 2004:14). Dies änderte sich im Jahr 1991 deutlich.

Richtlinie 91/440/EWG (Abl. EG 1991 L 237/25) zur Entwicklung der Eisenbahnunternehmen der Gemeinschaft

Die 1991 erlassene Richtlinie brach mit der zuvor ausgeübten Politik der Zurückhaltung der europäischen Politik im Schienenverkehrssektor. Sie war der erste große Schritt in Richtung einer Liberalisierung dieses Sektors, denn mit ihr wurde der grenzüberschreitende Schienengüterverkehr innerhalb der Europäischen Union neu geregelt und dadurch geöffnet (Lahounik 2004:15). Unter der Bedingung einer Konzession war es nun für alle Eisenbahnverkehrsunternehmen (EVU) möglich, transeuropäischen Transitverkehr zu betreiben (Lahounik 2004:15; Richter-Steinke 2010:64f; Teufelberger 2004:18). Man erhoffte sich durch steigenden Wettbewerb eine Verbesserung im damals stark national fragmentierten Schienengüterverkehr. Ein weiterer wichtiger Punkt ist die Verpflichtung der staatlichen Eisenbahnmonopolisten zur getrennten Rechnungsführung der Unternehmensbereiche Infrastruktur und Betrieb (Engartner 2008a:109; Teufelberger 2004:18). Diese Trennung ist besonders wichtig, da damit die Möglichkeit zu Quersubventionen ausgeschaltet werden kann, was die Transparenz erhöht und faire Bedingungen für neue EVUs schafft (Pietrantonio et al. 2004:16; Richter-Steinke 2010:64f; Teufelberger 2004:18). Weiters sollen die staatlichen Eisenbahnunternehmen dem politischen Einfluss entzogen werden. Es bedarf einer unabhängigen Geschäftsführung (Engartner 2008a:109; Richter-Steinke 2010:64f; Teufelberger 2004:18). Als letzte Aufgabe sieht die Richtlinie die finanzielle Sanierung der bestehenden staatlichen EVUs vor um deren Handlungsfähigkeit zu erhöhen. Des Weiteren sollen zukünftig Finanzierungs- und Investitionspläne dazu führen, dass die Unternehmen ein ausgeglichenes Betriebsergebnis erwirtschaften (Teufelberger 2004:18). Die Richtlinie zielt somit auf zwei unterschiedliche Dinge unter dem gemeinsamen Dach der Liberalisierung ab: Zum einen soll der Schienenverkehrsdienste-Markt für Wettbewerber im Sinne von *open access* geöffnet werden, zum anderen soll die Unternehmensform der etablierten Staatsunternehmen verändert werden.

Weitere Richtlinien zwischen 1992 und 1996

Nach der prägenden Richtlinie 91/440/EWG (Abl. EG 1991 L 237/25) wurden in den darauffolgenden Jahren noch einige weitere Rechtsakte erlassen, welche die Etablierung eines Binnenmarkts für Schienenverkehr und die Implementierung von Marktmechanismen weiter vorantrieben.

- Die Richtlinie 92/106/EG (Abl. EG 1992 L 368/38) legt gemeinsame Regeln für bestimmte Beförderungen im kombinierten Güterverkehr zwischen einzelnen Mitgliedsstaaten der EU fest.

- Mit der Verordnung 1893/91/EWG (Abl. EG 1991 L 169/1) wurden die staatlichen EVUs von der Verpflichtung zur Leistung gemeinwirtschaftlicher Leistungen entbunden. Das Prinzip der Bestellerlogik wurde etabliert und sollte ziellosen Subventionen vorbeugen (Richter-Steinke 2010:65).

- Richtlinie 95/18/EG (Abl. EG 1995 L 143/70) trifft Regelungen über die Lizensierung von neuen EVUs. Als Voraussetzung für die Erteilung von Konzessionen zählen neben Zuverlässigkeit und fachlicher Eignung auch das Finanzkonzept und die Versicherung eines Anwärters (Lahounik 2004:4; Richter-Steinke 2010:65)

- Die Richtlinie 95/19/EG (Abl. EG 1995 L 143/75) setzt Maßnahmen zur Ausgestaltung des Managements von Bahntrassen. Die Zuweisung dieser Trassen und die Berechnung des Benutzungsentgelts soll im Sinne der Ziele Gleichbehandlung und Transparenz durchgeführt werden (Lahounik 2004:15; Richter-Steinke 2010:65; Teufelberger 2004:20).

- Mit der Richtlinie 96/48/EG (Abl. EG 1996 L 235/6) beschließen die Organe der Europäischen Union die Angleichung einiger technischer Aspekte und die gemeinsame Koordination von Planung, Bau und Betrieb des europäischen Hochgeschwindigkeitsschienenverkehrs (Richter-Steinke 2010:65; Teufelberger 2004:20).

2.3.3. Erstes Eisenbahnpaket

Nach dieser ersten Phase der Liberalisierungsbestrebungen wurden ab nun die Rechtsakte in Paketen gebündelt. Das erste Eisenbahnpaket, welches aus vier Richtlinien besteht, die allesamt 2001 erlassen wurden, hatte vor allem das Ziel der Überarbeitung bestehender Regeln (Richter-Steinke 2010:66)

Richtlinie 2001/12/EG (Abl. EG 2001 L 75/1): Diese Richtlinie ist eine Novellierung der bislang wichtigsten RL 91/440/EWG (Abl. EG 1991 L 237/25) in Bezug auf die Liberalisierung des Schienenverkehrssektors (Richter-Steinke 2010:66). In allen Bereichen wurden die bereits beschlossenen Maßnahmen hinsichtlich der Öffnung des Sektors noch verstärkt. Der grenzüberschreitende Schienenverkehr wird dadurch erweitert, dass der Zugang nun allen EVUs auch auf den innerstaatlichen Strecken des transeuropäischen Schienengüterverkehrs gewährleistet wird (Teufelberger 2004:20). Die Desintegration der staatlichen Monopolisten wird vorangetrieben, die Trennung der Unternehmensbereiche muss nun nicht mehr nur rechnerisch, sondern auch organisatorisch stattfinden. Es müssen also eigene organisatorische Einheiten eingerichtet werden. Die Bereiche Trassenzuweisung, Entgelteinhebung und Genehmigungen werden von dem eigentlichen Verkehrsdienstleistungsbereich getrennt, außerdem muss nun auch für die Bereiche Personenverkehr und Güterverkehr getrennt Buch geführt werden (Teufelberger 2004:21). Zusätzlich soll die Diskriminierungsfreiheit durch die Einrichtung einer unabhängigen Regulierungsbehörde, welche für die Überwachung von Netzzugang und fairen Bedingungen zuständig ist, erhöht werden (Richter-Steinke 2010:66). Mit dieser Richtlinie ist ab 2008 der gesamte grenzüberschreitende europäische Schienengüterverkehr liberalisiert (Teufelberger 2004:20).

Richtlinie 2001/13/EG (Abl. EG 2001 L 75/26): Diese Richtlinie erlässt einheitliche Zulassungsbestimmungen für neue EVUs und erteilt den Mitgliedsstaaten der Europäischen Union die wechselseitige Informationspflicht über erteilte Lizenzen (Richter-Steinke 2010:66; Teufelberger 2004:22).

Richtlinie 2001/14/EG (Abl. EG 2001 L 75/29): Sie stellt eine Überarbeitung der RL 95/19/EG (Abl. EG 1995 L 143/75) dar und formuliert den diskriminierungsfreien Zugang zu den Schieneninfrastrukturen der Mitgliedsländer näher aus (Pietrantonio et al. 2004; Richter-Steinke 2010). Die Zuweisung von Trassen muss nun durch eine unabhängige Stelle erfolgen. Wenn die Infrastruktur bereits von der Verkehrsleistungserbringung getrennt wurde, dann kann diese Aufgabe beim Infrastrukturbetrieb verbleiben. Wenn noch keine Trennung vollzogen wurde, dann muss eine vom Betrieb der Verkehrsleistung unabhängige rechenschaftspflichtige Stelle geschaffen werden (Pietrantonio et al. 2004:22).

Richtlinie 2001/16/EG: Sie betrifft weitere technische Harmonisierungen, die die Interoperabilität des Schienenverkehrs begünstigen sollen (Richter-Steinke 2010:66)

Die Umsetzung all dieser Richtlinien durch die jeweiligen nationalen Gesetzgeber war bis 2003 durchzuführen (Dickhaus et al. 2004:21; Richter-Steinke 2010:66).

2.3.4. Weißbuch 2001

Unter dem Titel „Die europäische Verkehrspolitik bis 2010: Weichenstellungen für die Zukunft“ (Europäische Kommission 2001) wurde die geplante Neuordnung des europäischen Verkehrssektors durch die Europäische Kommission vorgestellt (Dickhaus et al. 2004:21). Sehr ausführlich werden Ziele und Gründe für die Liberalisierung, wie die Marktöffnung, Wettbewerbsförderung, Verbesserung des Modal Split und die Harmonisierung der europäischen Eisenbahnen, genannt. Die neoliberale Prägung ist vor allem aufgrund der Betonung von Wettbewerb als Lösungsansatz erkennbar. Das Weißbuch besitzt im Gegensatz zu den Richtlinien keine Rechtsverbindlichkeit. Es handelt sich um ein reines Positionspapier (Dickhaus et al. 2004:19)

2.3.5. Zweites Eisenbahnpaket

Das zweite Eisenbahnpaket, welches unter dem Titel „Auf dem Weg zu einem integrierten europäischen Eisenbahnraum“ steht, wurde von der Europäischen-Kommission 2002 vorgestellt und bis 2004 im Rahmen eines Mitenscheidungsverfahrens entschieden (Forschungs-Informations-System 2002:67; Richter-Steinke 2010).

- Die Richtlinie 2004/49/EG (Abl. EU 2004 L 164/44) behandelt eine weitere Harmonisierung der Regelungen zur Eisenbahnsicherheit (Richter-Steinke 2010). Geregelt werden die Sicherheitsvorschriften und die Untersuchung von Unfällen und Störungen (Teufelberger 2004:22). Damit wurde die RL 95/18/EG (Abl. EG 1995 L 143/70) geändert. Das Ziel ist eine allmähliche Angleichung der nationalen Systeme zu einem supranationalen Eisenbahnsicherheitskonzept (Forschungs-Informations-System 2002).

- Die Richtlinie 2004/50/EG (Abl. EU 2004 L 164/114) geht erneut auf die Interoperabilität ein und ändert die vorangegangenen RL 96/48/EG und RL 2001/16/EG (Abl. EG 1996 L 235/6 ; Abl. EU 2001 L 110/1). Es handelt sich hauptsächlich um eine technische RL, mit der die Angleichung der transeuropäischen Hochgeschwindigkeitsbahnen vorangetrieben werden soll. Außerdem wird mit ihr auch die Qualifizierung von Mitarbeitern vereinheitlicht (Forschungs-Informations-System 2002; Richter-Steinke 2010:67; Teufelberger 2004:22).

- Mit der Richtlinie 2004/51/EG (Abl. EU 2004 L 164/164) wurde wiederum die ursprüngliche RL 91/440/EWG (Abl. EG 1991 L 237/25) angepasst. Der Zeitpunkt zur Öffnung der nationalen Schienennetze für den grenzüberschreitenden Güterverkehr wird auf den 1. Jänner 2006 vorverlegt. Außerdem müssen die Mitgliedsstaaten den gesamten Schienengüterverkehr, also nicht mehr nur den grenzüberschreitenden, bis 1. Jänner 2007 vollständig öffnen (Forschungs-Informations-System 2002; Richter-Steinke 2010:67). Mit dieser Richtlinie ist die Liberalisierung i.e.S. zumindest im Schienengüterverkehr abgeschlossen. Da aber in den meisten Ländern der Infrastrukturbesitz noch in den Händen der etablierten staatlichen Eisenbahnunternehmen liegt und dies immer noch Benachteiligungen für Mitbewerber bedeuten kann, halten strikte Vertreter des Liberalisierungsgedankens dies für noch nicht ausreichend.

- Die Verordnung (EG) Nr. 881/2004 (Abl. EU 2004 L 164/1) sieht die Einrichtung einer europäischen Eisenbahnagentur vor. Diese soll verpflichtende Standards für Technik und Sicherheit ausarbeiten. Damit kommt ihr in der Angleichung der nationalen Systeme und der Schaffung eines aus technischen Aspekten angeglichenen Binnenmarktes eine Schlüsselrolle zu (Forschungs-Informations-System 2002; Richter-Steinke 2010:67).

2.3.6. Drittes Eisenbahnpaket

Das dritte Eisenbahnpaket der Europäischen Gemeinschaft wurde 2004 vorgestellt und 2007 verabschiedet. Kernthema hierbei ist die Liberalisierung i.e.S. des Schienenpersonenverkehrs (Forschungs-Informations-System 2005; Richter-Steinke 2010:67).

Richtlinie 2007/58/EG: Maßgeblich für die Liberalisierung i.e.S. des Schienenpersonenverkehrs in diesem Bahnpaket ist die Richtlinie 2007/58/EG (Abl. EU 2007 L 315/44). Diese ersetzt die vorangegangenen RL 91/440/EWG und RL 2001/14/EG (Abl. EG 1991 L 237/25 ; Abl. EG 2001 L 75/29) in Bezug auf die Liberalisierung i.e.S. des grenzüberschreitenden Personenverkehrs auf der Schiene. Durch diese Richtlinie muss ab dem 1. Jänner 2010 der gesamte grenzüberschreitende Schienenpersonenverkehr für den Wettbewerb geöffnet werden (Forschungs-Informations-System 2005). Für eine komplette Liberalisierung i.e.S. des Personenverkehrs inklusive des Binnenverkehrs konnte im Europäischen Parlament keine Mehrheit gefunden werden (Richter-Steinke 2010:68). Allerdings ist der rein nationale Verkehr durchaus von dieser Richtlinie tangiert, da es ausländischen Mitbewerbern durchaus gestattet ist, bei der Durchführung von grenzüberschreitendem Schienenpersonenverkehr auch im Ausland Personen ein- und aussteigen zu lassen. Es bestehen aber weiterhin viele Ausnahmen, die es den Mitgliedsstaaten erlauben diese Regelung einzuschränken. Zum Schutze des gemeinwirtschaftlichen Verkehrs darf die Öffnung eingeschränkt werden, die Zugangsregeln dürfen beschränkt werden und es können besondere Abgaben von ausländischen Konkurrenzen gefordert werden (Forschungs-Informations-System 2005; Richter-Steinke 2010:68)

Weitere Rechtsakte des dritten Bahnpaketes

- Richtlinie 2007/59/EG (Abl. EU 2007 L315/51): Mit ihr wurde der sogenannte Lokführerschein eingeführt. Damit wurde die Ausbildung zum Lokführer vereinheitlicht. Die einheitliche europaweite Zertifizierung soll den grenzüberschreitenden Einsatz von Triebfahrzeugen inklusive Fahrern erleichtern, damit in Zukunft kein zeitraubender Wechsel an der Grenze mehr notwendig ist (Forschungs-Informations-System 2005; Richter-Steinke 2010:68)
- Verordnung (EG) 1370/2007 (Abl. EU 2007 L 315/1): Mit dieser Verordnung wird die Bestellerlogik noch weiter ausgebaut, mit dem Ziel, den Wettbewerb im öffentlichen Verkehr zu verstärken. Mit dieser Verordnung müssen Verträge über gemeinwirtschaftliche Leistungen ausgeschrieben werden. Allerdings bestehen wiederum viele Ausnahmemöglichkeiten (Forschungs-

Informations-System 2005; Richter-Steinke 2010:67). Der durch die Ausschreibungen entstehende Wettbewerb soll Effizienz bringen und den öffentlichen Haushalten Kosten sparen.

- Die Verordnung (EG) 1371/2007 (Abl. EU 2007 L 315/14) regelt den Ausbau von Fahrgastrechten, im Besonderen die Verpflichtung zur Information und Entschädigung (Forschungs-Informations-System 2005:68; Richter-Steinke 2010). Dies hat mit der Liberalisierung der Eisenbahn nur am Rande zu tun.

2.3.7. Cross Acceptance Package

Im Zentrum des 2006 von der Europäischen Kommission vorgeschlagenen und später vom Europäischen Parlament angenommenen Pakets steht die technische Interoperabilität.

- Richtlinie 2008/57/EG (Abl. EU 2008 L 191/1): Hiermit wurde die Richtlinie über die Interoperabilität des Eisenbahnverkehrs in der Gemeinschaft, RL 2001/16/EG (Abl. EU 2001 L 110/1) neu gefasst. Besonders wichtig ist eine wechselseitige Anerkennung der Genehmigung von Fahrzeug-Inbetriebnahmen. Diese so genannte Cross Acceptance bringt eine Vereinheitlichung für den grenzüberschreitenden Schienenverkehr (Eurailpress.de 2007).
- Die Richtlinie 2008/110/EG (ABl. EU 2008 L 345/62) ist eine weitere Veränderung der RL zur Eisenbahnsicherheit.
- Mit der Verordnung (EG) 1335/2008 (Abl. EU 2008 L 354/51) werden die Kompetenzen der europäischen Eisenbahnagentur weiter ausgebaut. Sie kann nun Dokumente erarbeiten, die als Referenz für nationale Vorschriften gelten sollen und damit eine Vereinheitlichung und eine Verringerung von rein nationalen Regelungen erreichen. Außerdem soll sie ab 2015 Inbetriebnahmen gemeinsam mit den nationalen Behörden durchführen (Eurailpress.de 2007).

Am 9. November 2010 trat außerdem eine weitere Verordnung (Abl. EU 2010 L 276/53) in Kraft. Diese regelt die Schaffung von internationalen Güterverkehrskorridoren. Diese Güterverkehrskorridore sollen den grenzüberschreitenden Güterverkehr erleichtern. Der ursprüngliche Vorschlag der Europäischen Kommission sah außerdem eine Priorisierung des Güterverkehrs vor. Dies wurde allerdings im Laufe des Gesetzgebungsverfahrens gestrichen (Högelsberger 2011:32).

2.3.8. Weißbuch 2011

Im Jahr 2011 wurde von der Europäischen Kommission ein weiteres Weißbuch Verkehr herausgegeben. Dieses unter dem Titel *Fahrplan zu einem einheitlichen europäischen Verkehrsraum – Hin zu einem wettbewerbsorientierten und ressourcenschonenden Verkehrssystem* erschienene Papier wiederholt noch einmal die Vision von einem wettbewerbsorientierten und nachhaltigen Verkehrssystem. Als wichtigstes Ziel wird die Reduzierung des CO2-Ausstoßes durch den Verkehr genannt, was durch eine Verlagerung auf den umweltpolitischen Hoffnungsträger Schienenverkehr geschehen soll. Die Verlagerung soll mit der Methode des Wettbewerbs stattfinden. Es wird angemerkt, dass der Schienenverkehr bislang zu wenig liberalisiert wurde. Deshalb soll die Trennung von Infrastruktur und Betrieb und die Öffnung der inländischen Personenschienenverkehrsdienste vorangetrieben werden. Die Desintegration, so hofft man abermals, wird zu Kosteneffizienz, Wettbewerb und steigenden Investitionen führen (Arbeiterkammer Wien 2011; Europäische Kommission 2011).

2.3.9. Recast des ersten Eisenbahnpakets

Die letzten Liberalisierungsbestrebungen mündeten in der Neufassung des ersten Eisenbahnpakets. Mit dieser Neufassung sollen weitere Liberalisierungsschritte gesetzt werden. Der Recast umfasst eine Vereinfachung des Rechtsrahmens, eine Zusammenarbeit der Infrastrukturbetreiber der Mitgliedsstaaten, die Stärkung der Regulierungsbehörden und der verbesserte Zugang für alle EVUs zu diversen Serviceeinrichtungen (Österreichische Bundesarbeitskammer 2011; Reggentin 2011). Das Gesetzgebungsverfahren ist seit Ende 2012 abgeschlossen (Balsen 2012b; Eurailpress.de (cm) 2012). Kritik an den neuesten Entwicklungen der Liberalisierung des Schienenverkehrssektors kommt vor allem von gewerkschaftlicher Seite. Besonders kritisch werden zwei Punkte betrachtet, die nichts mit der eigentlichen Liberalisierung i.e.S. des Schienenverkehrs und der Privatisierung der Staatsbetriebe zu tun haben. Bei diesen Kritikpunkten handelt es sich zum einen um eine gefürchtete Einmischung in nationales Streikrecht. Mit der Forderung nach Mindestleistungen, auch im Streikfall, würde die nationale Souveränität in Sachen Streiks eingeschränkt. Zum anderen wird kritisiert, dass die Europäische Kommission eine zu starke Anwendung von delegierten Rechtsakten vorsieht und dadurch das demokratische Verfahren aushebelt (Richter-Steinke 2010:68; Vida.at 2011).

2.3.10. Viertes Eisenbahnpaket

Aktuell arbeitet die Europäische Kommission an einem vierten Eisenbahnpaket, welches die Liberalisierung des europäischen Schienenverkehrs vollenden soll. Die Europäische Kommission stellte ihre Vorschläge für ein viertes Eisenbahnpaket im Jänner 2013 vor. Diese Vorschläge behandeln vor allem vier Bereiche.

Erstens soll die Europäische Eisenbahnagentur deutlich gestärkt werden. Sie soll in Zukunft die zentrale Anlaufstelle für EU-weit gültige Genehmigungen und Sicherheitsbescheinigungen sein. Dies soll Kosten und Dauer der Verfahren senken und somit den Zugang zum europäischen Schienenverkehrsmarkt deutlich erleichtern.

Zweitens sollen die bisherigen Bemühungen für eine Zusammenführung der nationalen Schienenverkehrsmärkte und eine weitere Liberalisierung in diesem Paket nochmals ihre Entsprechung finden. Ziel ist auch eine Liberalisierung des inländischen Schienenpersonenverkehrs mit Durchsetzung dieses Pakets ab Dezember 2019 zu erwirken. Außerdem umfasst der Vorschlag der Europäischen Kommission eine verpflichtende Ausschreibung von Verträgen über gemeinwirtschaftliche Leistungen (Europäische Kommission 2013). Letzte verbleibende Möglichkeit zu staatlicher Einflussnahme soll die weiterhin erlaubte Bündelung von Ausschreibungen sein (gemeinsame Ausschreibung von lukrativen und nicht rentablen Strecken)(Balsen 2012a).

Drittens sieht der Vorschlag eine Stärkung der Infrastrukturbetreiber vor, um ihnen so eine unabhängigere Stellung zukommen zu lassen. Sie sollen nach Möglichkeit rechtlich, finanziell und operativ unabhängig sein. Holdingkonstruktionen bzw. die vertikale Integration von Infrastruktur und operativen Einheiten sind allerdings nach wie vor erlaubt (Europäische Kommission 2013). Eine striktere Trennung könnte aber durch so genannte *Chinese walls* umgesetzt werden (Ungerböck 2013a). Damit bezeichnet man in der Finanzwelt eine strikte Trennung von Unternehmensabteilungen mit dem Ziel, den Informationsaustausch zwischen den Abteilungen zu verhindern.

Viertens soll mit diesem Paket die Übernahme von Beschäftigten eines EVUs durch ein anderes Unternehmen bei Abschluss von neuen Verträgen über gemeinwirtschaftliche Leistungen geklärt werden. Wird ein Unternehmen nach Ablauf eines GWL-Vertrages nicht neuerlich beauftragt, sondern ein Vertrag mit einem Konkurrenten abgeschlossen, wären die Arbeitsplätze vieler Beschäftigten gefährdet. Bis dato gibt es dazu keine Regelungen. In Zukunft soll eine Übernahme der Beschäftigten europarechtlich gedeckt sein. Dies würde die Bedenken von Freisetzungen der Arbeitskräfte nach einem Wechsel des beauftragten EVUs zerstreuen (Europäische Kommission 2013).

Von Vertretern privater EVUs werden die Bestrebungen des vierten Eisenbahnpakets bereits im Vorfeld seiner Präsentation als unzureichend bezeichnet (Privatbahn Magazin Online 2012).

2.4. Liberalisierungsvarianten

Die Richtlinien und Verordnungen der Europäischen Institutionen zur Beeinflussung des Schienenverkehrssektors zielten grundsätzlich in zwei Richtungen:

Erstens sollte der Schienenverkehrsmarkt für private Konkurrenten und somit für den Wettbewerb geöffnet werden und dies soll nach Möglichkeit diskriminierungsfrei geschehen. Das adäquate Mittel, um Diskriminierungsfreiheit zu erreichen, erscheint der europäischen Union die Trennung von Schieneninfrastruktur und Fahrbetrieb. Diese bedeutet, dass das getrennte Transportunternehmen, genauso wie andere private Betreiber, Nutzungsrechte an der Schieneninfrastruktur erwerben muss und hierfür Benützungsentgelt zahlt. Der nunmehrige Infrastrukturbetreiber muss diese Infrastruktur hingegen zur Verfügung stellen, Instand halten, die Sicherheit überwachen, den Verkehr am Netz koordinieren und Entscheidungen über zukünftige Investitionen treffen (Scharler 2007:18). Zusätzlich wird versucht, durch die Angleichung von technischen Normen, von Ausbildungen und sonstigen Regeln, die national geprägten Schienenverkehrssysteme einander anzugleichen.

Zweitens sollte der staatliche Einfluss auf die Bahnbetriebe reduziert werden und privatwirtschaftliche Organisationsformen implementiert werden. Neben einer von der Politik unabhängigen Geschäftsführung sollen weitere unabhängige Regulierungsbehörden und die Lösung der Betreiber von gemeinwirtschaftlichen Verpflichtungen die Trennung von Politik und Schienenverkehr bewirken (Engartner 2008a; Pietrantonio et al. 2004; Richter-Steinke 2010:67; Teufelberger 2004:18). Von der europäischen Politik nicht gefordert wurde hingegen ein vollständiger Rückzug des Staates durch eine Privatisierung der staatlichen Monopolisten. Von einer Teilprivatisierung oder sogar einer kompletten Marktkapitalisierung ist in den Richtlinien und Verordnungen der Europäischen Union nicht die Rede. Dies hat vermutlich hauptsächlich politische Gründe, da dies ein zu weitreichender Eingriff in die Souveränität der Mitgliedsstaaten wäre. Trotzdem gibt es auch im Schienenverkehr einen europaweiten Prozess in Richtung der Privatisierung von Staatsbetrieben. Auch wenn bislang nur in wenigen europäischen Ländern der Schienenverkehr materiell privatisiert wurde – und dies mit zweifelhaftem Erfolg, wie die Wiederverstaatlichung des Infrastrukturbetreibers Railtrack in Großbritannien zeigte (Engartner 2009) – so gibt es doch in vielen europäischen Ländern die politischen Bestrebungen, den Prozess der Privatisierung einzuleiten (Booz Allen Hamilton 2006; Hemmer et al. 2003:6; Wolf 2007). Dieser Prozess ist nicht auf Europa beschränkt, sondern betrifft auch andere Länder der OECD (Blankart et al. 2008). Auch in Österreich gibt es in den letzten Jahren eine lebhafte Diskussion um bestehende Privatisierungsmöglichkeiten, deren positive Effekte und negativen Auswirkungen.

Der derzeitige Schienenverkehrspolitik konzentriert sich bei den geplanten Veränderungen durch die Liberalisierung also auf zwei verschiedene Dimensionen, die Öffnung der Märkte mit dem Ziel des diskriminierungsfreien Wettbewerbs durch die Trennung der Unternehmensteile und die Rücknahme staatlichen Einflusses durch den Prozess der Privatisierung (Blankart et al. 2008:305).

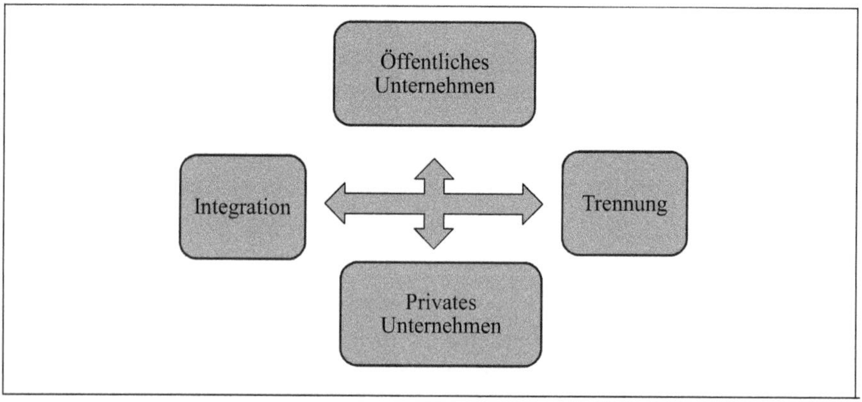

Abb. 6 Dimensionen der Liberalisierung im Schienenverkehr; Quelle: (Blankart et al. 2008:305); eigene Darstellung

Beides zusammen verdeutlicht die Prägung der europäischen Schienenverkehrspolitik durch die neoliberale Logik. Privatwirtschaftliches Handeln wird im Verhältnis zu staatlicher Organisation grundsätzlich als überlegen bewertet.

Obwohl es durch die Richtlinien und Verordnungen eine einheitliche europäische Gesetzgebung in Bezug auf die Liberalisierung des Schienenverkehrssektors gibt, haben sich in den einzelnen Mitgliedsstaaten unterschiedliche Formen der Unternehmensorganisation der staatlichen Eisenbahnbetreiber etabliert.

Auch der Zugang für private EVUs und deren Diskriminierungsfreiheit ist unterschiedlich ausgestaltet. Dies liegt vor allem am großen Spielraum, der den Mitgliedsstaaten in der Umsetzung der Rechtsakte der Europäischen Union gegeben wurde (Engartner 2008a:109-110). Außerdem handelt es sich bei den meisten Rechtsakten um Richtlinien, welche erst in staatliches Recht umgesetzt werden müssen, was zu einem breiten Spektrum an unterschiedlichen Varianten führt (Forschungs-Informations-System 2010). Wichtige Bedingung für die Umsetzung der europäischen Rechtsakte war nur, dass der Zugang für private Betreiber, zunächst im transeuropäischen Güterverkehr, dann im gesamten Güterverkehr und schließlich im grenzüberschreitenden Personenverkehr im Sinne von *open access* diskriminierungsfrei verläuft.

2.4.1. Trennungsmodell

Obwohl das Trennungsmodell das von der EU favorisierte Modell ist, gibt es in den europäischen Mitgliedsstaaten noch ein heterogenes Feld an unterschiedlichen Varianten, die Liberalisierung umzusetzen. Auf dem Kontinuum zwischen Trennungsmodell und Integrationsmodell liegen die Länder Großbritannien, Holland und Schweden auf der Seite der Trennung, Österreich, Deutschland und auch die Schweiz verfolgen bislang eher noch einen integrativen Ansatz (Vaterlaus et al. 2011:47). Die Schweiz ist zwar kein Mitglied der Europäischen Union, kann aber aufgrund seiner Integration in den Wirtschaftsraum der EU und der Auseinandersetzung mit denselben problematischen Rahmenbedingungen im Schienenverkehrsbereich ebenfalls berücksichtigt werden (IBM Global Business Services 2011:19).

2.4.1.1. Argumente für das Trennungsmodell

Vorbeugung vor Diskriminierung: Die Trennung wird als erster Schritt betrachtet, um einen diskriminierungsfreien Zugang für Dritte zu gewährleisten, da dadurch Marktzutrittsbarrieren abgebaut werden (Haller 2003:18; Pietrantonio et al. 2004:17). Außerdem soll die Trennung Kostentransparenz bringen, Quersubventionierungen vorbeugen und die Berechenbarkeit erleichtern (Pietrantonio et al. 2004:17). In weiterer Folge soll die Trennung zu einer verbesserten und effizienten Kostendeckung des Betriebs, aber auch der Infrastruktur führen und die Kunden- und Marktorientierung der Unternehmen erhöhen.

Höhere Transparenz und Kostendeckung: Wegen hoher gemeinsamer Kosten gibt es traditionell im Schienenverkehr viele Quersubventionen. Durch die Trennung der Infrastruktur vom Fahrbetrieb und in weiterer Folge vom Personen- und Güterverkehr kommt es zur getrennten Rechnungsführung in den nun getrennten Bereichen. Dies erhöht die Transparenz und macht die Entstehung der Kosten nachvollziehbar. Je besser ein Unternehmen weiß, wo seine Kosten entstehen, desto leichter kann die Geschäftsführung darauf reagieren (Pietrantonio et al. 2004:19-22).

Auch der Infrastrukturbereich kann durch eine Trennung vom Verkehrsdienstleistungsbereich eine höhere Kostendeckung aufgrund von flexibleren Tarifen und der durch den entstehenden Wettbewerb auf der Schiene höheren Nutzung erreichen (Pietrantonio et al. 2004:19-22).

Verbesserte Kapazitätszuweisung und Markt- und Kundenorientierung: Mit der Trennung verbessert sich außerdem der Wettbewerb, da durch eine Desintegration mehr zusätzliche Akteure angelockt werden. Außerdem reagieren desintegrierte Unternehmen besser auf Veränderungen am Markt und orientieren sich eher an den Wünschen der Kunden, denn in integrierten Unternehmen gibt es rigidere Strukturen und weniger Marktorientierung (Pietrantonio et al. 2004:19-22). Diese Argumente werden auch häufig herangezogen, wenn der Staatseinfluss auf Unternehmen kritisiert wird.

2.4.1.2. Varianten der Grenzziehung

Problematisch bei einer Trennung eines lange bestehenden Unternehmens in mehrere Institutionen ist natürlich die Frage der Trennungslinie. Welche Teile dieser vertikal integrierten staatlichen Unternehmen gehören ab nun zur Infrastruktur und welche gehören zum Verkehrsdienstleistungsbereich? Die banal klingende Frage kann auf drei unterschiedliche Arten beantwortet werden:

- Institutionell: Diese Abgrenzungsvariante zielt auf das Merkmal der Beweglichkeit ab. Alle ortsfesten Anlagen werden der Infrastruktur zugerechnet, alle beweglichen dem Fahrbetrieb (Burmeister 2001:45-47).
- Funktionell: Alle Bereiche werden dem Fahrbetrieb zugerechnet, welche unmittelbare Voraussetzung für den Eisenbahnbetrieb sind. Nur die Schienen verbleiben beim Infrastrukturbetreiber (Burmeister 2001:45-47).
- Gemischt: Da die beiden vorangegangen Varianten nicht zielführend sind – im ersten Fall verbleibt beispielsweise der Fahrkartenverkauf bei der Infrastruktur, im zweiten Stellwerke und Fahrleitungen beim Fahrbetrieb – wird hauptsächlich ein gemischt funktionell-institutioneller Ansatzes angewendet. Dieser Ansatz, der auch dem Trennungsmodell der EU zugrunde liegt, definiert Infrastruktur als jene Anlagen, „zu denen alle Transportunternehmen

Zugang benötigen, um Schienenverkehrsleistungen erbringen zu können" (Burmeister 2001:46). Zur Infrastruktur gehören somit die Schienennetze, die Verkehrssteuerung, die Fahrwegsicherung sowie die Personenbahnhöfe und die für den kombinierten Güterverkehr benötigten ortsfesten Anlagen und Umschlagterminals (Burmeister 2001:45-47).

2.4.1.3. Ausgestaltungsmöglichkeiten der Trennung

Nicht nur die Trennlinie zwischen Infrastruktur und Verkehrsdienstleistungsbereich, sondern auch die Ausgestaltung der Trennung weist verschiedene Möglichkeiten auf. Die drei bestehenden Varianten zeigen eine unterschiedliche Intensität der Trennung und somit der Veränderung.

Das Trennungsmodell hat folgende Ausgestaltungsmöglichkeiten:

- Rechnerisch: Bei der rechnerischen Trennung wird nur die Finanzbuchhaltung mit der separaten Kostenrechnung der Unternehmensteile beauftragt. Die Teile bleiben Bestandteil desselben Unternehmens. Quersubventionen, welche neue Mitbewerber diskriminieren würden, sind nach wie vor möglich, da betriebsinterne Abläufe und verrechnete Kosten für Außenstehende nur schwer nachvollziehbar und überprüfbar sind (Burmeister 2001:47-48).
- Organisatorisch: Hierbei handelt es sich um eine Erweiterung der rein rechnerischen Trennung. Die Unternehmensteile Infrastruktur und Fahrbetrieb (teilweise auch gegliedert in Personen- und Güterverkehr) werden in separate Geschäftsbereiche gegliedert. Jeder dieser Teile, mit eigenem Management versehen, versucht ein positives Betriebsergebnis zu erwirtschaften. Die Wahrscheinlichkeit der Quersubventionierung wird somit weiter reduziert. Da aber immer noch beide Teile im selben Unternehmen verbleiben ist eine Ungleichbehandlung anderer Akteure nicht ausgeschlossen (Burmeister 2001:47-48).
- Institutionell: Die institutionelle Trennung bedeutet eine komplette Trennung der beiden Bereiche in unterschiedliche Unternehmen. Idealerweise in zwei Unternehmen, die auch keine finanzielle Verbindung aufweisen. Bei dieser Variante liegt die geringste Wahrscheinlichkeit für Diskriminierungen vor (Burmeister 2001:47-48).

Bislang wurde von der EU im Rahmen der Liberalisierung des Schienenverkehrsmarktes nur die rechnerische und organisatorische Trennung rechtlich verbindlich gefordert. Allerdings ist die Forderung nach einer institutionellen Trennung der nächste logische Schritt.

2.4.2. Varianten und Alternativen des Trennungsmodells

Das Grundprinzip des Trennungsmodells lautet, dass eine von der Dienstleistungserbringung des Transports unabhängige Infrastruktur für den diskriminierungsfreien Zugang für alle Akteure besser geeignet ist, da sowohl Quersubventionierungen wie Abhängigkeiten wegfallen. In der Literatur werden aber auch andere Varianten vorgestellt, die den *open access* gewährleisten sollen. Außerdem gibt es einige Sonderformen des Trennungsmodells. Eine ausführliche Beschreibung dieser Varianten wäre zu umfangreich für diese Arbeit, deshalb folgt eine einführende Skizzierung.

Einige Akteure und Autoren glauben, dass bei einem weiterhin bestehenden integrierten Unternehmen ebenfalls die Diskriminierung ausgeschaltet werden kann, wenn die entsprechende organisatorische Ausgestaltung stattfindet. Hierbei kommt es darauf an, dass die Entscheidungsgewalt über Genehmigungen und Trassenvergaben und die Kontrolle über das Netz nicht innerhalb des integrierten Unternehmens verbleiben, sondern einem unabhängigen Komitee übertragen werden (Blöchliger et al. 2003:6). Als Beispiel wird hier oft die französische Konstruktion herangezogen. Hier besteht mit der Société nationale des chemins de fer français (SNCF) weiterhin ein staatliches, materiell integriertes Unternehmen, doch der eigentliche Eigentümer der Infrastruktur und somit der Betreiber ist das hierfür gegründete Unternehmen Réseau ferré de France (RFF). Durch das ihm zukommende Eigentumsrecht an der Infrastruktur ist das Unternehmen verantwortlich für Finanzierung und Entscheidungen über Ausbau und Pflege des Netzes, doch hat es diese Verantwortung an SNCF als Auftragnehmer vergeben. SNCF ist somit für Instandhaltung und Pflege verantwortlich, wird hierfür auch vergütet, muss aber für die Benutzung der Infrastruktur ebenso Entgelt an RFF zahlen wie sonstige private EVUs. Neben dem Einheben von Gebühren ist aber vor allem die Trassenvergabe eine wichtige Aufgabe von RFF. Durch die Übertragung dieser Kompetenz auf die vom Betrieb unabhängige RFF soll der Diskriminierung vorgebeugt werden. Fraglich ist aber, ob durch die starke Vernetzung und Abhängigkeit der beiden Akteure diese Diskriminierungsfreiheit gewährleistet ist (Dullien 2006:8; Pfund 2002:10f).

Eine weitere Alternative zum Trennungsmodell wird in der regionalen Zergliederung des integrierten Unternehmens gesehen. Bei der Variante regional integrierter Eisenbahnunternehmen käme es zu einem Wettbewerb um die Schiene und nicht auf der Schiene, denn die Betreiber würden ein zeitlich begrenztes Monopol erhalten (Blöchliger et al. 2003:6; Scharler 2007:19f). Angewendet wird das Prinzip regionaler Monopole beispielsweise in Japan oder den

USA, auf Zeit ausgegebene Monopollizenzen finden Anwendung in Brasilien und Argentinien (Pietrantonio et al. 2004:24). Bei dem nach dem US-amerikanischen Ökonomen Harold Demsetz benannten Demsetz-Ansatz kann die Versteigerung von regionalen Monopolen durch die exklusive Nutzung von sogenannten Slots (Trassen) Effizienz steigernde Wirkung haben (Blöchliger et al. 2003:6; Button 2010:491; Scharler 2007:19f). Die Bewerber würden um die lukrativen Slots konkurrieren. Der Staat könnte wiederum durch eine hohe Preissetzung bei diesen Strecken nicht gewinnbringende Strecken stützen oder aber auch die Tickets subventionieren (Haller 2003:17). Staatliche Regulierung ist hiermit nicht grundsätzlich ausgeschlossen. Der Staat könnte auch Qualitätsstandards für die Erbringung von Leistungen vorschreiben und Sanktionen bei Nichteinhaltung setzen (Button 2010; Scharler 2007). Fraglich ist hier sicher, wie Anschlüsse und regionsübergreifende Züge organisiert werden können. Außerdem ist nicht klar, wie sich die Monopolstellung privater Akteure auf Preis und Qualität auswirken würde.

2.4.3. Privatisierung

Die Diskussion um die Trennung der einzelnen Unternehmensbereiche ist oft verknüpft mit jener um die Privatisierung der angesprochenen Unternehmen und Unternehmensteile. Denn neben dem Argument, dass die Integration von Infrastruktur und Verkehrsbetrieb im selben Unternehmen Wettbewerbsverzerrungen hervorrufen würde, so wird auch argumentiert, dass der Einfluss des Staates auf die Eisenbahnunternehmen sowohl den Wettbewerb als auch eine moderne und leistungsfähige Geschäftsführung behindert (Europäische Kommission 2001). Deshalb forderte auch die EU in ihren Richtlinien und Verordnungen den Rückzug der Politik aus dem Schienenverkehrssektor durch die Implementierung unabhängiger Geschäftsführungen (Abl. EG 1991 L 237/25), die Entlassung der EVUs von der Verpflichtung gemeinwirtschaftlichen Leistungen (Abl. EG 1991 L 169/1) und die Errichtung unabhängiger Regulierungsbehörden (Abl. EG 2001 L 75/1). Der weitere Rückzug des Staates durch die Privatisierung der Staatsbetriebe ist somit der nächste logische Schluss, denn „[d]ie Auffassung, dass privates Eigentum öffentlichem grundsätzlich überlegen sei, vertritt die überwiegende Zahl der Privatisierungsbefürworter bis heute – meist gepaart mit der Hoffnung, durch das Aufbrechen „verkrusteter" Strukturen in sich wandelnden Industrien neue Wachstumsimpulse erzeugen zu können" (Engartner 2008b:98).

Die grundlegenden Erwartungen an Privatisierungen sind auch für jene von Schienenverkehrsunternehmen zutreffend. Bleibt es bei einer formellen Privatisierung, so erhofft man sich durch die Implementierung von neuen Geschäftsführungsmethoden und einer von politischen Einflussnahmen unabhängigen Geschäftsführung Vorteile für den laufenden Betrieb durch Effizienzsteigerungen. Bei einer materiellen Privatisierung kommen hierzu noch die für den Fiskus vorteilhaften Einmaleffekte hinzu. Die europäische Schienenverkehrspolitik hat im Zuge der institutionellen Trennung von Betrieb und Infrastruktur und dem Rückzug der Politik in vielen Ländern zu einer formellen Privatisierung geführt. Viele Bahnbetriebe sind heute als Aktiengesellschaften organisiert (IBM Global Business Services 2011). Zu einer materiellen Privatisierung kam es bisher nur in wenigen Fällen. Namentlich zu nennen sind hier Großbritannien und Schweden, in denen jeweils der ehemalige staatliche Eisenbahnbetreiber verkauft wurde. Nach wie vor gibt es aber in weiten Teilen Europas Tendenzen zur Privatisierung. Diese oftmals politisch aufgeheizte Debatte wird auch in Österreich geführt (Hiptmayr et al. 2011). Wichtig bei einem Verkauf von Unternehmungen ist wiederum, wie die Trennungsthematik behandelt wird und vor allem wie mit den ökonomischen Besonderheiten des Schienenverkehrs umgegangen wird. Einen guten Überblick ohne Anspruch auf Vollständigkeit zu möglichen Privatisierungsvarianten gibt der sogenannte Primon-Bericht (Primon steht für Privatisierungsvarianten der Deutschen Bahn AG *mit und ohne Netz*)(Booz Allen Hamilton 2006), welcher im Auftrag der deutschen Bundesministerien für Verkehr, Bau und Stadtentwicklung sowie für Finanzen erstellt wurde und die unterschiedlichen Varianten der Privatisierung, ausgerichtet auf die Deutsche Bahn (DB), vorstellt und debattiert. Die dort vorgeschlagenen Varianten stehen repräsentativ für die Privatisierungsüberlegungen in den meisten europäischen Ländern. Für die Diskussion in Österreich sind diese Vorschläge deshalb auch sehr relevant, weil der ÖBB-Konzern eine ähnliche Unternehmensstruktur aufweist wie die DB und sich insofern ähnliche Fragestellungen und Herausforderungen stellen.

2.4.4. Privatisierungsvarianten

Die vorgeschlagenen Privatisierungsvarianten werden unter verschiedenen Gesichtspunkten betrachtet. Vier Dimensionen sind hierbei wichtig: Die Auswirkungen auf einen diskriminierungsfreien Schienenverkehrsmarkt, die Kapitalmarktfähigkeit (also die Chancen das Unternehmen oder Teile davon an der Börse zu handeln), die Auswirkungen auf den Staatshaushalt und der Erfüllungsgrad der institutionellen Rahmenbedingungen (wieweit werden die Vorgaben der EU erfüllt)(Booz Allen Hamilton 2006). Der Bericht unterscheidet fünf Privatisierungsvarianten:

- das Integrierte Modell,

- das Eigentumsmodell,
- eine Gestaltungsvariante des Eigentumsmodells,
- das Finanz-Holding Modell und
- das getrennte Modell (Booz Allen Hamilton 2006).

In der Privatisierungsdiskussion spielt vor allem die organisatorische Ausgestaltung des Unternehmens und das Ziel der Entstaatlichung von Unternehmensteilen oder ganzen Unternehmen eine Rolle.

Das integrierte Modell sieht vor, dass sowohl Infrastruktur- als auch Verkehrsgesellschaft über eine gemeinsame Managementholding verbunden sind. Diese Holding hält die Unternehmensteile aber nicht nur rechtlich zusammen, sondern das Management führt das gesamte Unternehmen. Bei der Trassenzuweisung, der Einhebung des Benützungsentgelts und der Erstellung des Netzfahrplans ist jener Unternehmensteil, welcher für die Infrastruktur zuständig ist, allerdings weisungsfrei und nicht dem Management der Holding verpflichtet. Außerdem soll es hierbei eine organisatorische und personelle Abschottung geben, damit diese Tätigkeiten möglichst diskriminierungsfrei für andere EVUs ablaufen. Entscheidend für die eigentliche Privatisierung ist nun das Ausmaß der Beteiligung privater Investoren. Beteiligungen sind grundsätzlich sowohl für die Gesamtholding als auch für die Unternehmensteile unbegrenzt möglich. In Deutschland – so wird argumentiert muss der Staat aus verfassungsrechtlichen Gründen am Infrastrukturbetrieb zumindest 50% halten (Booz Allen Hamilton 2006:261-299)[8].

Das Eigentumsmodell ähnelt dem vorgestellten Modell von SNCF und RFF in Frankreich. Bei dieser Variante soll das Infrastruktureigentum an eine andere staatliche Gesellschaft übertragen werden, welche Trassen zuweist und Entgelt für die Benutzung einhebt. Der Betrieb aber wird weiterhin vom bisherigen Betreiber durchgeführt. Das restliche Unternehmen könnte an die Börse gebracht werden. Dies wäre ein Versuch, die Entschärfung der Diskriminierung dritter EVUs durch die Trennung mit den Synergien eines integrierten Unternehmens zu kombinieren (Booz Allen Hamilton 2006:300-337). Diese Privatisierungsvariante kann auch noch weiter abgewandelt werden, wenn nicht nur das Eigentum sondern auch der größte Teil des Betriebs der Infrastruktur auf die

---

8 Das deutsche Verfassungsrecht sieht gemäß Art. 87e Abs.4 des Grundgesetzes vor, dass der Bund verpflichtet ist, „für den Erhalt einer funktionsfähigen Eisenbahninfrastruktur Sorge zu tragen“ (Booz Allen Hamilton 2006:110)

neue Gesellschaft übergeht. Es würde also mehr auf Wettbewerbsvorteile statt auf Verbundvorteile gesetzt (Booz Allen Hamilton 2006:338-368).

Beim Finanzholdingmodell sind die Unternehmensteile Infrastruktur und Betrieb (Personen- und Güterverkehr) weiterhin unter dem Dach einer gemeinsamen Holding, allerdings getrennt. Außerdem wäre die Holding nur vermögensverwaltend tätig und hätte keinen operativ-strategischen Einfluss auf die Töchter im Sinne einer Managementholding. An diesem Konstrukt oder einzelnen Teilen wären nun beliebig hohe Beteiligungen möglich (Booz Allen Hamilton 2006:369-398).

Als Letztes wird noch ein Privatisierungsmodell vorgestellt, welches die EU-Vorgaben bezüglich der Trennung am besten verwirklicht. Hierbei wird die Infrastruktur aus dem bisher integrierten Unternehmen herausgelöst und verbleibt im Eigentum des Staates. Das verbleibende Unternehmen kann noch weiter getrennt und danach vollständig am Markt kapitalisiert werden (Booz Allen Hamilton 2006:399-435).

Alle Modelle, die das Gutachten vorschlägt, behandeln vor allem die Privatisierung des Transportbetriebes, nicht jedoch jene der Infrastruktur. Diese zu privatisieren wird noch kritischer gesehen als die des Transportbetriebs. Sie wird als zu groß und die Kosten als zu immens betrachtet, so dass sich hierfür kein Investor finden würde (Haller 2003:21). Außerdem besteht die Gefahr, dass ein privater Betreiber bei Investitionen spart und somit die Sicherheit der Anlagen gefährdet (Haller 2003:21). Dies war auch die am meisten vorgebrachte Kritik an dem privaten britischen Infrastrukturbetreiber Railtrack (Engartner 2009; Richter-Steinke 2010:78). Deshalb, und weil die Infrastruktur eindeutig als natürliches Monopol erkannt wird, wird die Privatisierung der Infrastruktur selten in Erwägung gezogen.

Um die postulierte staatliche Ineffizienz trotzdem durch eine Privatisierung zu beseitigen, aber gleichzeitigt die Problematik des natürlichen Monopols (Kapitel 2.5.2) zu berücksichtigen, wurde von einigen Autoren eine Sonderform der Infrastrukturprivatisierung vorgeschlagen. Die Infrastruktur soll in Form eines Gemeinschaftsunternehmens von allen am Netz agierenden EVUs in Form eines Nutzerclubs geführt und finanziert werden (Blöchliger et al. 2003). Da das Eigentum nicht bei einem einzelnen Marktteilnehmer liegt, kommt es zu keiner Monopolstellung. Infolgedessen kann auch kein Monopol ausgenutzt werden. Außerdem sei damit „eine größtmögliche Effizienz der Trassenvermarktung sichergestellt“ (Burmeister 2001:54). Fraglich ist allerdings, inwieweit der Eintritt von neuen Marktteilnehmern oder aber das Ausscheiden von bestehenden EVUs organisiert werden kann. Außerdem bleibt auch nach dieser Form der Privatisierung ein gewisses Maß an Regulierung bestehen, nur dass staatliche Regeln teilweise durch interne ersetzt werden (Burmeister 2001:54ff).

Grundsätzlich konzentriert sich die Diskussion um die Privatisierung des Schienenverkehrs hauptsächlich auf den Personen- und Güterverkehr und weniger auf die dem Verkehr zugrundeliegende Infrastruktur.

2.5. Liberalisierungshindernisse – Gründe für Regulierungen

Wird ein Wirtschaftssektor liberalisiert, also der staatliche Einfluss durch Deregulierung und Privatisierung reduziert, so sollten grundsätzlich immer die Vor- und Nachteile abgewogen werden. Die derzeit vorherrschende europäische Schienenverkehrspolitik konzentriert sich hauptsächlich auf die Vorteile der Einführung von Wettbewerb. Das Ziel ist ein leistungsfähigerer Schienenverkehr im Allgemeinen, der im intermodalen Vergleich punkten kann, geringere Staatsausgaben für den Schienenverkehrssektor durch effizienteres Wirtschaften und ein verbessertes Preis-Leistungs-Verhältnis für den Endkunden, da der entstehende Wettbewerb sowohl Innovationen erzeugt als auch Druck auf die Preise ausübt (Europäische Kommission 2001; 2011; OECD 2005).

Diesen Vorteilen, die gemäß neoliberaler Logik nur durch die Implementierung des Marktmechanismus entstehen können, da dieser der bessere Steuerungsmechanismus ist, stehen aber auch einige Nachteile gegenüber. Teilweise wird argumentiert, dass die Vorteile durch die Nachteile bzw. Liberalisierungshindernisse sogar wettgemacht werden (Dullien 2006) bzw. die Vorteile erst gar nicht als solche anerkannt werden, da der Markt grundsätzlich als Steuerungsmechanismus für den Schienenverkehrsmarkt abgelehnt wird (Wolf 2007). Allerdings divergieren bei dieser Bewertung die Meinungen stark. Jedenfalls gibt es mehrere Gründe, wegen denen staatliche Regulierung von Vielen befürwortet wird. Grundsätzlich ist staatliches Handeln in einer Marktwirtschaft gerechtfertigt, wenn der Staat umverteilend eingreift, die Versorgung sichert, ökonomisch stabilisiert oder aber den Wettbewerb vor Marktversagen schützt (Richter-Steinke 2010:32). In Bezug auf den Schienenverkehr kommen hier noch seine strukturellen Besonderheiten als Argument für Regulierungen hinzu.

2.5.1. Bindung an das Gemeinwohl/Schienenverkehr als Teil der Daseinsvorsorge

Die allgemeine Wohlfahrt (auch Gemeinwohl) ist ein grundlegendes Konzept der Ökonomie. Gibt es mehrere alternative Handlungen, so sollte ein Staat jene tätigen, welche die gesamtgesellschaftliche Wohlfahrt am meisten steigert (Klaus 2009:140). Gerade der Verkehrssektor wurde und wird schon immer dazu benutzt um sozialpolitische Ziele zu erreichen (Docherty et al. 2009:617-618). Wie bereits beschrieben, hat die persönliche Mobilität in einer modernen Gesellschaft eine besonders große Bedeutung. Nicht nur um eine Erwerbsarbeit ausüben zu können sondern auch um die Erledigungen des täglichen Bedarfs zu besorgen, am gesellschaftlichen Leben teilzuhaben und um persönliche Kontakte zu pflegen, bedarf es der Möglichkeit zur Mobilität. Aufgrund dieser großen Bedeutung der Mobilität und der Bedeutung des Schienenverkehrs für einen ökonomisch und ökologisch nachhaltigen Verkehr wurde und wird staatliche Regulierung und Kontrolle dieses „soziale[n] Absicherungs- und Grundversorgungsbereich[s]" (Fritz 2006:93 zit. n. Richter-Steinke 2010:34) für das Gemeinwohl der Bevölkerung der Deregulierung vorgezogen. Deshalb werden diese öffentlichen Verkehrsdienste „in den meisten Gemeinschaften durch öffentliche Träger auf solidarische und gemeinnützige Weise zur Verfügung gestellt" (Fritz 2006:93 zit. n. Richter-Steinke 2010:24). So kann sozialen und regionalen Disparitäten vorgebeugt werden, die möglicherweise durch eine marktmäßige Erbringung aufgrund unterschiedlicher Rentabilität von Streckenabschnitten entstehen (Docherty et al. 2009:617-618). Eine interne Quersubventionierung von lukrativen und unrentablen Strecken kann somit das Flächenangebot schützen und dem im freien Wettbewerb möglicherweise auftretenden Rosinenpicken[9] und der gleichzeitigen Einstellung von unrentablen Strecken vorbeugen (Burmeister 2001:31-33). Zusätzlich ist eine Regulation hinsichtlich leistbarer Tarife, eines qualitativ hohen Services und einer ausreichenden Taktung im Sinne des Gemeinwohls wünschenswert, um den Zugang zum Schienenverkehr für die persönliche Mobilität möglichst vielen, vor allem auch sozial Benachteiligten zuteilwerden zu lassen (Docherty et al. 2009:617-618). Wichtig zu erwähnen ist auch, dass eine erhöhte betriebswirtschaftliche Effizienz eines Unternehmens im Schienenverkehr nicht auch in eine erhöhte volkswirtschaftliche Effizienz münden muss (Engartner 2008a). Eine höhere Mobilität aller Bürger lässt diese mehr

9 Mit Rosinenpicken bzw. dem englischen Ausdruck *cherry picking* ist gemeint, dass sich Akteure nur auf die lukrativen Geschäftsbereiche eines Wirtschaftssektors konzentrieren.

am ökonomischen Leben teilhaben und bringt somit auch volkswirtschaftliche Vorteile.

In den letzten Jahren wird nun aber diese Bindung an das Gemeinwohl vermehrt aufgehoben. Der Staat, welcher sich bisher zur Leistung des Schienenverkehrs als Teil der Daseinsvorsorge verpflichtet fühlte, wird immer mehr zu einem Gewährleistungsstaat (Richter-Steinke 2010:34-35). In dieser Funktion zieht er sich als aktiver Unternehmer, der neoliberalen Wirtschaftspolitik folgend, aus vielen Wirtschaftsbereichen zurück und überlässt das Feld privaten Unternehmern. Problematisch ist dies aber aufgrund der großen Bedeutung der Mobilität im Allgemeinen und des Schienenverkehrs im Besonderen für eine Volkswirtschaft. Aufgrund dieser Bedeutung ist der Schienenverkehr *too big to fail*. Für seine Rettung muss also der Staat auch als letzter Garant stehen, selbst wenn er nicht aktiv am Marktgeschehen durch ein Staatsunternehmen beteiligt ist (Docherty et al. 2009).

2.5.2. Marktversagen

Mit dem Begriff Marktversagen ist gemeint, dass Wettbewerb aufgrund bestimmter Umstände nicht zustande kommt und „nicht im gewünschten Masse zur Erfüllung der ihm zugeschriebenen Funktionen“ führt (Klaus 2009:168f). In diesen Fällen muss der Staat eingreifen und den nicht funktionierenden Wettbewerb durch den Mechanismus der staatlichen Regulierung ersetzen (Klaus 2009:168f). Durch staatliches Handeln kann es allerdings wiederum zu Staatsversagen kommen. Ob nun Marktversagen oder Staatsversagen als gravierender gewertet wird, ist eine weitere wirtschaftspolitische Frage. Im Neoliberalismus, wie er in dieser Arbeit definiert ist, wird das Staatsversagen grundsätzlich als gravierender eingestuft. Deshalb soll sich der neoliberale Idealstaat auch grundsätzlich aus den meisten wirtschaftlichen Belangen heraushalten (Karrass 2008:246). Allerdings wird in bestimmten Fällen anerkannt, dass der Marktmechanismus nicht alle Probleme lösen kann, und bei gewissen Monopolsituationen staatliches Eingreifen unentbehrlich ist (Hayek 1971; 2005).

2.5.2.1. Die Eisenbahn als natürliches Monopol

Grundsätzlich bedeutet ein natürliches Monopol, dass ein Unternehmen aufgrund besonderer Umstände das gesamte Angebot für eine Ware oder Dienstleistung günstiger erbringen kann als zwei oder mehrere Unternehmen zusammen (Mankiw 2004:340-342). Dies ist der Fall, wenn aufgrund hoher Fixkosten, aber niedriger Grenzkosten die Durchschnittskosten bei der Produktion allmählich sinken, also niedrigere Produktionskosten bei einer größeren Menge möglich sind (Klaus 2009; Mankiw 2004). Ein solches natürliches Monopol ist nun durch zwei Voraussetzungen gekennzeichnet. Zum einen muss der Bereich eine subadditive Kostenfunktion aufweisen und zum anderen muss bei den Investitionen Irreversibilität vorliegen (Klaus 2009:170; Rothengatter 1991:181). Die Begriffe natürliches Monopol und Subadditivität werden in der Literatur gleichgesetzt, teilweise wird der Zweite auch als Voraussetzung für ersten Begriff benutzt (Klaus 2009:171) was auch für diese Arbeit zutrifft.

Die sinkenden Durchschnittskosten (bzw. steigenden Skalenerträge) sind das Resultat der Unteilbarkeit der Kosten, wie jene für die Schieneninfrastruktur. Diese kann nur in Sprüngen erweitert werden (Schienen, Kraftwerke)(Burmeister 2001:33; Klaus 2009:170). Diese Unteilbarkeit, welche auch als Subadditivität bezeichnet wird, bedeutet, dass eine bestimmte Gütermenge effizienter als Gesamtes, denn als Summe von Teilmengen oder Einzelgütern hergestellt wird (Klaus 2009:178; Teufelberger 2004:9). Daraus ergibt sich, dass mehrere Anbieter aus volkswirtschaftlicher Sicht ineffizient und sinnlos wären (Klaus 2009:178-179). In Bezug auf die Eisenbahn ist damit gemeint, dass parallel verlaufende Eisenbahngleise eine Verdoppelung von Fixkosten und eine gesamtwirtschaftliche Verschwendung wären (Burmeister 2001:36; Docherty et al. 2009:617; Richter-Steinke 2010:32). Dies kommt nicht nur bei der Eisenbahn sondern bei vielen Verteilungsnetzen und Primärinfrastrukturen vor (Klaus 2009:32; Richter-Steinke 2010). Es kommt also zu einer Konzentration auf der Seite der Anbieter (Burmeister 2001:33; Klaus 2009:178). Deshalb bedarf es einer Regulierung, damit die Monopolstellung nicht durch überhöhte Preise ausgenutzt werden kann. Ebenso bedarf es einer staatlichen Marktzutrittsregulierung, um zusätzliche Anbieter fern zu halten, da mehrere Anbieter eine gesamtwirtschaftliche Verschwendung von Ressourcen darstellen würden (Burmeister 2001:33-36; Haller 2003:13). Laut Friedman (1976) bedarf es jedoch keiner Regulierung des Marktzutritts, da andere Anbieter aufgrund des natürlichen Monopols gar kein Interesse an einem Markteintritt haben. Durch nur einen Anbieter kommt es zu einer höheren Auslastung der bestehenden Infrastruktur und dadurch zu sinkenden Durchschnittskosten (Burmeister 2001:36). Die Eigenschaft der Subadditivität bezieht sich allerdings nur auf die Schieneninfrastruktur. Beim Transportbetrieb liegt keine Unteilbarkeit der Kosten vor, somit sind mehrere Anbieter aus volkswirtschaftlicher Sicht nicht unsinnig (Klaus 2009:646; Teufelberger 2004:10).

Eine weitere Marktbarriere, die ebenfalls als Voraussetzung für ein natürliches Monopol steht, sind die hohen irreversiblen bzw. versunkenen Kosten, welche die Infrastruktur aufweist (Klaus 2009:186). Auch die Erneuerung und

Instandhaltung sind äußerst kostspielig (Pietrantonio et al. 2004:26). Außerdem sind die versunkenen Fixkosten sehr hoch im Verhältnis zu den variablen Kosten. Dies zusammen ergibt eine Barriere für potentielle Investoren (Rothengatter 1991). Der Fahrbetrieb ist nicht von diesen hohen irreversiblen Kosten betroffen. Aus den genannten Gründen kommt dem Staat bei der Finanzierung von Verkehrsinfrastruktur eine besondere Rolle zu (Vaterlaus et al. 2011). Dies liegt aber nicht alleine an den hohen Investitionskosten, sondern daran, „dass die nutzende Bevölkerung nicht in der Lage sei, die durch die Rentabilitätsanforderungen hohen Preise zu zahlen" (Richter-Steinke 2010:33). Im Sinne des oben beschriebenen Gemeinwohls hat der Staat somit eine gewisse Verpflichtung zur Erbringung von Infrastrukturleistungen. Außerdem bedeutet ein Monopol immer auch die Gefahr der „Ausbeutung der Nachfrager durch überhöhte Monopolpreise" (Burmeister 2001:34). Um dies zu verhindern, wird staatliche Regulierung ebenfalls befürwortet.

2.5.2.2. Externalitäten

Mit dem Begriff Externalitäten oder auch externe Effekte bezeichnet man im Allgemeinen eine „[u]nkompensierte Auswirkung ökonomischen Handelns auf die Wohlfahrt eines unbeteiligten Dritten" (Mankiw 2004:220). Diese Effekte können sich auf Unbeteiligte sowohl negativ wie positiv auswirken. Relevant ist, „dass die Wirkung der betreffenden Aktivität nicht über marktliche Transaktionen abgegolten wird" (Klaus 2009:215). Im Verkehrsbereich treten hauptsächlich negative Externalitäten auf, wie Unfälle, Lärmbelastungen, Auswirkungen auf die Gesundheit von Mensch und Tier, Flächenverbrauch, Einwirkungen auf Klima und Landschaft und Staus (Bundesamt für Raumentwicklung ARE 2007). Allerdings ist die Intensität dieser Auswirkungen je nach Verkehrsträger unterschiedlich. Die Bahn hat im Verhältnis zu den anderen Verkehrsmitteln weitaus geringere externe Effekte, wirkt sich also auf unbeteiligte Dritte weniger aus (Haller 2003:10). Dies trifft ebenso auf Österreich zu, wo der Schienenverkehr und hierbei besonders der Schienengüterverkehr weniger Externalitäten erzeugt und somit aus umweltpolitischen Gründen dem Straßenverkehr vorzuziehen ist (Herry et al. 2007:217f, 223). In Zeiten von Treibhauseffekt und Klimawandel sind vor allem die geringeren Treibhausgasemissionen durch den Transport auf der Schiene relevant, für Österreich gerade jetzt, da die Kioto-Ziele vermutlich verfehlt werden (Linsinger 2011). Dass diese Vorteile des Schienenverkehrs nicht am Markt abgegolten werden, ist oft ein Argument zur Rechtfertigung allokativer Maßnahmen von Seiten des Staates als probates Mittel zur Regulierung (Docherty et al. 2009:619; Teufelberger 2004:11f).

2.5.2.3. Verbundvorteile eines integrierten Unternehmens

Die so genannten Verbundvorteile, Integrationsvorteile oder auch economies of scope und die daraus resultierenden Synergieeffekte werden als Argument gegen die Desintegration der bisherigen Einheitsbetriebe im Schienenverkehr herangezogen. Grundsätzlich ist mit dem Begriff *Verbundvorteil* gemeint, dass ein Mehrproduktunternehmen, in diesem Fall ein integrierter Eisenbahnbetrieb, welches sowohl Infrastruktur als auch den Transport von Personen und Gütern anbietet, Kosten dadurch einsparen kann, dass die jeweiligen Produktionsfaktoren anteilig bei der Erzeugung von allen Produkten genutzt werden können (Burmeister 2001:34). Diese Synergien ergeben sich also mit wachsender Größe des Unternehmens und mit zunehmender Diversifizierung (Booz Allen Hamilton 2006:192). In Bezug auf den Schienenverkehr wird vermutet, dass sowohl die gemeinsame Leistung von Infrastruktur- und Transportbereich im Allgemeinen sowie von Personenverkehr und Güterverkehr im Besonderen Integrationsvorteile ergeben (Burmeister 2001:34; Klaus 2009:645). Diese Vorteile stellen ein Argument gegen die Trennung der einzelnen Unternehmensteile eines integrierten Schienenverkehrsunternehmens dar (Blöchliger et al. 2003:7). Vorteile der Organisation im Verbund ergeben sich vor allem durch technische Abhängigkeiten und die Verkehrslenkung.

Technische Abhängigkeiten ergeben sich durch die Einheit von Rad und Schiene. Dies bedeutet, dass eine technische Weiterentwicklung oder Umrüstung nur akkordiert möglich ist und dies gemeinsame Entscheidungen sowohl aus technischer als auch ökonomischer Sicht unabdingbar macht (Burmeister 2001:40). Akkordierte Entscheidungen können selbstverständlich auch durch mehrere Marktteilnehmer in Verhandlungen und mit Verträgen gemeinsam getroffen werden, doch entstehen nach erfolgter Entbündelung hierdurch Transaktionskosten, da vertragliche Koordination meist aufwändiger ist (Blöchliger et al. 2003:7; Booz Allen Hamilton 2006:193). Eine weitere Variante wäre eine unabhängige Forschungs- und Entwicklungseinrichtung, welche eventuell im Eigentum aller Marktteilnehmer stehen würde.

Neben den technischen Verbundvorteilen ergeben sich auch solche in der Planung und Lenkung des Verkehrs. Hier ist nach erfolgter Liberalisierung des Schienenverkehrsmarktes ebenfalls von einem erhöhten Koordinationsbedarf auszugehen, da eine größere Anzahl an Marktteilnehmern vorhanden ist (Burmeister 2001:41). Der Koordinationsbedarf steigt sowohl horizontal zwischen den einzelnen EVUs als auch vertikal zwischen den Unternehmen und den Kunden. Dies hat wiederum höhere Transaktionskosten zur Folge. Horizontal ergibt sich Koordinationsbedarf aufgrund der Vergabe von Trassen, der akkordierten

Erstellung von Fahrplänen und der Organisation von Anschlüssen, vertikal in der Übermittlung von Informationen über Fahrpläne und den Vertrieb an den Kunden (Burmeister 2001:41; Klaus 2009:645). Befürchtet werden neben den erhöhten Transaktionskosten für die Koordination zwischen verschiedenen Marktteilnehmern außerdem Sicherheits- und Qualitätseinbußen (Klaus 2009:654f; Wolf 2007). Dem kann entgegengehalten werden, dass der Koordinationsaufwand zur Erstellung von Fahrplänen, insbesondere in Bezug auf Anschlüsse, auch in einem integrierten Unternehmen schon jetzt höchst kompliziert und aufwendig ist (Burmeister 2001:39).

Zusätzlich kann auch der fehlende direkte Kontakt des Infrastrukturbetreibers zum Kunden nach erfolgter Trennung als Verlust von Verbundvorteilen angesehen werden. Nun erhält nur mehr der eigentliche Transportbetrieb direkte Rückmeldung von den Kunden. Wenn allerdings für den Netzbetreiber Anreize geschaffen werden, sich nach den Kundenwünsche zu orientieren, beispielsweise durch an Knappheiten angepasste Benützungsentgelte für die Infrastruktur, kann einer mangelnden Kundenorientierung vorgebeugt werden (Burmeister 2001:44).

Bei einer desintegrativen Liberalisierungsstrategie muss auf jeden Fall beachtet werden, dass es hierbei zum Verlust von Verbundvorteilen kommt und zusätzliche Transaktionskosten durch den Koordinationsbedarf entstehen. Diese höheren Kosten wirken sich gesamtgesellschaftlich negativ aus (Dullien 2006:6) und müssen deshalb auf jeden Fall bei der Umsetzung von Liberalisierungsschritten beachtet werden. Vor allem im Schienenpersonenverkehr, bei dem für Fahrplan und Anschlüsse ein hohes Maß an Präzision erwartet wird, ist es deshalb fraglich, ob eine Trennung hier von Vorteil ist (Klaus 2009:655). Von Befürwortern des Trennungsmodells wird wiederum entgegnet, dass große integrierte Unternehmen oft ihrerseits Schwächen in der Organisation aufweisen, da es keine klaren Hierarchien gibt, somit eindeutige Verantwortliche fehlen, was ebenfalls die Koordination erschwert. Dies kann ebenfalls zu höheren Kosten führen (Booz Allen Hamilton 2006:193).

2.6. Zwischenfazit II – Europäische Schienenverkehrspolitik

Die Organe der Europäischen Union haben in den letzten 20 Jahren versucht, den Schienenverkehrssektor durch mehrere Rechtsakte nachhaltig zu beeinflussen. Sinkende Anteile der Schiene am Verkehrsaufkommen sowohl für Güter-

als auch Personenverkehr, die immer stärkere Verschuldung der staatlichen Bahnverwaltungen und schwache Prognosen für die Zukunft waren geradezu eine Aufforderung, die institutionellen Verhältnisse in diesem Sektor zu verändern. Weitere Rahmenbedingungen waren die Entstehung des Binnenmarktes und die Ausbreitung des Neoliberalismus als vorherrschendes Paradigma der Wirtschaft.

In ihrem Kern besagt die Theorie des Neoliberalismus, dass Märkte grundsätzlich staatlicher Regulierung vorzuziehen sind. Deshalb soll der Rückzug des Staates vor allem aus der Produktion von Gütern und Dienstleistungen vorangetrieben werden. Nur in seltenen Fällen darf staatlicher Einfluss bestehen bleiben, dann aber zumindest muss privaten Unternehmen der Zugang zu diesen Sektoren gewährleistet sein.

Die Organe der Europäischen Union sahen nun dem neoliberalen Paradigma folgend den Markt als geeigneten Mechanismus, um die zuvor genannten Probleme des Schienenverkehrssektors zu beheben oder zumindest zu lindern. Es wird davon ausgegangen, dass staatliche Regulierung in diesem Sektor die Probleme mit verursacht hat oder zumindest nicht die entscheidenden Impulse für eine Wende setzen kann, der Wettbewerbsmechanismus aber zu weitreichenden Verbesserungen führen wird. Deshalb wurde der europäische Schienenverkehr liberalisiert, also in einen Markt umgewandelt, obwohl es sowohl technische als auch sozioökonomische Argumente gegen einen Wettbewerb auf der Schiene gab und gibt. Bei der Abwägung von Schwierigkeiten bzw. Nachteilen (Verlust an Verbundvorteilen, Marktversagen, Gemeinwohlverlust) und Vorteilen (Wettbewerbsvorteile) der Liberalisierung entschied man sich für Letztere. Markt und Wettbewerb wurden als unhinterfragter Mechanismus zur Verbesserung des Systems Schiene angenommen, Diese prinzipielle Entscheidung für das Marktprinzip unter Ausblendung von Problemen durch Markt und Wettbewerb kann als neoliberale Wirtschaftspolitik angesehen werden.

Durch verschiedene Rechtsakte wurde aus einem ehemaligen Bereich staatlicher Verwaltung ein großteils frei zugänglicher Markt. Diese Deregulierung des Sektors ging einher mit einer Vereinheitlichung der einzelstaatlichen Vorschriften, um die Teilräume des Binnenmarktes näher zusammenzuführen. Sowohl für den Güterverkehr als auch für den grenzüberschreitenden Personenverkehr besteht nun ein frei zugänglicher und diskriminierungsfreier Markt. Der staatliche Einfluss wurde dadurch deutlich reduziert und die Möglichkeit zu Wettbewerb ist gegeben.

Der verbleibende Einfluss der staatlichen Institutionen auf die bisherigen Monopolisten soll gemäß europäischer Schienenverkehrspolitik weiter reduziert werden. Zwar fordert die Europäische Union nicht, dass sich die Staaten vollständig als Eigentümer aus den ehemaligen staatlichen Bahnverwaltungen zurückziehen, allerdings soll der direkte politische Einfluss eingedämmt werden. Die Unternehmen sollen möglichst unabhängig agieren können, da der Staat einer leistungsfähigen Geschäftsführung im Weg ist. Deshalb sind unabhängige Geschäftsführungen zu implementieren und die Unternehmen werden von Verpflichtungen für die Allgemeinheit enthoben. Auch hier erhofft man sich Effizienzsteigerungen und Innovationen.

Allerdings muss auch erwähnt werden, dass die Liberalisierungspolitik gewisse Besonderheiten des Sektors akzeptiert und berücksichtigt. Beispielsweise wurde bisher keine Privatisierung der als natürliches Monopol betrachteten Infrastruktur vorgeschlagen, ein Vorgang, der in Großbritannien in den 1980er Jahren durchgeführt wurde (Engartner 2009). Auch wird akzeptiert, dass die Mitgliedsstaaten zu einem Großteil nach wie vor Eigentümer der ehemaligen Bahnverwaltungen sind.

Mit der Logik *Wenig Staat und viel Wettbewerb führt zu einem besseren Schienenverkehr* ist die europäische Schienenverkehrspolitik als neoliberale Wirtschaftspolitik zu betrachten. Aufgrund der Beachtung von Besonderheiten des Sektors allerdings nicht als lupenreiner Neoliberalismus.

3. Die Liberalisierung des österreichischen Eisenbahnsektors

In einer frühen Form diente dieses Kapitel auch als Vorlage für einen Teil (jenen über die ÖBB) eines Artikels von Univ.-Prof. Dr. Christian Zeller im verkehrspolitischen Zirkular der deutschen Partei DIE LINKE (Zeller 2011). Etwaige inhaltliche Überschneidungen oder auch Ähnlichkeiten in der Formulierung dieses Abschnittes sind somit möglich.

3.1. Historischer Abriss

3.1.1. Privat und Staat wechseln sich ab

Der Beginn des Eisenbahnzeitalters fällt in Österreich auf das Jahr 1837. Damals wurde die erste dampfbetriebene Eisenbahn auf der Strecke zwischen Floridsdorf und Deutsch-Wagram errichtet. Diese später erweiterte Strecke war bekannt als *Kaiser-Ferdinand-Nordbahn*. Zuvor gab es bereits eine Eisenbahn zwischen Linz und Budweis. Diese 1832 errichtete Bahn wurde allerdings noch mit Pferden betrieben (AEIOU 2009). Mit einigen anderen Projekten gemeinsam begründete diese private *Kaiser-Ferdinand-Nordbahn* die erste österreichische Privatbahnphase (Oberegger 2012).

Doch dann kam es ab ca. 1841 zu einem Wandel in der Schienenverkehrspolitik der Habsburgermonarchie. Der Staat erkannte, wie wichtig der Eisenbahnsektor war. Er übernahm somit 1841 zum größten Teil die Verantwortung für die Errichtung von Schieneninfrastrukturen und deren Betrieb. In den folgenden Jahren wurde unter anderem die technisch anspruchsvolle Strecke von Wien nach Triest mit der Überquerung des Semmering gebaut (AEIOU 2009).

Nach diesem staatlichen Intermezzo kam es wieder zu einer Phase von vorwiegend privatwirtschaftlichem Handeln in Österreichs Schienenverkehrssektor. Dies lag vor allem an den hohen Kosten für den Eisenbahnbau und dem staatlichen Geldmangel. Zwischen 1854 und 1873 errichteten und betrieben nun also private Geldgeber die bis heute wichtigsten Eisenbahnstrecken. Die Brennerstrecke und *Kaiserin-Elisabeth-Westbahn* wurden neu gebaut, die Südbahn ebenfalls privat betrieben (AEIOU 2009; Oberegger 2012).

Doch trotz dieser traditionsreichen Geschichte privater Eisenbahnunternehmen wird der Eisenbahnsektor in Österreich bis heute von einem Akteur in staatlichem Eigentum dominiert – den Österreichischen Bundesbahnen (ÖBB). Diese

Dominanz ist noch auf die Zeit der k. u. k. Monarchie zurückzuführen (Horn o.J.-c). 1873 begann nämlich wieder eine Phase vorwiegend staatlichen Eisenbahnbaus. Viele der bis dahin privat errichteten und betriebenen Hauptstrecken wurden wieder verstaatlicht. Von den großen Bahnen blieb nur die Südbahn bis 1923 privat. Die meisten privaten Eisenbahnunternehmen waren hoch verschuldet und wechselten deshalb von einem privaten zum öffentlichen Eigentümer (AEIOU 2009; Horn o.J.-c; Oberegger 2012).

Das ganze 19. Jahrhundert war also – wie auch in anderen Ländern Europas – geprägt von einem ständigen Wechsel zwischen privaten Eisenbahnunternehmungen, deren Bankrott, Verstaatlichung und teilweise abermaliger Privatisierung (Horn o.J.-c; Wolf 2007). Der Staat sah sich aufgrund der Zahlungsunfähigkeit der Privatbahnen, aber eingedenk der volkswirtschaftlichen Bedeutung des Eisenbahnbaus und -betriebs zu Verstaatlichungen genötigt (Horn o.J.-c). Mit dieser vorläufig letzten Welle an Verstaatlichungen seitens der k. u. k. Monarchie war es nun aber für lange Zeit vorbei mit dem privaten Eisenbahnbetrieb bzw. gab es diesen nur mehr in kleinem Maßstab auf regionalen Strecken (AEIOU 2009; Horn o.J.-c). Aus den verstaatlichten Privatbahnen entstand das erste große staatliche Schienenverkehrsunternehmen – die kaiserlich-königlichen Staatsbahnen – als Vorgänger der heutigen ÖBB (Horn o.J.-c).

Ein wichtiger Schritt war neben den Verstaatlichungen auch die Gründung des k. u. k. Eisenbahnministeriums für die österreichische Reichshälfte im Jahr 1896 (Scharler 2007:43).

3.1.2. Das Ende der Monarchie

Mit dem Ende der k. u. k. Monarchie nach dem ersten Weltkrieg kam es auch zu großen Veränderungen für die ehemaligen k. u. k. Staatsbahnen. Der Zerfall der Donaumonarchie spiegelte sich im Zerfall der Staatsbahnen wieder. Den nunmehrigen österreichischen Staatsbahnen, welche nach dem ersten Weltkrieg als Staatsunternehmen gegründet wurden, gingen 75% des ehemaligen Streckennetzes verloren, sie behielten allerding 34% der ehemaligen Mitarbeiter (AEIOU 2009). Die Bahn hatte also mit Strukturproblemen zu kämpfen, da große Teile der Infrastruktur noch auf ein viel größeres Netz ausgelegt waren (Horn o.J.-b). Sie wurden 1921 in *Österreichische Bundesbahnen* umbenannt und 1923 in einen selbstständigen Wirtschaftskörper umgewandelt. Dies hatte Effizienzsteigerungen und eine allgemein bessere wirtschaftliche Situation der Unternehmung zum Ziel. Die Umwandlung mündete in einer sehr hohen Verschuldung der Österreichischen Bundesbahnen. Zum einen war das Unternehmen von Anfang an mit zu wenig Kapital ausgestattet und musste selbst für den Betrieb Kredite aufnehmen, zum anderen war es organisatorisch und teilweise auch maschinell noch immer auf das wesentlich größere Netz der Donaumonarchie ausgelegt. Die Situation führte jedenfalls beinahe in den Bankrott und wurde nur durch den Anschluss Österreichs 1938 und die Verschmelzung mit der Deutschen Reichsbahn gestoppt (Horn o.J.-b). Privatbahnen gab es zu dieser Zeit nur mehr als Regionalbahnen, meist schmalspurig und eingleisig.

3.1.3. Nach dem zweiten Weltkrieg

Nach dem Ende des zweiten Weltkrieges war es anfänglich aufgrund der Aufteilung Österreichs in vier verschiedene Besatzungszonen schwierig, wieder eine gesamtösterreichische Eisenbahn zu installieren (Horn o.J.-a). Zu Beginn arbeiteten die vier für den Wiederaufbau so wichtigen ehemaligen Reichseisenbahndirektionen separat und ohne zentrale Leitung. Bald wurde allerdings eine Generaldirektion der österreichischen Staatseisenbahnen gegründet, unter deren Führung alle Züge auf österreichischem Gebiet liefen. Diese Generaldirektion unterstand nun wieder direkt dem Staatsamt bzw. später dem Ministerium. Dadurch unterschied sich die Organisation des Eisenbahnbetriebs deutlich von jenem Zustand vor dem Krieg. Bis 1938 waren die Staatsbahnen ein selbstständiger Wirtschaftskörper und wurden jetzt wieder als unmittelbare Bundesverwaltung besorgt. 1947 wurden sie in österreichische Bundesbahnen mit dem Kürzel ÖBB umbenannt – dem bis heute gültigen Namen (Horn o.J.-a).

Es folge eine Phase relativer organisatorischer Konstanz, bis die ÖBB aufgrund geänderter politischer Mehrheitsverhältnisse 1969 zu einem unselbstständigen Wirtschaftskörper wurden. Dies bedeutet zwar, dass sie im Bundesbudget verblieben und auch weiterhin keine eigene Rechtspersönlichkeit besaßen, allerdings aus dem Verkehrsministerium herausgelöst wurde und eine eigene Organisation bekamen (Horn o.J.-a; Scharler 2007). Über die gesamte Zeitspanne waren die ÖBB das einzige österreichweit aktive Eisenbahnverkehrsunternehmen. Wettbewerb durch private Akteure gab es nur regional, wobei es sich hier ausschließlich um integrierte Unternehmen mit eigener Infrastruktur handelte, die häufig im Eigentum von Gebietskörperschaften standen (Hof 2005:33; Richter-Steinke 2010:362).

Die bedeutendsten organisatorischen und strukturellen Veränderungen des österreichischen Schienenverkehrssektors geschahen allerdings erst nach 1992.

3.2. Erste Schritte der Liberalisierung – Bahnreform 1992

Ab 1992 folgte nun eine Reihe von Veränderungen des österreichischen Schienenverkehrssektors und hier vor allem in der Unternehmensorganisation des den Markt bestimmenden Akteurs – der ÖBB. In Österreich wurden in Analogie zu den europarechtlichen Vorgaben mehrere organisatorische Reformen der Österreichischen Bundesbahnen durchgeführt, teilweise bereits vor dem Beitritt zur Europäischen Union im Hinblick auf die darauf folgende Übernahme des *Acquis communautaire*[10]. Wesentlich hierbei war vor allem die bis dahin maßgebliche Richtlinie 91/440 (Abl. EG 1991 L 237/25) welche einschneidende Veränderungen für den Schienenverkehrsmarkt brachte.

Im Jahr 1993 wurden durch das in Kraft treten des *Bundesgesetz(es) zur Neuordnung der Rechtsverhältnisse der österreichischen Bundesbahnen* (BGBl. Nr. 825/1992 i.d.F. BGBl. I Nr. 95/2009) die ÖBB zum ersten Mal in der zweiten Republik aus dem Bundesbudget ausgegliedert, zu einer Gesellschaft mit eigener Rechtspersönlichkeit gefasst und somit formell privatisiert (Richter-Steinke 2010:362). Hier zeigen sich Parallelen zu jenem Prozess im Jahr 1923. Diese Gesellschaft mit eigener Rechtspersönlichkeit ist eine Mischform aus einer Aktiengesellschaft und einer Gesellschaft mit beschränkter Haftung. Die Gesellschaft blieb allerdings im Eigentum des Staates, es handelte sich also nur um eine Ausgliederung (Horn o.J.-a). Ziel dieser Veränderung war neben der Erfüllung von europarechtlichen Normen vor allem die Hoffnung nach höherer Effizienz und Wettbewerbsfähigkeit eines formell privatisierten Unternehmens (Richter-Steinke 2010:362ff) Die Einnahmen aus Tariferträgen und sonstige betrieblichen Einnahmen konnten bis zu diesem Zeitpunkt nicht einmal die Hälfte der Aufwendungen abdecken (Puwein 2001:567). Dies wollte man ändern.

Die Ausgliederung aus dem Ministerium durch die formelle Privatisierung hatte natürlich auch die Bestellung einer komplett neuen Führungsriege der ÖBB zur Folge, da für die neu geschaffene Gesellschaft sowohl ein eigener Vorstand als auch Aufsichtsrat nötig wurden (Horn o.J.-a). Dies erfüllte nun die Bedingungen der RL 91/440 (Abl. EG 1991 L 237/25) nach einer unabhängigen Geschäftsführung. Außerdem wurde in den neu geschaffenen ÖBB die Bereiche Infrastruktur und Absatz buchhalterisch im Sinne ebendieser Richtlinie getrennt.

---

10 Als *Acquis communautaire* wird die Gesamtheit des geltenden EU-Rechts bezeichnet. Dieses wurde durch den Abschluss des Beitrittsvertrags in Österreich in Kraft gesetzt (Berka 2005:78).

Dadurch und durch die ersten Schritte der Liberalisierung (die Zugangsöffnung der Schieneninfrastruktur im EU-Raum für andere Eisenbahnverkehrsunternehmen im grenzüberschreitenden Güterverkehr) erhoffte man sich eine erhöhte Dynamik am österreichischen Schienenverkehrsmarkt (Hemmer et al. 2003:23f). Das Unternehmen ÖBB blieb allerdings weiterhin integriert (Richter-Steinke 2010:362ff).

Die Herauslösung aus dem Bundesbudget brachte aber vor allem eine komplett neue finanzielle Struktur des Schienenverkehrs mit sich. Der Staat kam zwar weiterhin für die Kosten der Bereitstellung und des Ausbaus der Schieneninfrastruktur auf, sofern die Kosten nicht durch den Betrieb gedeckt werden konnten, für die Benützung dieser Infrastruktur mussten die Absatzbereiche des Unternehmens aber ein Entgelt bezahlen (Hemmer et al. 2003:23f). Außerdem wurden die ÖBB im Gegensatz zu den Staatsbahnen vieler anderer europäischer Länder nie entschuldet (Engartner 2008a; Hemmer et al. 2003; Scharler 2007:47f). Die Absatzbereiche des Unternehmens sollten also nun nach Möglichkeit Gewinne erwirtschaften. Für nicht lukrative Verkehre, welche allerdings aus verkehrs-, regional-, sozial- und umweltpolitischen Gründe von Seiten des Staates gewollt sind – die sogenannten gemeinwirtschaftlichen Leistungen – erhielten sie Zahlungen von Seiten des Staates (Hemmer et al. 2003:23f; Richter-Steinke 2010:362ff).

Im Zuge dieser Veränderungen waren die ÖBB bemüht, möglichst alle Leistungen selbst zu erbringen, verfolgten also eine *Inhouse*-Strategie. Nebenbei standen ihnen durch die eigene Rechtspersönlichkeit auch viele neue Finanzierungsmöglichkeiten offen (Richter-Steinke 2010:362ff; Scharler 2007:47f). Für die Finanzierung der Schieneninfrastruktur, welche gemäß Bundesbahngesetz dem Bund obliegt, wurde 1996 eine eigene Finanzierungsgesellschaft gegründet: die Schieneninfrastrukturfinanzierungsgesellschaft (SCHIG). Neben der Finanzierung von Infrastrukturprojekten oblag ihr vor allem die Einhebung von Benützungsentgelten (Hemmer et al. 2003:24; Richter-Steinke 2010:362ff).

Diese Reformen zeigten auch ihre Wirkung. Das Transportaufkommen der ÖBB stieg zwischen 1992 und 1999 um 25% bei einer gleichzeitigen Erhöhung der Arbeitsproduktivität von 36% (Puwein 2001).

Die weiteren Liberalisierungsschritte und Veränderungen des österreichischen Eisenbahnsektors werden nun nicht mehr chronologisch, sondern thematisch dargestellt.

3.3. Die Unternehmensorganisation der ÖBB im Wandel

3.3.1. Bahnreform 2003

Im Jahr 2003 setzte dann die nächste Welle an Reformen ein. Die damals regierende Koalition aus ÖVP und FPÖ plante weitreichende Veränderungen der Organisation und Unternehmensform der ÖBB. Die Gründe für die erneute Reformierung der Unternehmensorganisation der ÖBB lagen zum einen in der Umsetzung von EU-Vorgaben und zum anderen in dem Wunsch, die hohen Ausgaben des Staates für den Schienenverkehr zu reduzieren. Aus europarechtlicher Sicht ist hierbei vor allem die stärkere Trennung der Bereiche Infrastruktur und Verkehrsbetrieb von Relevanz. Bei der bestehenden Finanzierungsvariante sah man durch den hohen öffentlichen Zuschuss für den Betrieb der ÖBB die Gefahr, dass kein effizientes Wirtschaften zustande kommen würde. Vor allem die generelle Verlustabdeckungspflicht des Bundes gegenüber den ÖBB missfiel bestimmten politischen Akteuren. Außerdem waren die ÖBB und die SCHIG hoch verschuldet. Unter anderem deshalb betrachtete man die ÖBB als nicht wettbewerbsfähig (Bundesministerium für Finanzen 2005:45f).

3.3.1.1. Ziele der ÖBB Reform

Um die Probleme der ÖBB zu beseitigen, versuchte man mit Hilfe dieser Reform folgende Ziele zu erreichen:

- „Schaffung einer modernen, wettbewerbsfähigen, transparenten und diskriminierungsfreien Unternehmensstruktur der ÖBB“ (Österreichische Bundesbahnen 2004:136), vor allem hinsichtlich der zunehmenden Liberalisierung des europäischen Schienenverkehrsmarktes und dem dadurch steigenden Wettbewerb,
- klare Strukturen für ein eigenverantwortlich handelndes Management mit einer klaren Marktorientierung,
- Modernisierung des Dienstrechts,
- eine Sicherstellung der Mobilität bei gleichzeitiger Verbesserung des Angebots,
- die Erfüllung europarechtlicher Vorgaben hinsichtlich der Trennung der Unternehmensteile und einer unabhängigen Geschäftsführung und

- einen höheren Selbstfinanzierungsgrad der Schieneninfrastruktur um die Staatszuschüsse zu reduzieren und damit das Bundesbudget zu entlasten (Bundesministerium für Finanzen 2005:45f; ÖBB-Holding AG 2005:4f; Österreichische Bundesbahnen 2004:136; Richter-Steinke 2010:364ff).

3.3.1.2. Umsetzung der Reform

Um diese Ziele zu erfüllen wurde 2003 die Reform der Österreichischen Bundesbahnen mit dem Bundesbahnstrukturgesetz 2003 (BGBl. I Nr. 138/2003) umgesetzt. Geplant nach deutschem Vorbild wurde eine strategische Holding – organisiert nach österreichischem Aktiengesetz – mit neun eigenverantwortlichen Tochtergesellschaften gegründet. Neben den Absatzgesellschaften für Personen- und Güterverkehr, welche ein bestmögliches Angebot für die Mobilität der Menschen und die Beförderung von Gütern inklusive der Erbringung von GWL garantieren sollen, wurden außerdem zwei Infrastrukturunternehmen (alle ebenfalls als Aktiengesellschaft organisiert), eine allgemeine Dienstleistungs GmbH sowie die ÖBB Traktion GmbH und die ÖBB Technische Services GmbH gegründet. Letztere beiden waren sowohl dem Personenverkehr als auch dem Güterverkehr zugeordnet (Bundesministerium für Finanzen 2005:46).

Diese neue Organisationsform sollte zum einen die Trennung von Infrastruktur und Absatz forcieren, aber auch mehr Kundennähe und höhere Flexibilität in der Erbringung von Leistungen erzeugen (Österreichische Bundesbahnen 2004). Die neu gegründeten Gesellschaften waren zwar alle selbstständig, ihre Aktivitäten aber von der Holding koordiniert (ÖBB-Holding AG 2005). Neben der strategischen Ausrichtung des Konzerns wurde diese mit der Ausübung der Anteilsrechte des Bundes und mit der Umstrukturierung des Konzerns beauftragt (Bundesministerium für Finanzen 2005:46).

Besonders stark waren die Veränderungen allerdings weniger für den Verkehrsbetrieb der ÖBB als für die Infrastruktur. Die Finanzierung der österreichischen Schieneninfrastruktur sollte mit dieser Reform auf komplett neue Beine gestellt werden. Hierfür wurden zwei unterschiedliche Infrastrukturgesellschaften gegründet: Die ÖBB Infrastruktur Betrieb AG, welche für den Betrieb des Schienennetzes, die Einhebung des Infrastrukturbenützungsentgelts (IBE), die Erhaltung der Infrastruktur, den Verschub und die Trassenvergabe verantwortlich war, und die ÖBB Infrastruktur Bau AG. Letztere wurde mit jenem Teil der SCHIG, welcher für die Infrastrukturfinanzierung zuständig war, zusammengeführt. Außerdem wurden hier auch noch die Eisenbahn-Hochleistungsstrecken AG (HL-AG) und die Bundesanteile der Brenner Eisenbahn GmbH eingebracht, um den Bau und die Finanzierung von Schieneninfrastruktur in Österreich auf einen Akteur zu konzentrieren. Außerdem wurde die Finanzierung durch den Bund geändert. Statt der bisher gegebenen automatischen Verlustabdeckung gemäß §2 Bundesbahngesetz kam es nun zu einer Umstellung zu staatlichen Zuschüssen und Haftungszusagen bei Investitionen. Die Finanzierung der Infrastruktur oblag nun grundsätzlich der Infrastrukturtochter der ÖBB Holding AG. Diese agierte auf Basis von Rahmenplänen mit dem Bund. Der Staat entschuldete die neu gegründete Infrastrukturgesellschaft zwar teilweise – 6,1 von ca. 10 Mrd. Euro – allerdings hatten die ÖBB[11] nun auch wesentlich höhere Kosten zu tragen (Bundesministerium für Finanzen 2005; ÖBB-Holding AG 2005; Österreichische Bundesbahnen 2004; Richter-Steinke 2010:364ff).

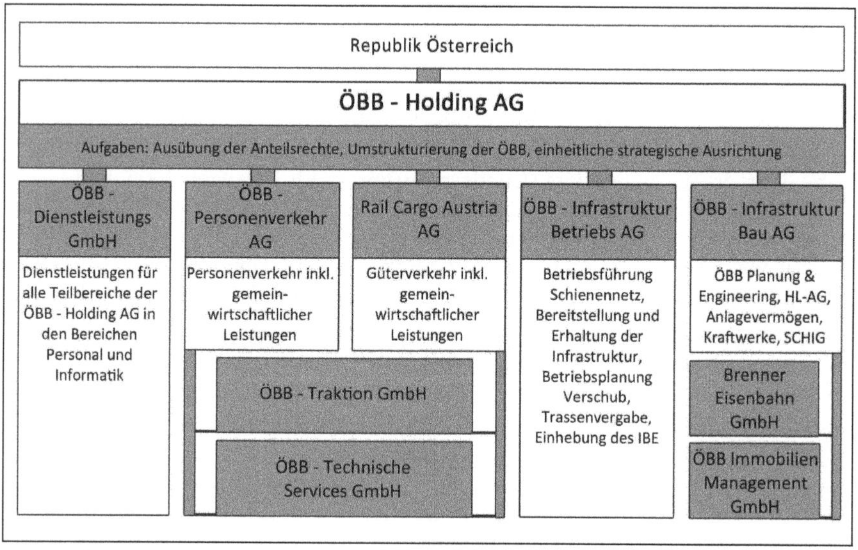

Abb. 7 ÖBB-Unternehmensstruktur nach der Reform 2003; Quelle: (Bundesministerium für Finanzen 2005:46), eigene Darstellung

Die Bahnreform 2003 hatte also eine formelle Privatisierung zur Folge. Die ÖBB blieben allerdings weiterhin zu 100% im Eigentum der Republik Österreich. Die neu geschaffene Holding und deren Tochtergesellschaften brauchten

11 Wenn ab nun die Bezeichnung ÖBB ohne weitere Angabe verwendet wird, ist damit die ÖBB-Holding AG gemeint.

nun ein neues Management. Weiters mussten den einzelnen Gesellschaften Ziele, Aufgaben und Strategien und natürlich auch die vielen Mitarbeiter der alten ÖBB zugewiesen werden (ÖBB-Holding AG 2005).

Die EU-Kommission kritisierte die Holding-Konstruktion der ÖBB unter anderem wegen der Bestellung von Managern in den Aufsichtsrat der Schwesterunternehmen (Schienen-Control GmbH 2008:32).

3.3.2. Bahnreform 2009

Die bis heute letzte Reformierung der Unternehmensorganisation der ÖBB fand im Jahr 2009 durch eine abermalige Novellierung des Bundesbahngesetzes statt. Grundgedanke dieser Reform war die Straffung der Organisation zu einem effizienteren Betrieb. Das Zustandekommen einer neuerlichen Reform ist wohl auch der veränderten politischen Konstellation geschuldet. Die nunmehrige rot-schwarze Koalition und das mit Doris Bures durch eine SPÖ-Politikerin besetzte Bundesministerium für Verkehr, Infrastruktur und Technik (BMVIT) machten teilweise Schritte der Reform von 2003 rückgängig. Dies war nicht verwunderlich. Schließlich sprach Bures 2003 – damals noch SPÖ-Bundesgeschäftsführerin – auch von einem Desaster (Höller 2009).

Die wichtigste Veränderung durch diese Reform ist die Neustrukturierung der Infrastruktur. Hier kam es zu einer Zusammenführung der beiden Gesellschaften ÖBB-Infrastruktur Betrieb AG und ÖBB-Infrastruktur Bau AG gemäß § 29a Bundesbahngesetz (BGBl. Nr. 825/1992 i.d.F. BGBl. I Nr. 95/2009) . Außerdem wurde die Brenner Eisenbahn GmbH ebenfalls in die neu gegründete ÖBB-Infrastruktur AG eingebracht (ÖBB-Holding AG 2010:12). „Die gesamte Infrastruktur stammt nun aus einer Hand: Planung, Bau und Betrieb. Damit besteht eine Gesamtsicht auf das österreichische Streckennetz“ (ÖBB-Holding AG 2010:4) Außerdem ist die ÖBB Infrastruktur AG durch das Tochterunternehmen ÖBB Immobilienmanagement GmbH auch für die Entwicklung und Verwertung von konzerneigenen Immobilien zuständig.

Neben der Neuorganisation der Infrastruktur kam es auch noch zu anderen Veränderungen:

- Die ÖBB-Traktion GmbH wurde zur ÖBB-Produktion GmbH, in die auch die Verschubleistungen – zuvor bei der Infrastrukturgesellschaft angesiedelt – eingegliedert wurden.

- Neugründung der Shared-Service GmbH zur Konzentration von Querschnittsfunktionen
- Übertragung der Aufgaben der ÖBB-Dienstleistungs GmbH auf die ÖBB-Holding AG
- Positionierung der Holding als strategische Managementholding und gleichzeitige Stärkung der operativen Gesellschaften (ÖBB-Holding AG 2010).

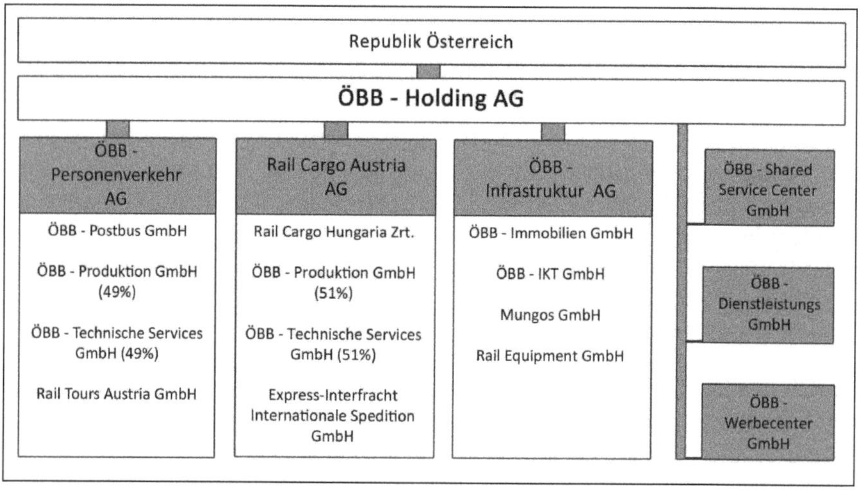

Abb. 8 ÖBB-Unternehmensstruktur nach der Reform 2009; Quelle: (ÖBB-Holding AG 2010:11); eigene Darstellung

Insgesamt sollten die ÖBB unbürokratischer und dadurch effizienter werden. Hinzu kamen Kosteneinsparungen durch eine Reduzierung der Führungskräfte (APA 2009).

Dadurch, dass das Recht auf Einhebung von IBEs und die Zuweisung von Fahrwegskapazitäten weiterhin bei der Infrastrukturtochter der ÖBB-Holding AG verblieben, sah die Europäische Kommission eine mangelnde Unabhängigkeit gegeben, welche nicht mit einem diskriminierungsfreien Zugang zur Schieneninfrastruktur vereinbar ist. Deshalb leitete sie gegen Österreich wie gegen viele andere Mitgliedsstaaten ein Vertragsverletzungsverfahren ein (Schienen-Control GmbH 2011c). Im Februar 2013 entschied der EuGH schließlich zu Gunsten Österreichs und der ÖBB (EuGH C-555/10).

3.3.3. Aktuelle Probleme und Perspektiven der ÖBB

Neben den durch die Liberalisierung i.e.S. hinzugekommenen privaten Konkurrenten haben die Österreichischen Bundesbahnen selbst einige strukturelle Probleme. Derzeit machen den ÖBB vor allem die hohe Verschuldung und ihre Güterverkehrstochter Rail Cargo Austria Probleme. Diese hatte in den vergangenen Jahren unter sinkenden Transportvolumen aufgrund der Finanzkrise zu leiden. Zusätzlich entstanden ihr neue Probleme durch die Übernahme der ehemals staatlichen ungarischen Güterverkehrstochter. Weiters nennt die Geschäftsführung die hohen Personalzahlen und die vielen unrentablen Strecken als zukünftige Herausforderungen.

3.3.3.1. Sanierung Rail Cargo Austria

Die Rail Cargo Austria ist seit einigen Jahren schwer defizitär. Ihre Konsolidierung ist Kernaufgabe des ÖBB-Managements. Die Probleme der RCA ergeben sich zum einen aus den Auslandsengagements, allen voran der Übernahme der ungarischen MÁV Cargo und zum anderen aus dem teilweise nicht kostendeckenden Betrieb. Vor allem die ungarische Tochter verschlechterte die Bilanz der RCA deutlich. 2010 stammten alleine 240 der 353 Millionen des RCA-Verlustes aus Ungarn (Fritz 2011d). Neben dem ungarischen Engagement bereitet der Geschäftsführung auch jenes in Italien Kopfzerbrechen. Die Tochtergesellschaft Linea bedurfte in der Vergangenheit einer Kapitalspritze, um überhaupt weiterhin eine Konzession zu erhalten (Fritz 2011a). Die Schwere der Auswirkungen des Auslandsengagements hat sich allerdings in den letzten beiden Jahren deutlich verringert. Die Übernahme der MÁV Cargo hat sich wegen notwendiger Abschreibungen vor allem auf die Geschäftszahlen des Jahres 2010 ausgewirkt.

Mittlerweile nimmt die Sanierung der RCA an Fahrt auf. Neben der Problembeseitigung im Ausland, liegt vor allem die Erhöhung der Profitabilität im Inland im Interesse der RCA-Führung. Es wird zunehmend auf nicht-profitables Geschäft verzichtet. Schließlich wurde lange Zeit kritisiert, dass viele Gütertransporte nicht kostendeckend seien. Deshalb kam es in der Vergangenheit bereits zu Preiserhöhungen und zur Schließung des Betriebs von Verladestellen. Diese Maßnahmen zeigten teilweise auch schon Wirkungen: Der Umsatz steigt und auch das Vorsteuerergebnis verbesserte sich 2011 (APA 2011c; 2011d; Salzburger Nachrichten 2010). Auch für 2012 soll der Aufwärtstrend aufrecht bleiben und ein wesentlich besseres EBIT als 2011 erwirtschaftet worden sein

(APA 2012d). Bis zur Drucklegung dieser Arbeit lagen keine aktuellen Zahlen vor.

In Zukunft soll die Profitabilität und nicht der Umsatz im Vordergrund der Unternehmensstrategie stehen und nur mehr rentable Güterverkehrsgeschäfte getätigt werden. Diese Strategie fand ihre Entsprechung in dem Wunsch nicht kostendeckende Bedienstellen nicht mehr durch die RCA erhalten zu müssen. Bis Ende 2012 wurde deren Anzahl auf 420 reduziert. Die ursprüngliche Strategie einer noch stärkeren Reduktion wurde abgeändert. Nun soll versucht werden einige Bedienstellen zu optimieren, indem ihre Kosten gesenkt und durch eine Vertriebsoffensive neue Transporte hinzuzugewonnen werden (Ungerböck 2012b). Natürlich steht diese Reduktion des Angebots sowohl bei Teilen der Industrie als auch bei Politikern stark in der Kritik. Befürchtet wird vor allem eine massive Verlagerung von Transporten auf die Straße. ÖBB-Chef Kern wiederholt aber immer wieder, dass dem Unternehmen aus betriebswirtschaftlicher Perspektive nur Transporte nützen, welche dieses auch profitabel sind.

Das Problem der fehlenden Profitabilität besteht auch beim Geschäftsbereich Kontraktlogistik (Stückgut, Bahn-Express). Hier plant die ÖBB-Führung dessen Auslagerung in ein Joint Venture mit dem Logistikunternehmen JCL (Ungerböck 2012c).

Trotz anhaltender Verbesserungen ist die mit 1,4 Mrd. Euro stark verschuldete RCA nach wie vor das Sorgenkind der ÖBB (APA 2012d).

3.3.3.2. Strategien der ÖBB

Die derzeitigen Strategien der ÖBB konzentrieren sich in zwei Richtungen. Zum einen wird versucht Kosten zu sparen und die Konzentration auf die unternehmerischen Kernbereiche zu lenken. Zum anderen versucht man die Expansion in Teilen Südosteuropas voranzutreiben. Die Kostenreduktion soll durch Personalabbau, Outsourcing und dem Rückzug aus der Fläche von Statten gehen. Auch Preiserhöhungen sind im Gespräch.

Die Konzentration auf die unternehmerischen Kernbereiche ist vor allem eine politisch dominierte Frage. Als nicht unternehmensnotwendiges Vermögen, welches zur Sanierung der Bahnfinanzen herangezogen werden könnte, werden zum einen die ÖBB-eigenen Kraftwerke sowie die immensen Immobilienreserven genannt. Alleine die Kraftwerke sollen einen Wert von über 1,4 Mrd. Euro haben (Fritz 2011e). Außerdem versuchen die ÖBB den Personalstand zu reduzieren, da die Personalkosten über 40% der Gesamtkosten ausmachen. Die Reduzierung soll vor allem durch die Vermeidung von Nachbesetzungen vollzogen werden. Alleine 2010 sind laut Infrastrukturministerin Doris Bures über 2000 Stellen eingespart worden. Auf lange Sicht soll der Mitarbeiterstand weniger als 40.000 ausmachen (Fritz 2011b; 2011c). Neben den Personalkosten sollen vor allem Kosten für nicht rentable Angebote gesenkt werden. Darunter ist neben der bereits erwähnten Schließung von Bedienstellen im Güterverkehr durch die RCA auch die Reduzierung von Nebenbahnen im Personenverkehr gemeint. Eine weitere Kostenreduktion soll durch eine Bündelung von Aufgaben der einzelnen Konzerngesellschaften stattfinden. Ab 2013 werden die Aufgaben Finanz- und Rechnungswesen, Controlling sowie Buchhaltung in einer eigenen Abteilung gebündelt, welche bei der Holding angesiedelt wird (Ungerböck 2012a).

Preiserhöhungen sind vor allem im Güterverkehr vermehrt ein Thema geworden. Im Jahr 2011 einigten sich Rail Cargo Austria und die Holzindustrie zwar auf ein neues Preisschema für den Holztransport, nachdem die RCA monierte, dass ein Großteil der Transporte nicht kostendeckend sei (Ungerböck 2011d). Die hohen Preise werden nun allerdings wiederum von Seiten der Industrie kritisiert und mit der Verlagerung zu anderen EVUs oder auf die Straße gedroht (APA 2012b). Im Personenverkehr wurde überdies ein neues Tarif- und Ticketsystem zur Nachfragesteuerung implementiert (Graf 2011g).

Die zweite wesentliche Strategie der ÖBB ist expansiver Natur. Sie besitzt zwar bereits eine große Fülle an Tochtergesellschaften in ganz Europa. Insgesamt handelt es sich um 108. Doch vor allem die Expansion in Südosteuropa und hier besonders im Güterverkehr ist der Geschäftsführung ein Anliegen. Deswegen soll im Zuge der Sanierung des Unternehmens die Straffung der Organisation dieser Auslandstöchter einhergehen. In den wichtigen Märkten Osteuropas sollen die Töchter gestärkt werden, aus anderen Märkten wie Skandinavien oder Spanien könnte sich das Unternehmen eventuell operativ zurückziehen und auf Partnerunternehmen verlassen (Fritz 2011f).

Erster Schritt zur weiteren Expansion in Richtung Osteuropa war die Übernahme der ungarischen MÁV Cargo, welche in RC Hungaria umbenannt wurde. Ziel der 400 Millionen teuren Übernahme war es, im Güterverkehr unter die Top 3 Europas nach DB und SNCF vorzustoßen. Doch der Kaufpreis stellte sich im Nachhinein als überteuert dar, außerdem belastet ein Korruptionsskandal, welcher in Zusammenhang mit der Übernahme steht, die Muttergesellschaft Rail Cargo Austria (Zirm 2010). Deshalb ist fraglich, ob die ÖBB ihre Expansion durch ein weiteres Engagement in Rumänien fortsetzen will, wie in den Medien kolportiert. Namentlich soll es sich hierbei um die Übernahme der Güterverkehrssparte der staatlichen CFR Marfa handeln. Mit dieser Übernahme würden die ÖBB mit Tochtergesellschaften den gesamten Donauraum bedienen und könnte so die Vorherrschaft in Südosteuropa ausbauen (Geyer 2010).

3.3.3.3. Politikum Privatisierung

Die Debatte rund um eine möglich Privatisierung der ÖBB und somit die letzte Etappe einer Liberalisierung des Schienenverkehrssektors wurde in den vergangenen Jahren immer wieder in den Medien neu aufgerollt. An dieser Diskussion scheiden sich seit Jahren die politischen Geister.

Protagonisten hierbei sind derzeit vor allem die Ministerinnen für Finanz und Infrastruktur, welche aus zwei unterschiedlichen politischen Lagern kommen und zwei gegensätzliche Meinungen vertreten. Für Finanzministerin Fekter, welche nun die Führungsrolle als Befürworterin der ÖBB-Privatisierung vom aus dem Finanzministerium ausgeschiedenen ehemaligen Staatssekretär Lopatka übernommen hat, ist die Privatisierung von Teilbereichen wie der Güterverkehrssparte eine Möglichkeit. Dies entweder durch einen Börsengang, eine strategische Partnerschaft oder eine Kooperation. Die Privatisierung sei auf jeden Fall problemlos möglich. Die Infrastruktur müsse ihrer Meinung nach allerdings in staatlicher Hand bleiben (APA 2011b; Schneid 2011). Infrastrukturministerin Bures steht einer Privatisierung hingegen wesentlich skeptischer gegenüber. Vor einer Konsolidierung des Unternehmens sieht sie überhaupt keinen Bedarf für eine entsprechende Diskussion. Sollten die ÖBB aber wieder schwarze Zahlen schreiben, könne man über eine strategische Partnerschaft sprechen. Sie halte schon alleine deshalb nichts von einer raschen Privatisierung, da sowohl die Infrastrukturinvestitionen als auch die Zahlungen für die Gemeinwirtschaftlichen Leistungen weiterhin zu leisten wären, die großen Budget-Belastungen im Schienenverkehrssektor somit aufrecht blieben (Graf 2011c; Zirm et al. 2011). ÖBB-Chef Kern hält sich grundsätzlich aus der Privatisierungsdebatte heraus und verweist darauf, dass solche rechtlichen Entscheidungen dem Eigentümer, respektive dem Ministerium obliegen (Graf 2011b). Die Meinung der Finanzministerin wird von Sebastian Kummer, Verkehrsexperten der Wirtschaftsuniversität Wien geteilt. Auch er sieht große Chancen im Verkauf von Teilbereichen. Die Verantwortlichkeit für die gesamte Infrastruktur verortet er allerdings ebenfalls weiterhin beim Staat (Graf 2011a). Eine überhastete Privatisierung der gesamten ÖBB oder auch nur von Teilbereichen sei laut Kummer auch deshalb unrealistisch, da der Staat für die Schulden des Unternehmens weiterhin garantieren müsse, da sich ansonsten kein Käufer finden würde (APA 2012a).

Das aktuellste mediale Gefecht zum Thema ÖBB-Privatisierung haben zuletzt ÖVP-Chef und Vizekanzler Michael Spindelegger und SPÖ-Bundesgeschäftsführer Günther Kräuter sowie SPÖ-Infrastrukturministerin Doris Bures geführt. Während Spindelegger für eine Teilprivatisierung eintritt und hierbei den austrokanadischen Unternehmer Frank Stronach ins Spiel brachte, lehnen Kräuter und Bures jegliche Privatisierungsdiskussion mit Verweis auf ausländische Negativbeispiele kategorisch ab (APA 2012a; 2012e). Ob sich langfristig eine dieser beiden Stimmen durchsetzen wird, wird maßgeblich von künftigen Wahlausgängen abhängig sein.

3.4. Open Access – Freier Zugang zur Schieneninfrastruktur

Die Umsetzung der Zugangsrechte für dritte EVUs fand in Österreich in Analogie zu den europäischen Rechtsakten schrittweise statt. Allerdings bestand in Österreich schon immer die Möglichkeit der Infrastrukturnutzung auf Basis von Kooperationsvereinbarungen. Hierauf bestand aber kein Rechtsanspruch (Puwein 2001:577).

3.4.1. Beginn der Liberalisierung

Die Liberalisierung des Schienenverkehrs begann in Österreich wie auch in den meisten anderen europäischen Ländern durch die RL 91/440 und deren Umsetzung in nationales Recht. Die wichtigsten Veränderungen dieser Umsetzung finden sich in Österreich im Eisenbahnrechtsanpassungsgesetz 1997 (BGBl. Nr. 15/1998) und im Schienenverkehrsmarkt-Regulierungsgesetz (BGBl. I Nr. 166/1999). Mit diesen beiden Gesetzen wurde die Liberalisierung eingeläutet und das Eisenbahngesetz 1957 (BGBl. I Nr. 60/1957 i.d.g.F.) maßgeblich verändert. Das Ziel bzw. der Zweck der Regulierung (oder besser gesagt der Deregulierung) aus Sicht des Gesetzgebers ist in § 54 des Eisenbahngesetzes festgehalten: In Analogie zum sekundären Gemeinschaftsrecht der EU will auch Österreich mit seinen Gesetzen einen chancengleichen und funktionsfähigen Wettbewerb auf der Schiene erzeugen. Hierzu sollen neue EVUs zum Markteintritt ermuntert, ihnen der Zugang zur Infrastruktur erleichtert und sie vor der marktbeherrschenden Stellung des bisherigen Monopolisten geschützt werden. Durch das Eisenbahnrechtsanpassungsgesetz wird eine erste Unterscheidung zwischen Eisenbahnverkehrsunternehmen (EVU) und Eisenbahninfrastrukturunternehmen gemacht. Außerdem wurde damit eine europäisch einheitliche Konzession für EVUs eingeführt, eine Voraussetzung zur Teilnahme am liberalisierten Markt im Ausland. Besonders wichtig ist allerdings, dass zum ersten Mal nun auch der

Zugang zur Infrastruktur geregelt wurde und damit ein Rechtsanspruch hierauf besteht. Der Zugang zur Infrastruktur der einzelnen Eigentümer muss für Berechtigte diskriminierungsfrei gegen die Zahlung eines Entgelts möglich sein (Neunteufel 2003:26-27). Zu freiem Zugang zur Schieneninfrastruktur sind nun gem. § 57 Eisenbahngesetz 1957 (BGBl. I Nr. 60/1957 i.d.g.F.) berechtigt:

- EVUs mit Sitz in Österreich für Güter- und Personenverkehr,
- EVUs mit Sitz in EU-Mitgliedsstaat oder Land, welches Vertragspartei des Abkommens über den Europäischen Wirtschaftsraum ist, für den grenzüberschreitenden Personenverkehr, wenn deren Tätigkeit nicht auf den Regionalverkehr beschränkt sind,
- EVUs mit Sitz in EU-Mitgliedsstaat oder Land, welches Vertragspartei des Abkommens über den Europäischen Wirtschaftsraum ist, für den Güterverkehr, wenn deren Tätigkeit nicht auf den Regionalverkehr beschränkt sind,
- EVUs aus dem restlichen Ausland bei Vorliegen eines Staatsvertrages und
- EVUs aus dem restlichen Ausland bei Wechselseitigkeit und öffentlichem Interesse.

Im Güterverkehr muss den Berechtigten auch Zugang zu den Terminals gestattet werden. Folgende Anforderungen müssen wiederum von den EVU erfüllt werden, um zur Benutzung der Infrastruktur zugelassen zu werden: die generelle Konzession eines EVUs, eine Sicherheitsbescheinigung, eine Haftpflichtversicherung und eine zugewiesene Trasse (Neunteufel 2003:29). Diese Trassenzuweisung fand allerdings weiterhin durch das jeweilige Eisenbahnunternehmen (zumeist durch die für Infrastruktur zuständige ÖBB Tochtergesellschaft) statt.

1999 wurde das Eisenbahngesetz durch das Schienenverkehrsmarkt-Regulierungsgesetz (BGBl. I Nr. 166/1999) erneut verändert. Die Trennung der Eisenbahnunternehmen in Verkehrsbetrieb und Infrastruktur gemäß europarechtlicher Vorgaben wurde hier nun determiniert. Integrierte Unternehmen mussten diese Bereiche rechnerisch trennen, was wettbewerbsverzerrender Einflussnahme und Quersubventionierungen vorbeugen sollte. Dadurch sollte ein fairer und diskriminierungsfreier Markt entstehen. Außerdem wurde eine Regulierungsbehörde gegründet.

3.4.2. Schienen-Control

Diese im Jahr 2000 gegründete Regulierungsbehörde ist in zwei Instanzen aufgeteilt. Sie besteht zum einen aus der Schienen-Control-Gesellschaft (SCG) und zum anderen aus der Schienen-Control-Kommission (SCK). Dis SCG, welche zu 100% im Eigentum des Bundes steht, ist zuständig für die Beobachtung des Schienenverkehrsmarktes und dessen Akteure, dient als Schlichtungsstelle und arbeitet mit anderen europäischen Regulatoren zusammen (Grossmann et al. 2010:51; Neunteufel 2003:30). Kritisiert wird teilweise, dass die SCG bei Verstößen keine Strafen aussprechen kann und somit derzeit noch zahnlos bleibt (Ungerböck 2011a). Diesbezüglich sind Gesetzesänderungen in Planung.

Die SCK als zweite Instanz ist eine weisungsfreie Kollegialbehörde mit richterlichem Einschlag (gem. Art. 133 Z 4 B-VG)(Hemmer et al. 2003:24). Sie ist Entscheidungsinstanz bei Beschwerden, dient als Wettbewerbsaufsicht und ist Genehmigungsinstanz für die Allgemeinen Geschäftsbedingungen der EVUs (Neunteufel 2003:30). Durch dessen Existenz besteht für neue Mitbewerber teilweise Rechtsschutz.

3.4.3. Umsetzung der Europäischen Gesetzgebung

Nach diesen Reformen des Eisenbahngesetzes war die RL 91/440 (Abl. EG 1991 L 237/25) grundsätzlich umgesetzt. „Der Zugang zum Netz ist theoretisch allen in Österreich zugelassenen Schienenverkehrsunternehmen sowie bedingt auch ausländischen EVU möglich“ (IBM Deutschland GmbH 2002). Die Umstellung ging – ähnlich wie in Deutschland – sogar über das geforderte Maß an Liberalisierung i.e.S. hinaus, da der Zugang nicht auf den Güterverkehr beschränkt blieb, sondern auch der Personenverkehr teilweise liberalisiert wurde (Neunteufel 2003:7; Schienen-Control GmbH 2008:47).

Das erste Eisenbahnpaket war dadurch ebenfalls bereits weitestgehend umgesetzt. In einer Überprüfung kritisierte die EU-Kommission allerdings die bestehende Holding-Konstruktion und leitete deshalb ein mittlerweile abgewiesenes Vertragsverletzungsverfahren ein. Besonders kritisiert wurde hierbei, dass die Trassenzuweisungsstelle weiterhin im Konzern verblieb (Schienen-Control GmbH 2011c:9).

Weitere Veränderungen durch die Umsetzung des zweiten Eisenbahnpaketes wurden durch Novellen des Eisenbahngesetzes eingeleitet. Die vollständige Güterverkehrsliberalisierung durch die Novelle 2004, die Bestimmungen zur Interoperabilität durch jene im Jahr 2006 (Schienen-Control GmbH 2008:34). Seit diesen Novellen bedürfen nun integrierte Schienenverkehrsunternehmen einer unabhängigen Trassenzuweisungsstelle. Diese Tätigkeit übernimmt in den meisten Fällen die Schieneninfrastruktur-Dienstleistungsgesellschaft m.b.H. (Schienen-Control GmbH 2006).

Das dritte Eisenbahnpaket mit der Öffnung des grenzüberschreitenden Personenverkehrs (inklusive Inlandskabotage, wenn der Verkehr vornehmlich international ist) wurde in Österreich 2010 umgesetzt. Somit ist auch der Personenverkehr weitgehend liberalisiert. Für österreichische EVUs bestand die Möglichkeit des Zugangs bereits seit 1998. Nun war der *open access* auch für EVUs aus dem EU-Ausland für den grenzüberschreitenden Personenverkehr geschaffen. Allerdings besteht noch die Möglichkeit ein Bedienungsverbot auszusprechen, wenn eine Gefährdung von gemeinwirtschaftlichen Leistungen vermutet vorliegt. Dies ist von der SCG zu prüfen. Auf dieser Rechtsgrundlage gab es allerdings bislang noch keine Trassenbestellungen (Schienen-Control GmbH 2011c:32).

Die Liberalisierung i.e.S. des Schienenverkehrsmarktes ist also weit vorangeschritten in Österreich. Im Güterverkehr besteht vollkommen freier Zugang für EVUs aus der gesamten EU. Im Personenverkehr ist der Zugang für österreichische EVUs jederzeit möglich, für ausländliche EVUs mit Einschränkungen im grenzüberschreitenden Verkehr ebenfalls.

3.4.4. Private Akteure

Schon vor der Liberalisierung gab es andere EVUs neben den ÖBB. Aber auch diese standen zumeist nicht in privatem Eigentum, sondern waren unterschiedlichen Gebietskörperschaften zugehörig (Hof 2005:33; Schienen-Control GmbH 2006). Die Graz-Köflacher-Eisenbahngesellschaft beispielsweise, eine der ältesten Privatbahnen Österreichs, gehört mittlerweile ebenfalls der Republik Österreich (Zirm 2010). Die Schienen-Control GmbH gibt in ihren Publikationen selbst an, dass unter dem Begriff Privatbahnen alle EVUs mit Ausnahme der ÖBB bezeichnet werden, unabhängig von der Ausgestaltung der Eigentümerschaft. Nur wenige Ausnahmen sind wirklich in den Händen von privaten Eigentümern und dies, obwohl Österreich eine lange Tradition von Privatbahnen aufweist. Weitere Beispiele für österreichische Privatbahnen, die bereits seit längerem bestehen, sind die Raab-Ödenburg-Ebenfurter Eisenbahn AG, die Wiener Lokalbahnen AG, die Steiermärkischen Landesbahnen, die Stern & Hafferl Verkehrs GmbH, die Zillertaler Verkehrsbetriebe AG, der Wiener City-Airport Train und einige mehr (APA 2010; Hemmer et al. 2003).

Durch die Liberalisierung entwickelte sich im Schienengüterverkehr im Gegensatz zum Personenverkehr relativ rasch Wettbewerb. Allerdings findet auch hier der Netzzugang noch immer oft auf Basis von Kooperation statt. Beispielsweise wird der Transport der DB und Trenitalia über den Brenner auf Kooperationsbasis abgewickelt (Schienen-Control GmbH 2008). Das erste private EVU, welches Güterverkehr auf Grundlage von *open access* in Österreich betrieb, war das Unternehmen LogServ, eine Tochtergesellschaft der voestalpine Stahl AG. Sie nahm Anfang 2001 den Betrieb auf und versuchte vor allem die Transporte des Mutterkonzerns auf der Schiene, und hier besonders den Ganzzugsverkehr, zu übernehmen. Ziel war die Reduktion der Transportkosten (Aigner 2011:37; Hemmer et al. 2003:23-26). Weitere in- und ausländische EVUs folgten und nutzten die Möglichkeit des diskriminierungsfreien Zugangs zur österreichischen Eisenbahninfrastruktur (Hemmer et al. 2003:23-26; Schienen-Control GmbH 2008:53-55). Neben der voestalpine beginnen auch andere Industriebetriebe und vor allem auch Unternehmen aus dem Baugewerbe ihre Transporte auf der Schiene selbst zu organisieren (Schienen-Control GmbH 2008:53-55; Zirm 2010). Der Betrieb von Ganzzügen ist hierbei relevant, da dafür keine große Infrastruktur und keine Organisation in der räumlichen Breite benötigt wird.

Die Entwicklungen im Personenverkehr fanden langsamer statt. Hier besteht auch deshalb noch weniger Dynamik, weil die öffentliche Hand mit der Vergabe von gemeinwirtschaftlichen Leistungen wesentlichster Akteur mit großem Einfluss ist. Da diese Verträge noch nicht ausgeschrieben werden, ist der Wettbewerb gebremst (Schienen-Control GmbH 2007:36). Das erste EVU, welches auf Basis von *open access* Zugang zur Schieneninfrastruktur suchte, war DB Regio, die Regionalverkehrstochter der Deutschen Bahn. Sie übernahm den Regionalverkehr auf der von den ÖBB aufgegebenen Außerfernbahn in Tirol. Dies lag vor allem daran, dass das Bundesland Tirol eine Einstellung ablehnte und sich aktiv um die Weiterführung kümmerte (Hemmer et al. 2003:24; Schienen-Control GmbH 2008:47). Ein weiteres Beispiel eines neuen Konkurrenten ist der City Airport Train (CAT), welcher Wien-Mitte mit dem Flughafen Wien-Schwechat durch eine Direktverbindung verknüpft. Er fuhr zum ersten Mal 2003. Allerdings ist fraglich, ob dieses Unternehmen als private Konkurrenz der ÖBB gewertet werden kann, da diese zu 49% beteiligt sind. Alle anderen privaten EVUs fahren hauptsächlich auf ihrer eigenen Infrastruktur, sind also klassische integrierte Bahnen. Auf den freien Zugang zur Infrastruktur der ÖBB sind diese Bahnen nur in den Anschlussbahnhöfen angewiesen. Trotzdem gibt es auch Schienenpersonenverkehr durch andere ausländische EVUs. Dieser wird allerdings auf Basis von Kooperationsvereinbarungen ausgeübt, wie beispielsweise die Verkehre der DB auf der Westbahnstrecke. Im Ausgleich dazu verkehren auch ÖBB-Züge in Deutschland (Schienen-Control GmbH 2008:47-48).

Ein neues Kapitel im Schienenpersonenverkehr wurde 2011 aufgeschlagen. Mit dem Fahrplanwechsel 2011 nahm die WESTbahn Management GmbH als erste operative Tochter der Rail Holding AG ihren Betrieb auf. Sie wurde vom ehemaligen Chef der ÖBB-Personenverkehrs AG (ÖBB-PV) Stefan Wehinger gemeinsam mit dem Bauindustriellen Hans Peter Haselsteiner gegründet. Nach der Gründung beteiligten sich an der WESTbahn erst die Schweizer Oldro AG (welche ihre Anteile wieder abgab), später die Augusta Holding (eine Gruppe Schweizer Finanzinvestoren) und die französische Staatsbahn SNCF. Bis Juni 2012 hielt Stefan Wehinger 26%, die Familien-Privatstiftung Haselsteiners 26%, SNCF 26% und die Augusta Holding (Schweizer Investor) 22% (APA 2012f). Seit dem 11. Dezember 2011 fährt die WESTbahn mit 11 Zugspaaren auf der Westbahnstrecke zwischen Salzburg (bzw. Freilassing) und Wien und bietet so eine fast stündliche Verbindung. Auf dieser Strecke macht sie mehr Stopps als der vergleichbare Railjet der ÖBB. Punkten möchte das Unternehmen laut eigenen Aussagen vor allem durch die hohe Qualität des Services. Sie bietet neues Wagenmaterial der Schweizer Firma Stadler, Barrierefreiheit, WLAN und pro Waggon einen eigenen Mitarbeiter, welcher nicht nur für Ticketkontrolle und –verkauf zuständig ist, sondern auch Reinigungsarbeiten und den Verkauf von Speisen und Getränken übernimmt (Lahounik 2011; Schrempf 2011:8-9; Westbahn Management GmbH 2012). Das bedeutet, dass sich nun zum ersten Mal auch im Personenfernverkehr auf der Schiene Wettbewerb entwickelt.

Das Verhältnis der beiden Wettbewerber ÖBB-PV und WESTbahn war von Anfang an angespannt und konfliktreich. Einige Streitigkeiten wurden sogar juristisch ausgefochten. Auf Seiten der WESTbahn führte Stefan Wehinger diese Konfrontation sehr verbissen. Wahrscheinlich war dies auch ein Grund für sein plötzliches Ausscheiden aus dem Unternehmen. Vermutet wird, dass die sehr aggressive Haltung gegenüber dem staatlichen Konkurrenten ÖBB den anderen Eigentümern missfiel. Vor allem für Peter Haselsteiner stellte die Haltung Wehingers ein Problem dar, da die ÖBB auch ein großer Kunde seines Baukonzerns ist. Der Konflikt fand seinen Höhepunkt in einem Engagement externer Berater durch Wehinger, welche gegen die ÖBB lobbyieren sollten – wohlgemerkt ohne Mitwissen des WESTbahn Aufsichtsrates. Wehinger verließ im verließ Ende Juni 2012 das Unternehmen, seine Anteile übernahmen die anderen Teilhaber. Sein Nachfolger als Geschäftsführer wurde mit Erich Forster ebenfalls ein ehemaliger ÖBB-Mitarbeiter (APA 2012f; Hodoschek 2012).

Bis jetzt wurden vom neuen Wettbewerber keine Fahrgastzahlen bekannt gegeben. Es wurde nur verlautbart, dass von Jänner 2012 bis Dezember 2012 die Fahrgastzahlen um 80% gesteigert werden konnten. Für das Jahr 2012 wurde allerdings noch kein Gewinn erzielt, die Verbindlichkeiten des Unternehmens stiegen sogar deutlich. Allerdings werden für das Jahr 2013 schwarze Zahlen erwartet (salzburg.orf.at 2013; Ungerböck 2013b).

3.5. Gemeinwirtschaftliche Leistungsbestellungen und die Bestellerlogik

„In den letzten Jahrzehnten trat an die Stelle ursprünglich üblicher Verlustabdeckungen schrittweise ein System einer leistungsbezogenen Mittelzufuhr zu den Verkehrsunternehmen" (Schienen-Control GmbH 2007).

Mit der Verordnung (EWG) 1893/91 (Abl. EG 1991 L 169/1) wurden für bestimmte öffentliche Verkehrsleistungen die Rahmenbedingungen geändert. Seitdem können nämlich Verkehrsunternehmen nicht mehr zur Leistung von GWL verpflichtet werden. Stattdessen müssen über solche Verkehre, die aus bestimmten „verkehrs-, regional-, sozial-, [landesplanerischen] und umweltpolitische[n] Gründe[n]" (Schienen-Control GmbH 2008) erwünscht sind, Leistungsverträge abgeschlossen werden. Was genau sind nun gemeinwirtschaftliche Leistungen? Gemäß Öffentlichem Personennah- und Regionalverkehrsgesetz (BGBl. I Nr. 204/1999 idF BGBl. I Nr 32/2002) sind sie im Gegensatz zum eigenwirtschaftlichen Verkehr, bei dem sich die Kosten rein aus Tariferlösen decken, nicht ausreichend gedeckt. Sie bedürfen also eines Finanzierungsbeitrages seitens des Staates, da diese Verkehrsleistungen sonst am freien Markt in dieser Form nicht angeboten werden würden (Schienen-Control GmbH 2011c:77).

3.5.1. Altes System

Grundsätzlich ist der Bund für ein gewisses Grundangebot im Schienenpersonennah- und Regionalverkehr verantwortlich (BGBl. I Nr. 204/1999 idF BGBl. I Nr 32/2002). Deshalb schließen der Bund und die Verkehrsunternehmen (und hier hauptsächlich die ÖBB, da sie den größten Anteil der Zahlungen für GWL bekommen – im Jahr 2009 beispielsweise 92% (Rechnungshof 2010)) mehrjährige Rahmenverträge über die Erbringung bestimmter Verkehrsleistungen und Tarife mit dem Ziel einer ausreichenden Verkehrsbedienung ab (Schienen-Control GmbH 2008:48-52). Bisher beinhalteten diese Verträge eine sehr allgemeine Tarifbestellung nach bestimmten inhaltlichen Regelungen. Bezahlt wurden Pauschalbeträge für die Gewährung von Sozialtarifen im Personenverkehr (*Ökobonus*; mittlerweile abgeschafft (Schienen-Control GmbH 2011c; Ungerböck 2011c)), für die Sicherung des Grundangebots im Personenverkehr (Verlagerungs- und Qualitätsbonus), eine Förderung des kombinierten Verkehrs, eine Förderung für die Verlagerung von gefährlichen Gütern auf die Schiene sowie für ein Bündel sonstiger Leistungen (z.B.: Anschlussbahnen und Schmalspurbahnen)(Schienen-Control GmbH 2008:48-52).

Neben den Mitteln des Bundes sind außerdem die Zahlungen der Bundesländer relevant für die Leistung von nicht rentablen Verkehren. Auch diese sowie manche Gemeinden beauftragen die ÖBB, aber auch private Eisenbahnunternehmen, mit der Erbringung von regionalen Schienenverkehren (Schienen-Control GmbH 2008). Insgesamt ist in Österreich jede Strecke mit Ausnahme einzelner Verbindungen des Korridors Wien – Salzburg durch Verträge über GWL abgedeckt. Die Westbahnstrecke, welche jährlich von circa 14 Millionen Passagieren genutzt wird, ist die einzige, die eigenwirtschaftlich erbracht wird (Graf 2011e; Schienen-Control GmbH 2011c; Schrempf 2011:8).

3.5.2. Neues System

Dieses alte System der Bezahlung von GWL wurde sowohl von der EU-Kommission als auch vom österreichischen Rechnungshof mehrfach kritisiert. In seinen Aussendungen und Berichten kritisierte der Rechnungshof vor allem, dass:

- die Bezahlung der von den ÖBB erbrachten Leistungen weder leistungsorientiert noch transparent ist,
- in den alten Verträgen nur die zu leistenden Kilometer festgehalten sind, allerdings Genaueres zu Strecken, Fahrplan, Fahrzeiten und Streckenführung vom Staat als Auftraggeber nicht angegeben ist und
- die Begrenzung der Zahlungen für GWL ab 2008 nicht mehr eingehalten wurde. Diese sollte eigentlich zu Rationalisierungen und Effizienz beim Empfänger führen (Rechnungshof 2010).

Es wurde also für eine Veränderung der Rahmenbedingungen der Finanzierung von GWL plädiert. Die Zielsetzung war vor allem die Konkretisierung der Vorgaben zur Leistung von GWL. Der Bund soll genaue Ziele definieren, um deren Einhaltung besser überwachen zu können. Außerdem sollte die Möglichkeit zur

Verpflichtung von Strafzahlungen bei mangelhafter Leistung möglich werden. Zusätzlich sollte begonnen werden, die Aufträge zur Leistung von gemeinwirtschaftlich zu erbringender Verkehrs auszuschreiben (Rechnungshof 2010). Dies ist auch eine zentrale Forderung der VO (EG) 1370/2007 (Abl. EU 2007 L 315/1), welche 2009 in Kraft trat. Sie sieht – mit Ausnahmemöglichkeiten – die verpflichtende Ausschreibung vor, denn eine Ausschreibung würde Wettbewerb implementieren. Die bisherige Direktvergabe ist zwar nach wie vor auf 10 Jahre (mit Verlängerung auf 15 Jahre) zulässig, „zur Entwicklung des Wettbewerbs [...] und der transparenten und effizienten Mittelverwendung muss allerdings Ziel sein, möglichst rasch den Weg der öffentlichen Ausschreibung zu gehen" (Schienen-Control GmbH 2011c:47).

2011 wurde nun ein neuer Vertrag zwischen Bund und ÖBB-PV geschlossen. Durch diesen wurden einige Kritikpunkte aufgegriffen. Beispielsweise handelt es sich nicht mehr um eine allgemeine Tarifbestellung wie früher (mit *Ökobonus* für Sozialtarife, etc.), sondern um eine Bestellung konkreter Leistungen wie „konkrete Züge unter Berücksichtigung von Strecke, Bundesland, Zugbildung mit Fahrzeugausstattung" (Schienen-Control GmbH 2011c:47), etc. Außerdem wird die Leistung von der Schieneninfrastruktur-Dienstleistungsgesellschaft m.b.H., welche ebenfalls in staatlichem Eigentum ist, überwacht (Schienen-Control GmbH 2011c:47). Zu einer Ausschreibung der GWL ist es bis heute allerdings nicht gekommen, was vor allem dem neuen Mitbewerber WESTbahn missfällt. Denn dieser sieht die Vergabe als nicht transparent und unfair an und dies nicht nur zum Schaden für Markt und Auftraggeber, sondern auch für die ÖBB, welche sich dadurch nicht weiterentwickeln können (Graf 2011f; Haibach 2011:14).

Die Befürworter von Ausschreibungen erwarteten sich, dass durch den Wettbewerb um den Auftrag die Kosten reduziert werden könnten (Graf 2011d). In Deutschland wurden deshalb schon viele Strecken ausgeschrieben und zum Teil – wie das Beispiel *E-Netz Rosenheim* zeigt – an private EVUs vergeben (Wischeropp 2011:18).

Neben der genaueren Definition der Leistungen in den GWL-Verträgen hätte es ursprünglich auch zu einer stärkeren Regionalisierung der Bestellungen kommen sollen. Diese scheiterte aber am Konflikt zwischen Bund und Ländern (Rechnungshof 2010:79). Je mehr die Bestellungen von GWL regionalisiert werden, desto höher ist allerdings die Gefahr, dass wirtschaftlich schwächere Regionen beim öffentlichen Verkehr ins Hintertreffen geraten, sollten hier keine Vorkehrungen im Sinne einer Kohäsionspolitik getroffen werden.

3.6. Schieneninfrastrukturfinanzierung

Durch die Liberalisierung der Eisenbahn in Österreich kam es auch zu Veränderungen bei der Finanzierung der Schieneninfrastruktur. Vor den Reformen in den 1990er und 2000er Jahren, betrachtete der Staat die Infrastrukturbereitstellung noch hauptsächlich als öffentliche Aufgabe, welche der Allgemeinheit zu Gute kommt. „Schieneninfrastruktur wurde als Grundlage für die langfristige Standortsicherung und als Voraussetzung für die verkehrspolitisch erwünschte Verkehrsverlagerung zur Schiene gesehen“ (Brenner 2009:80ff). Dies änderte sich durch die Bahnreformen kontinuierlich.

Als Erstes folgte die Gründung der SCHIG. Sie sollte als Vehikel der Finanzierung dienen. Diese Konstruktion sah vor, dass die ÖBB, welche Erlöse durch Kunden und Abgeltungen von Gebietskörperschaften erhalten, Infrastrukturbenützungsentgelt an die SCHIG zahlt. Die SCHIG finanzierte dann gemeinsam mit dem Bundesbeitrag und teilweise unter Mitwirkung der HL-AG und der Brenner Eisenbahn GmbH die Eisenbahninfrastruktur in Österreich (Brenner 2009:80ff; Garstenauer 2004).

Mit der Reform 2003 wurde dieses Modell verändert. Die SCHIG wurde in ihrer bestehenden Form aufgelöst und in den Unternehmensteil Infrastruktur des neuen ÖBB Konzerns eingegliedert. Dieser Unternehmensteil, genauer gesagt die ÖBB-Infrastruktur Bau AG, übernahm ab sofort die Finanzierung der Infrastruktur. Sie erhält eine pauschale Pacht der ÖBB-Infrastruktur Betrieb AG. Diese wiederum bekommt neben dem IBE der konzerneigenen Absatzgesellschaften, welche sowohl Erlöse von Kunden als auch Zahlungen für GWL erhalten, Benutzungsentgelt von dritten EVUs sowie einen Beitrag des Bundes. Auch die ÖBB-Infrastruktur Bau AG erhält Beiträge des Bundes. Außerdem haftet der Bund für deren Schulden. Allerdings wird damit die Verantwortung für die Errichtung von Schieneninfrastruktur Großteils vom Staat auf das Unternehmen ÖBB übertragen (Brenner 2009; Garstenauer 2004:80ff).

Mit der Reform 2009 wurden die beiden Infrastruktur AGs der ÖBB nun fusioniert. Die daraus entstandene ÖBB-Infrastruktur AG ist nun gemäß § 42 des Bundesbahngesetzes (BGBl. Nr. 825/1992 i.d.F. BGBl. I Nr. 95/2009) verantwortlich für Planung, Bau, Instandhaltung, Bereitstellung und Betrieb der Schieneninfrastruktur und vor allem für die dadurch entstehenden Kosten. Der Bund stellt allerdings Zuschüsse bereit, wenn die Kosten durch Dritte nicht gedeckt werden können. Sowohl für Betrieb als auch für Bau erhält die ÖBB-Infrastruktur AG nach Abschluss von jeweils sechsjährigen Verträgen Zuschüsse des Bundes.

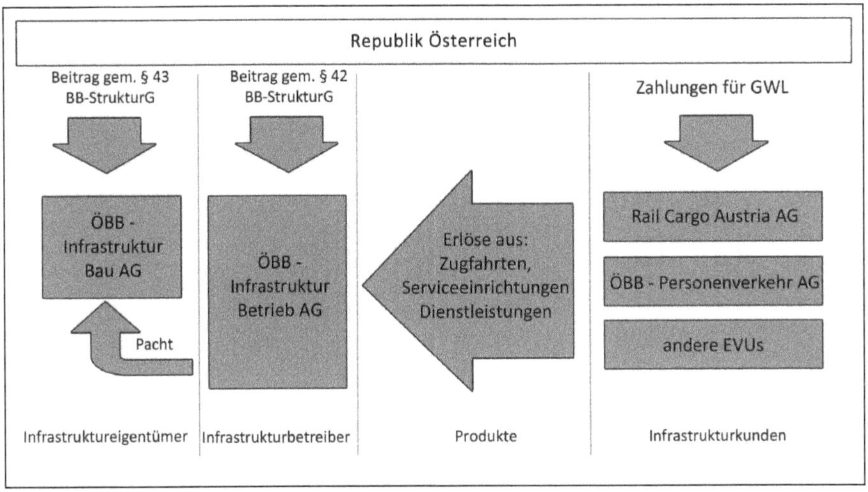

Abb. 9 Schieneninfrastrukturfinanzierung nach 2003; Quelle: (Garstenauer 2004); eigene Darstellung

Die Finanzierung der Infrastruktur funktioniert also nach dem so genannten Darlehensmodell. Die ÖBB-Infrastruktur AG finanziert die Kosten über Verschuldung. Der Bund trug anfänglich dafür 70% der Annuitäten (Zinsen und Tilgung)(BGBl. Nr. 825/1992 i.d.F. BGBl. I Nr. 95/2009; Grossmann et al. 2010:53-54). Im Fall des Brenner-Basis-Tunnels übernimmt der Bund schon länger 100% der Annuitäten, seit kurzem tut er dies für alle Infrastrukturinvestitionen (Geyer 2011; Ungerböck 2011a). Aber auch schon vor der Erhöhung des Bundesanteils an den Annuitäten stellen die Investitionen aus den drei Rahmenplänen 2007-2012, 2008-2013 und 2009-2014 eine große Summe dar. Der Rechnungshof berechnete eine Summe an Annuitätenzahlungen basierend auf diesen Rahmenplänen von über 53 Mrd. Euro (Rechnungshof 2011b:47).

Zwar kommt der Bund damit für den Großteil der Investitionssumme auf. Trotzdem bedeutet das Darlehensmodell, dass der Staat den ÖBB einen Teil der Verantwortung zur Errichtung von Schieneninfrastruktur überträgt. Durch die Aufnahme von Darlehen zur Finanzierung dieser Infrastruktur sind die ÖBB sehr stark verschuldet.

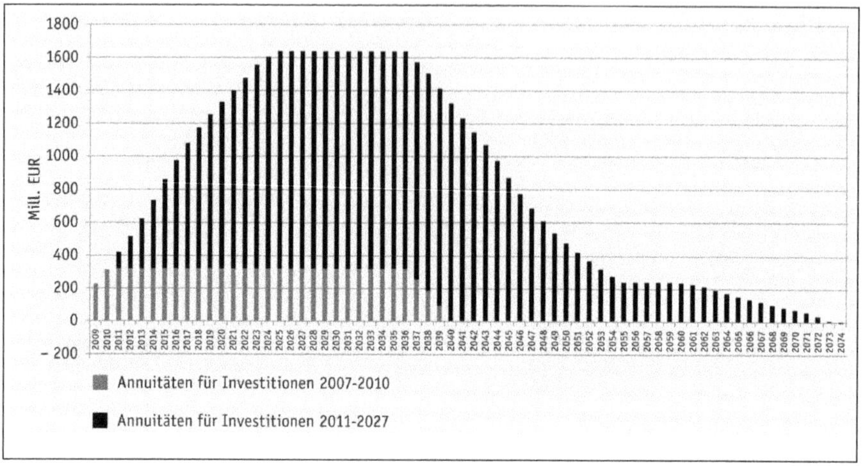

Abb. 10 Annuitäten des Bundes für bereits getätigte und noch zukünftige Investitionen der ÖBB-Infrastruktur AG; Quelle: (Rechnungshof 2011b:47); bearbeitet

Der Schuldenstand betrug im Jahr 2010 bereits über 13 Mrd. Euro und wird bis zum voraussichtlichen Höchststand im Jahr 2023 auf über 26 Mrd. Euro ansteigen. Dadurch haben die ÖBB das Problem einer sehr geringen Eigenkapitalquote (Grossmann et al. 2010). Diese hohen Schulden basieren allerdings hauptsächlich nicht auf den Entscheidungen der Geschäftsführung, sondern sind durch politische Entscheidungen ausgelöst. Denn die Finanzierung von Infrastrukturprojekten ist nicht eine betriebswirtschaftliche Entscheidung der ÖBB-Führung, sondern von Seite der Politik vorgegeben (ÖBB-Holding AG 2011b:28). Viele Experten meinen allerdings, dass Eisenbahnen grundsätzlich durch den Betrieb keineswegs so viel verdienen können, um die Kosten für die Schieneninfrastruktur selbst aufbringen zu können. „Müsste man den Preis für eine Bahntrasse in den Ticketpreis inkludieren, würde sich nicht die gesamte Breite der Bevölkerung das Zugfahren so leisten können“ (Ungerböck 2011b).

In der Schweiz geht man deshalb einen anderen Weg. Hier werden sämtliche Neu- und Erweiterungsinvestitionen für Schieneninfrastrukturprojekte von der öffentlichen Hand geleistet. Nur im normalen Betrieb gibt es eine Aufteilung der Kosten zwischen Staat und den Schweizer Bundesbahnen (SBB) (Ungerböck 2011b). Auch im Straßenverkehr wird grundsätzlich die Infrastruktur durch den Staat geleistet. Gemeindestraßen beispielsweise werden nur von den Gemeinden finanziert. Die Nutzer zahlen keinen direkten Beitrag.

Tab. 1 Schuldenstand der ÖBB; Quelle: (Grossmann et al. 2010:58); eigene Darstellung

In Mio EUR	Brutto-invest-itionen	Nettofinanz-verbindlich-keiten	Veränderung der Nettofinanz-verbindlichkeiten	Bundesbeitrag laut Darlehens-modell1)	Finanzie-rungsquote des Bun-des2)	ÖBB-Verschuld-ungsquote netto3)
2009	2174	11700	-	205	9%	4,1%
2010	2191	13300	1600	273	12%	4,5%
2011	2226	15000	1700	343	15%	5,0%
2012	2171	16600	1600	411	19%	5,4%
2013	2082	18100	1500	476	23%	5,8%
2014	2212	19900	1800	545	25%	6,3%
2015	2321	21600	1700	618	27%	3,7%
2016	2064	23100	1500	682	33%	7,0%
2017	1769	24300	1200	737	42%	7,2%
2018	1543	25200	900	786	51%	7,3%
2019	1270	25700	500	825	65%	7,3%
2020	1092	26100	400	859	79%	7,3%
2021	968	26200	100	890	92%	7,2%
2022	1011	26300	100	921	91%	7,1%
2023	967	26400	100	952	98%	7,0%
2024	766	26100	-300	975	127%	6,7%
2025	547	25400	-700	993	181%	6,4%

Annuität unter der Annahme einer 70% Bundesfinanzierung, eines Realzinssatzes von 2% und einer 30jährigen Laufzeit
Anteil der Bundesbeiträge an den Bruttoinvestitionen des Teilkonzerns ÖBB-Infrastruktur-Bau laut Rahmenplan 2009.
Nettofinanzverbindlichkeiten gemessen am BIP (zu Preisbasis 2008)

Problematisch könnten die Schulden der ÖBB nicht nur für sie selbst, sondern nun auch für den Bundeshaushalt werden. Durch neue Regeln der EU-Statistikbehörde Eurostat zur Vereinfachung der Finanzkennzahlen müssen die Schulden der ausgelagerten ÖBB nun teilweise in das Bundesbudget eingerechnet werden. Durch Änderungen der Vorgaben zum Europäischen System Volkswirtschaftlicher Gesamtrechnungen seitens Eurostat müssen nun alle Schulden der ÖBB-Infrastruktur AG seit 2007 (Datum des Abschluss der formellen Verpflichtung über Annuitätenzahlungen des Bundes) als Staatsschulden dem Bund zugerechnet werden. Dies erhöhte den staatlichen Schuldenstand deutlich. (APA 2011a; Cramer et al. 2013). Sollten die Schulden der ÖBB komplett in den Staatshaushalt eingerechnet werden, würde auch das Erreichen der Maastricht-Kriterien in weite Ferne rücken. Vermutlich wird dies bereits im Jahr 2014 passieren. Dann sollen noch weitere Verschärfungen durch Eurostat in Kraft treten. Dies würden den österreichischen Staatsschuldenstand auf über 80% des BIPs steigen lassen (Sileitsch et al. 2013).

Möglicherweise ist dies allerdings auch eine Chance, die Verantwortlichkeiten in der Frage der Infrastruktur neu zu organisieren. Denn, dass die Finanzierung von Schieneninfrastruktur Staatsaufgabe ist, sagen sowohl der CEO der ÖBB-Holding AG Kern als auch Infrastrukturministerin Bures. Erster ausdrücklich, Zweite, indem sie zugibt, dass die Infrastrukturinvestitionen das Staatsbudget auch nach einer Bahnprivatisierung belasten würden (Fritz 2011a; Zirm et al. 2011).

3.7. Geographische Struktur der Eisenbahn in Österreich

Österreich hat im internationalen Vergleich ein dichtes Netz an Schieneninfrastruktur. Pro Kopf weist es ein Schienennetz von 0,75 Metern auf und liegt damit deutlich über dem Durchschnitt der Europäischen Union mit 0,49 Metern und auch über jenem Deutschlands oder der Schweiz (VCÖ 2010b). Die ÖBB haben ein Netz von ca. 5200 Kilometern Länge (Schienen-Control GmbH 2011c:54). Auf diesem Netz fahren täglich um die 4600 Züge (Lahounik 2011). Um die zukünftige Entwicklung dieses Schienennetzes in Zukunft besser organisieren zu können, erstellte die ÖBB-Infrastruktur AG ein Maßnahmenprogramm als verbindliche Planungsgrundlage – das Zielnetz 2025+ – denn es braucht ein übergeordnetes Maßnahmenprogramm, „da erst die Summe der Maßnahmen, also ein Maßnahmensystem, spürbare Wirkung im gesamten Netz hervorruft" (Prinz 2011:7). Mit diesem Zielnetz soll die Marktposition der ÖBB-Infrastruktur AG gestärkt werden, die Wirtschaftlichkeit der Infrastruktur und die Sicherheit der Schieneninfrastruktur vorangetrieben werden. Zwar sind hierdurch viele Ausbaumaßnahmen auf den Hauptstrecken verknüpft, aber dafür „[k]eine Investitionen in Infrastruktur mit nicht-systemadäquater Nachfrage" geplant (Prinz 2011:10). Dies bedeutet auch, dass vermutlich 725 km Schiene aufgelassen werden (Prinz 2011:51). Kritiker befürchten, dass dies ein weiteres Indiz für den viel zitierten *Rückzug aus der Fläche* ist. Damit ist gemeint, dass sich eine Bahn nur mehr auf die lukrativen und teilweise eigenwirtschaftlich zu erbringenden Strecken zurückzieht und den nicht-rentablen Regionalverkehr entweder an Gebietskörperschaften abgibt oder aber ganz auflässt (Wolf 2007). Der Rückzug aus der Fläche findet vor allem bei den Nebenbahnen statt und hier sind besonders die beiden Flächen-Bundesländer Oberösterreich und Niederösterreich betroffen. An das Land Niederösterreich wurden bereits 620 km Schiene übergeben, mit Oberösterreich wird seit längerem über Ähnliches verhandelt (Prinz 2011:51; Ungerböck 2010). Das Land Oberösterreich fordert allerdings eine gewisse Mitgift in Form von Infrastrukturinvestitionen seitens des Bundes, sollte es bestimmte Nebenbahnen übernehmen (Der Standard (mro/spri/jub/ruep) 2012). Durch die Abgabe an Gebietskörperschaften sind diese Nebenbahnen allerdings nicht automatisch vor ihrer Einstellung geschützt. Von jenen 28 Nebenbahnen, welche das Land Niederösterreich übernommen hat, sind nur mehr zwei in Vollbetrieb. Alle anderen wurden entweder stillgelegt oder werden nur mehr touristisch genutzt (Renner 2013). Die ÖBB-Infrastruktur AG hat jedenfalls mit der Definition des systemadäquaten Zielnetzes (siehe Karte 1) klargemacht, dass nicht mehr sämtliche Nebenstrecken systemrelevant sind.

Vom Rückzug sind allerdings nicht nur Regionalstrecken, sondern teilweise auch Verbindungen zwischen Landeshauptstädten betroffen. Die Direktverbindung zwischen Linz und Graz soll zwar eventuell in Zukunft wieder aufgenommen werden, derzeit wird sie allerdings nicht mehr bedient. Auch bei der Strecke Salzburg – Graz wurde über eine Einstellung von Direktverbindungen und die Ausdünnung des Fahrplanes nachgedacht (APA 2013; Graf 2010). Die Kritik über mögliche wirtschaftliche, soziale und ökologische Auswirkungen dieser Reduktion ließ natürlich ebenfalls nicht lange auf sich warten (Kozina 2011). Mit dem neuen Fahrplan Ende 2012 wurde diese Strecke nun aber wieder gestärkt (APA 2012c).

Für die Gebietskörperschaften bedeutet es allerdings nicht, dass sie eine Auflassung einfach hinnehmen müssen Der Rückzug aus der Fläche ist kein zwingendes Faktum, sondern steht im Kontext der Bestellerlogik. Sie können entweder über Bestellungen zu eventuell höheren Preisen abgeben oder aber den Betrieb der Strecke selbst übernehmen.

Das WIFO betrachtet in der Erarbeitung des Zielnetzes einen Vorteil für das Gesamtsystem Schiene, allerdings sieht es vor allem die Erhöhung der Wirtschaftlichkeit des Netzes als große Herausforderung (Sinabell et al. 2011). Auch der Rechnungshof sieht vor allem bei den Nebenbahnen Handlungsbedarf für Restrukturierungen. Daraus kann aber nicht eine automatische Empfehlung zum Rückzug aus der Fläche abgeleitet werden (Rechnungshof 2011a).

3.8. Zwischenfazit III – Bahnreform in Österreich

Auch In Österreich bestanden, in Analogie zu den Schwierigkeiten des Schienenverkehrs in ganz Europa, in diesem Sektor Probleme. Die Organe der EU entschieden, dass die Implementierung von Marktmechanismen das geeignete Mittel zur Verbesserung des Schienenverkehrs sei. Im Zuge des Beitritts Österreichs zur Europäischen Union, aber auch schon davor, übernahm die österreichische Politik größtenteils diese Ansicht und setzte die europarechtlichen Vorgaben in nationales Recht um. In gewissen Bereichen ist Österreich bei der Liberalisierung unter den am weitesten fortgeschrittenen Ländern, zum Beispiel bei der Liberalisierung des Personenverkehrs.

Die Reform der Eisenbahnregulierung hat also zu großen Veränderungen geführt. Vor dem Einsetzen des Liberalisierungsprozesses war der Schienenverkehr noch ein Bereich staatlicher Verwaltung. Der Eintritt privater Unternehmen auf fremde Infrastruktur war nur auf Basis einer Kooperationsvereinbarung möglich, ansonsten war eigene Schieneninfrastruktur erforderlich. Der größte Schienenverkehrsbetrieb war in staatlicher Hand, sowohl in rechtlicher Form als auch faktisch.

Die Bahnreform begann in Österreich 1992 mit der Umwandlung der ÖBB in eine Gesellschaft mit eigener Rechtspersönlichkeit. Ab diesem Zeitpunkt wurden einige weitere Schritte gesetzt um den Bereich staatlicher Verwaltung in einen Markt zu transformieren. In Analogie zu den europarechtlichen Vorgaben wurde der Staat durch zwei verschiedene Prozesse zurückgedrängt. Zum einen wurde der Markt für private Unternehmen geöffnet, indem der Zugang zur gesamten österreichischen Schieneninfrastruktur gesetzlich vorgeschrieben wurde. Damit ist es nun möglich, dass sich im Schienenverkehr Wettbewerb zwischen verschiedenen EVUs entwickelt. Allerdings gibt es nach wie vor Möglichkeiten, diesen Wettbewerb durch staatliche Regulierung einzuschränken.

Neben dieser Entwicklung zog sich der Staat auch kontinuierlich aus der direkten Erbringung von Verkehrsdienstleistungen durch den ehemaligen Monopolisten ÖBB zurück. Das Unternehmen wurde zu einer eigenen Rechtspersönlichkeit, später zu einer Holding in Form einer Aktiengesellschaft. Der staatliche Einfluss auf das Unternehmen wurde somit reduziert. Allerdings ist der Staat nach wie vor Eigentümer des Unternehmens. Auch bestehen noch große Einflussmöglichkeiten durch die Bestellung von gemeinwirtschaftlichen Leistungen, die vor allem für den Personenverkehr von großer Bedeutung sind. Dass diese Bestellungen noch nicht ausgeschrieben werden, entspricht nicht der neoliberalen Logik von einer umfassenden Implementierung von Wettbewerb. Auch bei der Finanzierung der Schieneninfrastruktur ist der Staat nach wie vor der wichtigste Akteur.

Die Liberalisierung des österreichischen Schienenverkehrssektors folgt in ihrer Umsetzung grundsätzlich der europäischen Schienenverkehrspolitik der letzten Jahre, welche in Kapitel 2 dargestellt wurde. Auch in Österreich wird der staatliche Einfluss auf den Schienenverkehr zurückgedrängt. Durch die Implementierung von Marktmechanismen erhofft man sich eine Verbesserung des gesamten Sektors. Der Markt wird also auch hier als überlegenes Werkzeug angenommen. Allerdings wird noch sehr stark auf ökonomische und technische Besonderheiten der Eisenbahn Rücksicht genommen. Die Finanzierung der Infrastruktur ist noch immer in staatlicher Hand, das größte Eisenbahnunternehmen steht in staatlichem Eigentum und ist in Form einer integrierten Holding organisiert, der Wettbewerb kann im Personenverkehr nach wie vor eingeschränkt werden und die Bestellungen der gemeinwirtschaftlichen Leistungen werden noch nicht ausgeschrieben.

Die Reformen des österreichischen Schienenverkehrsmarktes haben somit zwar grundsätzlich eine neoliberale Grundtendenz, da der Markt auch in diesem Sektor trotz Gegenargumente als überlegenes Instrument dargestellt wird. Allerdings wird diese Logik nicht immer scharf umgesetzt.

4. Fragestellung und Hypothesen

Das Thema dieser Arbeit liegt im Spannungsfeld von Politik und Ökonomie. Wird ein Bereich der Wirtschaft durch politisches Handeln beeinflusst und geprägt, so stellt sich schnell die Frage nach dem Nutzen und dem Erfolg dieser politischen Handlungen und Maßnahmen.

Das zu eruieren und zu messen, ist wesentlich für die Legitimität dieser politischen Handlungen. Sie können ihre Legitimität aus der Verwirklichung eines grundsätzlichen Prinzips (z.B.: der Menschenrechte) oder aber aus ihrem Erfolg (z.B.: durch einen gesamtwirtschaftlichen Gewinn) ziehen. Dies trifft auch auf die ordnungspolitischen Änderungen des Schienenverkehrs zu. Wird dieser Sektor politisch anders reguliert oder aber wird der staatliche Einfluss auf diesen Sektor reduziert, dann müssen diese Veränderungen auch begründet sein bzw. sich durch etwas legitimieren. Die Richtlinien und Verordnungen der EU, welche die Grundlage für die österreichischen Rechtsakte betreffend den Schienenverkehrssektor darstellen, begründen die Liberalisierung des Schienenverkehrssektors mit den Vorteilen von privatwirtschaftlichem Handeln, höherer Effizienz und größerer Innovationsfähigkeit durch Konkurrenz und den sich daraus ergebenden Vorteile für die gesamte Gesellschaft (Europäische Kommission 2001; 2011). Die Vorteile aus den entstehenden Marktbedingungen sollen sich in einer höheren Leistungsfähigkeit des gesamten Schienenverkehrs und dadurch in einer verbesserten Wettbewerbsfähigkeit mit dem Straßenverkehr (also in einem für den Schienenverkehr verbesserten Modal Split) niederschlagen (Europäische Kommission 2001; 2011). Beide Aspekte lassen sich unter einer gesamtgesellschaftlichen Perspektive betrachten. Sowohl ein sich zu Gunsten des Schienenverkehrs verschiebender Modal Split als auch ein für sich verbesserter, kostengünstigerer Schienenverkehr wäre für die Gesellschaft als Ganzes ein Gewinn. Aus diesen Annahmen folgere ich die für diese Arbeit geltenden Hypothesen.

Tab. 2 Hypothesen; Quelle: eigene Darstellung

HYPOTHESE 1:	Die Liberalisierung des Schienenverkehrssektors in Österreich hat diskriminierungsfreien Wettbewerb erzeugt.
HYPOTHESE 2:	Die Leistungsfähigkeit des Schienenverkehrssektors in Österreich ist durch seine Liberalisierung gestiegen.
HYPOTHESE 3:	Die Liberalisierung des Schienenverkehrssektors hat seine intermodale Wettbewerbsfähigkeit gefördert und zu einem besseren Modal Split geführt.
HYPOTHESE 4:	Die Liberalisierung des Schienenverkehrssektors hat den einzelnen Interessensgruppen, namentlich dem Staat, den ÖBB, den privaten Unternehmen sowie den Privat- und Geschäftskunden Vorteile gebracht.

Diese Hypothesen stehen als Aufforderung zur Überprüfung. Bringt die Liberalisierung nun tatsächlich diese Vorteile mit sich? Haben die Veränderungen der Schienenverkehrspolitik in den letzten 20 Jahren einen feststellbaren Erfolg gehabt? Ist im Modal Split eine Trendumkehr eingetreten und hat die Bahnreform Vorteile für alle den Schienenverkehrssektor betreffenden Interessensvertreter gebracht?

5. Methodik

Die im vorigen Kapitel aufgezählten Hypothesen sollen nun mit unterschiedlichen Daten auf ihre Gültigkeit überprüft werden. Hierbei werden unterschiedliche Methoden angewendet, um die benötigten Daten zu erhalten. Zum einen werden hierbei über eine Sekundäranalyse Daten herangezogen, welche bereits von anderen Personen und Institutionen gewonnen wurden. Zum anderen werden Daten verwendet, die im Rahmen der Befragung mehrerer Experten des österreichischen Schienenverkehrssektors generiert wurden.

Hierbei soll es zu einer mehrdimensionalen Verschränkung der Daten kommen. Zum einen werden bereits bekannte mit neuen Daten verschränkt. Außerdem kommt es zu einer Verbindung quantitativer Daten (aus der Sekundäranalyse) und qualitativer Daten (aus den Experteninterviews).

5.1. Vor- und Nachteile qualitativer und quantitativer Methoden und Daten

Grundsätzlich gibt es in der empirischen Sozialforschung immer zwei unterschiedliche Wege der Herangehensweise an eine Forschungsfrage: Jenen der eher analytischen quantitativen Methoden und jenen der interpretativen qualitativen Methoden (Faby 2008). Mit der Kombination von quantitativen und qualitativen Daten wird versucht, die Vorteile beider Herangehensweisen zusammenzuführen.

5.1.1. Quantitative Daten und Methoden

Quantitative Daten sind standardisierte numerische, also in Zahlen transformierte Daten (Halbmayer et al. 2012). Sie können nach ihrem Skalenniveau unterschieden werden. Quantitative Daten sind vielfältig einsetzbar. Mit Ihnen sind mathematische Berechnungen für statistische Korrelationen, Häufigkeiten und Wahrscheinlichkeiten möglich (Solyp 2012).

Diese Daten erhält man durch die Anwendung von quantitativen Methoden. Hierbei zu nennen sind beispielsweise die schriftliche Befragung mit Fragebogen, aber auch die quantitative Beobachtung (Faby 2008; Winter 2000). Untersuchungen mit quantitativen Methoden zeichnen sich durch eine hohe Standardisierung und Strukturierung aus. Sie kommen vor allem zum Einsatz, wenn Daten objektiv über eine längere Zeit verglichen werden und Entwicklungen abgelesen werden sollen (Winter 2000).

Quantitative Methoden sind bis heute in der empirischen Sozialforschung vorherrschend, allerdings ist in den letzten Jahren eine stärkere Nutzung von qualitativen Methoden bemerkbar (Winter 2000). Zu den Voraussetzungen für die Anwendung dieser Methoden gehört ein umfangreiches Vorwissen über das Forschungsgebiet, um vorab bereits Zusammenhänge bilden zu können und eine große Stichprobe (welche per Zufalls- oder Quotenauswahl ermittelt wird), um Repräsentativität erreichen zu können (Winter 2000).

Dies ist eben bereits einer der Nachteile. Denn eine große Stichprobe – wie hier gefordert – ist nicht bei jeder Untersuchung realisierbar. Ein weiterer Nachteil von quantitativen Methoden ist, dass diese meist starrer in der Durchführung sind. Während der Untersuchung kann nicht mehr flexibel auf Veränderungen oder auf individuelle Besonderheiten eingegangen werden. Allerdings liegen die Vorteile quantitativer Methoden ebenso auf der Hand: Ihre Ergebnisse sind exakt quantifizierbar und mit ihnen lassen sich statistische Zusammenhänge ermitteln. Außerdem kann man mit ihnen Repräsentativität, eine bessere Vergleichbarkeit und eine hohe Objektivität erreichen (Winter 2000).

5.1.2. Qualitative Daten und Methoden

Qualitative Daten sind nicht standardisiertes, nicht in Form von Zahlen erfasstes Datenmaterial (Halbmayer et al. 2012; Solyp 2012). Sie bilden den Gegenpart zu den quantitativen Daten und entstehen durch die Anwendung qualitativer Methoden. Beispiele hierfür sind das offene Interview (z.B.: Experteninterview), die Gruppendiskussion oder die qualitative Inhaltsanalyse (Diekmann 2010). Qualitative Methoden werden herangezogen, wenn es um die Beschreibung, Interpretation und das Verständnis von Zusammenhängen verschiedener Phänomene geht. Da man hierdurch unverzerrte und relativ umfassende Informationen erhält, ist eine ausführliche und differenzierte Beschreibung möglich (Winter 2000).

Durch die offene Herangehensweise (beispielsweise bei einer offenen Befragung) ist der Teilnehmer nicht beschränkt und man erhält einen wesentlich tieferen Informationsgehalt. Mit diesen Informationen kann versucht werden die Perspektive des anderen abzubilden. Eine Repräsentativität oder eine zahlenmäßige Aussage ist dadurch allerdings nicht möglich. Dies auch deshalb nicht, weil für eine qualitative Untersuchung eine kleinere Stichprobe nötig ist. Deren Größe und Zusammensetzung ist stattdessen nach theoretischen Vorüberlegungen strukturiert (Winter 2000).

Qualitative Methoden haben den Nachteil, dass sie sehr zeit- und kostenintensiv sind. Außerdem muss die Person, welche eine solche Erhebung durchführt, bereits große Vorkenntnisse haben. Zum einen über die Methode und zum anderen über den Untersuchungsgegenstand. Außerdem sind mit qualitativen Methoden keine quantifizierbaren Ergebnisse möglich. Vorteile bieten diese Methoden allerdings durch ihre Flexibilität und die Möglichkeit zur Interaktion (bspw. Hintergründe zu erfragen oder Unklarheiten zu beseitigen)(Winter 2000).

5.2. Sekundäranalyse

„Sekundäranalysen sind Realanalysen von Daten, die von Primärforschern- und forscherinnen für andere Zwecke erhoben worden sind“ (Müller 2012). Dies bedeutet, dass es hier zu einer Zusammenführung und Auswertung von Daten kommt, die aus bereits durchgeführten empirischen Untersuchungen stammen. Allerdings können diese nun nach ganz anderen Gesichtspunkten und Forschungsinteressen betrachtet werden (Wirtschaftslexikon24.net 2012). Somit ist bei einer Sekundäranalyse die Datenerhebung von der Verarbeitung und Interpretation getrennt (Kromrey 2009:507). Gerade durch die immer stärkere Verbreitung des Internets und die Möglichkeit des Zugriffs auf Datenbanken und wissenschaftliche Veröffentlichungen hat diese Art der Datenerhebung an Gewicht gewonnen. Die Sekundäranalyse hat viele Vorteile, aber auch einige Nachteile.

Wird eine Sekundäranalyse durchgeführt, so fällt die aufwändige und teure Arbeit der eigentlichen Erhebung inklusive Stichprobenverfahrens und Pretest weg. Auch Datenerfassung, Fehlerkontrolle und Fehlerbereinigung sind nur mehr in einem reduzierten Ausmaß notwendig bzw. möglich (Diekmann 2010:187-200). Hier muss vor allem auf Fehler bei der Übertragung von der Primärquelle geachtet werden. Die Sekundäranalyse als Möglichkeit der Datenakquise hat auch noch zwei weitere Vorteile, welche nicht unmittelbar mit der Erhebung zu tun haben. Zum einen dient sie der Überprüfung der Primärforschung und zum anderen trägt deren Nutzung bzw. Möglichkeit zu einer Demokratisierung der Wissenschaften bei, da nun auch ohne Förderungen hochwertige wissenschaftliche Arbeit geleistet werden kann. Etwas was durch die meist teure Erhebung oft nicht möglich ist (Diekmann 2010:199-200).

Allerdings hat die Nutzung der Sekundäranalyse auch Nachteile. Diese liegen vor allem in der Beschränktheit der Primärdaten. Diese sind von Primärforschenden auf eine bestimmte Fragestellung hin erhoben worden. Ob diese auch für die Sekundäranalyse passt, ist immer fraglich. Wichtig ist deshalb, dass die Primärdaten genau betrachtet werden und, falls vorhanden, die entsprechende Forschungsdokumentation eingesehen wird (Kromrey 2009:508). Teilweise sind die Primärdaten nicht vollständig oder aber es müssen unterschiedliche Datenquellen zusammengeführt werden. Hierbei ist stets darauf zu achten, dass Messung, Skalierung und Stichprobe der Erhebungen exakt gleich sind.

5.2.1. Sekundäranalyse in vorliegender Arbeit

Für die vorliegende Arbeit wurde ebenfalls eine Sekundäranalyse bereits bestehender Datensätze durchgeführt. Die dazu benötigten quantitativen Primärdaten wurden unterschiedlichen Datenbanken und Dokumenten von verschiedenen nationalen wie internationalen Organisationen entnommen.

Die Quellen der Daten im Detail:

- Liberalisierungsindizes von IBM Global Business Services (IBM Business Consulting Services 2004; IBM Deutschland GmbH 2002; IBM Global Business Services 2007; 2011),
- Geschäftsberichte der Österreichischen Bundesbahnen (bis 2003) und der ÖBB-Holding AG (ab 2003)(ÖBB-Holding AG 2005; 2006; 2007; 2008; 2009; 2010; 2011a; Österreichische Bundesbahnen 2004),
- Tätigkeitsberichte der Schienen-Control GmbH (Schienen-Control GmbH 2006; 2007; 2008; 2009; 2010; 2011c),
- Datenbank Verkehr von Eurostat (Eurostat 2012),
- Die Statistik über Betriebs- und Verkehrsleistungen im Personenverkehr auf dem österreichischen Schienenverkehrsnetz im Jahr 2010 sowie über beförderte Personen gegliedert nach Verkehrsträgern für die Jahre 2006 - 2010 der Schienen-Control GmbH (Schienen-Control GmbH 2011a; 2011b),
- das Statistical Pocketbook 2011 der Europäischen Kommission (European Commission 2011),
- die Publikation *Verkehr in Zahlen 2007* des Bundesministeriums für Verkehr, Innovation und Technologie (Herry et al. 2007),

- die Publikation *Daten und Fakten* der ÖBB-Infrastruktur AG (ÖBB-Infrastruktur AG 2013) und
- die Pünktlichkeitsstatistik der Züge der ÖBB-Personenverkehrs AG (Götzl 2011).

Die dadurch erhaltenen Daten – welche den jeweiligen Forschungsfragen zugeordnet wurden – konnten mit Hilfe von Methoden der deskriptiven Statistik in einfachen Zeitreihen und Diagrammen dargestellt werden, um bestehende Trends zu zeigen. Sie sollen jeweils einen ersten Blick auf die bisherigen Geschehnisse am österreichischen Schienenverkehrssektor und hier vor allem auf die Auswirkungen durch die Liberalisierung ermöglichen. Hiermit sollen allerdings noch keine Wirkungszusammenhänge beschrieben und interpretiert werde. Die Darstellung dient der Verdeutlichung bestimmter Entwicklungen.

Vorteile dieser Darstellung sind, dass es sich um objektive Daten handelt. Außerdem lassen sich so vergangene Entwicklungen beschreiben, da diese quantitativen Daten (beispielsweise die Tonnenkilometerleistung im Güterverkehr des österreichischen Schienenverkehrs) über einen längeren Zeitraum miteinander verglichen werden können. Diese Daten können somit als Grundlage einer darauf aufbauenden Interpretation herangezogen werden.

5.3. Befragungen: Das Experteninterview

Befragungen sind grundsätzlich die häufigste Erhebungsmethode der wissenschaftlichen Sozialforschung (Diekmann 2010:435). Sie lassen sich nach unterschiedlichen Eigenschaften kategorisieren. Zum einen können Befragungen nach dem Kommunikationsweg unterschieden werden: Hier lassen sich die persönliche, die Telefon- und die schriftliche Befragung nennen. Vor allem die telefonische Befragung hat in der Vergangenheit deutlich an Bedeutung gewonnen (Diekmann 2010:437).

Ein weiteres Unterscheidungskriterium ist der Strukturierungsgrad einer Befragung. Damit ist gemeint, wie frei der Befragte auf die ihm gestellten Fragen antworten kann. Hierbei reicht das Kontinuum von vollständig strukturierten Befragungen, bei denen der Befragte ausschließlich zwischen Antwortkategorien wählen kann, und offenen Befragungen, bei denen nur das grundsätzliche Thema vorgegeben ist. Auch Mischformen, also teilweise strukturierte Befragungen, welche sich auf einen Leitfaden stützen, sind möglich. Stärker strukturierte Befragungen können auch als quantitative Befragungen bezeichnet werden, da sie quantitative Daten als Ergebnis haben. Bei dieser Ausführung liegt das Ziel vor allem auf einer Standardisierung, der Vergleichbarkeit und Objektivität der Ergebnisse. Ist die Befragung eher offen, dann handelt es sich um eine qualitative Befragung. Ihr Ziel ist mehr die Bildung von Zusammenhängen und das Verständnis von sozialen Prozessen und Strukturen. Varianten qualitativer Befragungen sind das problemzentrierte, das fokussierte und das narrative Interview (Diekmann 2010:434-547).

Ein weiterer Unterschied ist die Definierung der Zielgruppe. Bei einer quantitativen Befragung wird versucht, durch eine möglichst große Stichprobe und durch besondere Auswahl Repräsentativität zu erlangen. Bei qualitativen Interviews hingegen wird das *Sampling*, also die Auswahl, nach bestimmten Kriterien getroffen. Man muss sich die Fragen stellen: Wer hat Informationen? Wer ist fähig, sie weiterzugeben? Wer ist gewillt, Informationen weiterzugeben? Welcher dieser Informanten ist verfügbar? (Gläser et al. 2004: zit. n. Sußner 2005:14). Wird bei dieser Auswahl auf eine Gruppe von Experten verwiesen, so kann die Befragung als Experteninterview bezeichnet werden.

Die eigentliche Interviewführung sollte möglichst neutral sein. Der Interviewer sollte also weder zustimmende noch missbilligende Bemerkungen machen. Trotzdem handelt es sich um eine reaktive Methode, da es immer zu einer subjektiven Einflussnahme durch den Interviewer kommen kann (Diekmann 2010:187-200, 439).

Das Experteninterview ist eine Variante des qualitativen Interviews und mittlerweile sehr beliebt (Bogner et al. 2009:8). Oft ist es durch einen Fragebogen teilweise strukturiert. Seine Besonderheit liegt in der Zielgruppe: Es richtet sich an Experten des Forschungsfeldes. Nicht sie stehen im Mittelfeld der Befragung, sondern ihr Wissen (Heistinger 2007). Dadurch können auch besonders viele Daten gewonnen werden (Bogner et al. 2009:8-10). Weitere Vorteile von Experten als Befragte sind:

- Sie können stellvertretend für eine bestimmte Bevölkerungsgruppe stehen, wenn diese ansonsten schwierig zu erreichen ist.
- Sie erleichtern möglicherweise den weiteren Feldzugang durch ihre Kontakte und Hilfestellung.
- Befragungen sind für sie eine bekannte Situation, sie agieren deshalb professionell (Bogner et al. 2009:8-10).

Allerdings sind auch Experten immer subjektiv. Deshalb ist es wichtig, dass die Auswahl der Experten heterogen ist und das Untersuchungsfeld repräsentiert.

5.3.1. Experteninterviews in vorliegender Arbeit

Zur Gewinnung von weiteren Daten zur Bewertung der Liberalisierung des Schienenverkehrssektors in Österreich wurden Befragungen, genauer gesagt Experteninterviews durchgeführt. Diese qualitativen Interviews wurden leitfadengestützt durchgeführt und waren problemzentriert. Leitfadengestützt bezieht sich auf den Strukturierungsgrad und bedeutet, dass das Interview halbstandardisiert ist. Dies hat den Vorteil, dass das Interview nicht starr abläuft und der Interviewte relativ frei sprechen kann. Dadurch kann man eine größere Fülle an Informationen erhalten und der Interviewer kann noch während der Befragung gezielt nachfragen (Diekmann 2010). Durch die teilweise Strukturierung ist diese Befragungsvariante auch für unerfahrene Interviewer gut durchführbar. Für die vorliegende Untersuchung wurde ein Leitfaden zur groben Orientierung angefertigt. Er orientiert sich an den zuvor aufgestellten Hypothesen. Dieser Leitfaden wurde in einer Variante für den Interviewer noch durch eine Checkliste mit für die Untersuchung wichtigen Begriffen ausgestattet, die der Unterstützung des Interviewers und als Stichwortgeber dient. Wenn es wie bei vorliegender Untersuchung nur zu einer lockeren Bindung an einen Leitfaden zur thematischen Orientierung kommt und dem Interviewten große Freiheit gegeben wird, liegt eine Mischung aus einem Leitfaden und einem narrativen Interview vor. Diese Variante nennt man auch problemzentriertes Interview (Stangl 2012).

Bei der Auswahl der Interviewpartner wurde versucht Personen auszuwählen, die einen breiten Wissensstand über den Untersuchungsgegenstand haben und das Untersuchungsfeld heterogen repräsentieren. Außerdem wurde bei Organisationen, welche einen Teil des Untersuchungsfeldes repräsentieren, per Positionstechnik, also über die formale Position der Person versucht, den anzusprechenden Experten zu eruieren (Heistinger 2007).

Natürlich musste auch die Verfügbarkeit der Experten berücksichtigt werden. Alle potenziellen Personen wurden erst per Mail kontaktiert und später mit jenen, welche kooperativ waren, telefonisch ein persönlicher Termin vereinbart. Wenn gewünscht, wurde den zu Befragenden der Interviewleitfaden vorab zugesandt.

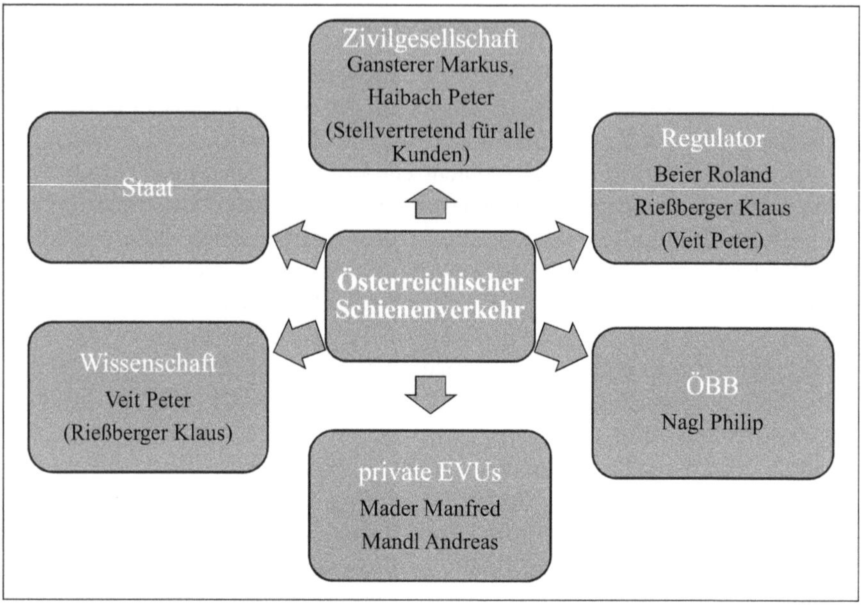

Abb. 11 Interviewpartner als Vertreter der Interessensgruppen des Schienenverkehrs; Quelle: Eigene Abbildung

Insgesamt wurden für diese Arbeit acht Interviews mit unterschiedlichen Experten durchgeführt:

- Beier Roland (Schienen-Control GmbH, Fachbereich Markt)
- Gansterer Markus (VCÖ, Verkehrspolitik)
- Haibach Peter (PRO BAHN Österreich, Sprecher)
- Mader Manfred (WESTbahn Management GmbH, Leiter Kommunikation)
- Mandl Andreas (LTE Logistik- und Transport-GmbH, Geschäftsführer)
- Nagl Philipp (ÖBB-Personenverkehr AG, Leiter Unternehmensentwicklung)
- Rießberger Klaus (UEEIV, Präsident; Technische Universität Graz, Institut für Eisenbahnwesen und Verkehrswirtschaft, emeritierter Professor; Schienen-Control Kommission, Mitglied)
- Veit Peter (Technische Universität Graz, Institut für Eisenbahnwesen und Verkehrswirtschaft, Professor; Schienen-Control Kommission, Ersatzmitglied)

Für die Zivilgesellschaft respektive die Kunden wurden stellvertretend zwei Vertreter unabhängiger Nicht-Regierungsorganisationen befragt, da sonst keine Untersuchung im Rahmen eines Experteninterviews möglich gewesen wäre. Vom zuständigen Bundesministerium für Verkehr, Innovation und Technologie erhielt der Autor dieser Arbeit keine Antwort auf die Interviewanfrage.

Der Leitfaden wurde keinem Pretest unterzogen, da die Interviews sehr wenig strukturiert und offen waren. Da somit jedes Interview anders verlief, hätte ein Pretest nur einen geringen Nutzen gehabt. Allerdings wurde der Interviewleitfaden von dritten Personen auf Verständnis gegengelesen.

Vor einem jeden Interview wurde der Befragte über Sinn, Zweck und Gegenstand der Untersuchung aufgeklärt (Harke et al. 2000). Die Interviews wurden auf Band aufgezeichnet, um die spätere Auswertung zu erleichtern. Nach jeder Befragung wurde durch den Interviewer ein standardisiertes *Contact Summary Sheet* ausgefüllt, welches zur Dokumentation des Interviews, der Interviewsituation und etwaiger besonderer Einflüsse dient.

5.3.1.1. Auswertung – Qualitative Inhaltsanalyse nach Mayring

Die durchgeführten Interviews wurden zur weiteren Verarbeitung wörtlich transkribiert. Die Phonetik war hierbei irrelevant und die Übertragung nur in hochdeutsche Schriftsprache notwendig, da nur die Inhaltsebene relevant ist (Mayring 2002:89f). Außerdem wurden Fehler ausgebessert und Füllwörter gestrichen.

Nachdem die Aufbereitung der Interviews abgeschlossen war, konnten deren Aussagen sortiert und strukturiert werden. Eine Variante, dies zu tun, ist die qualitative Inhaltsanalyse nach Mayring. Diese Methode dient vor allem der Interpretation von sprachlichem Material (Harke et al. 2000). Die einzelnen Textteile werden bestimmten Kategorien zugewiesen (Mayring 2002). Diese Kategorien müssen theoretisch begründbar sein. In vorliegendem Fall werden die Inhalte den einzelnen Hypothesen und deren Unterteilungen zugewiesen. Dieser Vorgang kann computerunterstützt erfolgen. Im Falle dieser Arbeit wurden die Kategorisierung und Kodierung mit dem Computerprogramm MAXQDA durchgeführt.

Nach erfolgter Kodierung können nun die Daten in einer strukturierten Form interpretiert werden. Wichtig ist, dass die Darstellung der Inhalte in unterschiedlicher Form stattfindet, denn je vielfältiger dies geschieht, desto verständlicher wird das Ergebnis (Mayring 2002).

5.4. Operationalisierung der Forschungsfragen

Zur Bearbeitung der in (Kapitel 4) gestellten Hypothesen werden nun zum Teil die Daten aus der Sekundäranalyse herangezogen und zum Teil jene, welche durch die Experteninterviews generiert wurden. Folgende Daten wurden hierbei je Hypothese herangezogen:

HYPOTHESE 1: Die Liberalisierung des Schienenverkehrssektors in Österreich hat diskriminierungsfreien Wettbewerb erzeugt.

- Aus der Sekundäranalyse:
  - Bewertung Österreichs (im Vergleich mit Deutschland, der Schweiz und dem Mittelwert) gemäß den Liberalisierungsindizes von 2002-2011 sowie deren Teilindizes LEX, ACCESS und COM (IBM Business Consulting Services 2004; IBM Deutschland GmbH 2002; IBM Global Business Services 2007; 2011),
  - Anzahl der EVUs mit Infrastrukturnutzungsvertrag mit der ÖBB-Infrastruktur AG (ÖBB-Infrastruktur AG 2013),
  - Anteil privater EVUs am Personenverkehr (Fahrgäste und Pkm) und am Güterverkehr (Nettotonnen und Tkm) (Schienen-Control GmbH 2012c) und
  - Daten über die qualitative Marktbeurteilung durch die Teilnehmer am Schienenverkehrsmarkt (Schienen-Control GmbH 2012c).
- Aus den Experteninterviews sämtliche Teile, die wie folgt kodiert wurden:
  - Derzeitige Marktsituation allgemein, derzeitige Marktsituation im Vergleich, derzeitige Marktsituation im GV, derzeitige Marktsituation im PV, Reformen führten zu Wettbewerb und Diskriminierung am Markt aktuell

HYPOTHESE 2: Die Leistungsfähigkeit des Schienenverkehrssektors in Österreich ist durch seine Liberalisierung gestiegen.

- Aus der Sekundäranalyse:
  - Leistung des Personenverkehrs gemessen in Pkm und beförderten Personen sowie die Leistungsfähigkeit des Güterverkehrs gemessen in Tkm und

beförderten Nettotonnen (European Commission 2011; Eurostat 2012; Herry et al. 2007; Schienen-Control GmbH 2011a; 2011b; 2012b).

- Aus den Experteninterviews sämtliche Teile, die wie folgt kodiert wurden:
  - Veränderungen der Leistungsfähigkeit allgemein, Veränderungen im PV, Veränderungen im GV, Leistungsfähigkeit des österreichischen Schienensektors im Vgl., Veränderungen nicht durch Liberalisierung begründet und Veränderungen durch Liberalisierung begründet

HYPOTHESE 3: Die Liberalisierung des Schienenverkehrssektors hat seine intermodale Wettbewerbsfähigkeit gefördert und zu einem besseren Modal Split geführt.

- Aus der Sekundäranalyse:
  - Modal Split im Personenverkehr und im Güterverkehr (Eurostat 2012)
- Aus den Experteninterviews sämtliche Teile, die wie folgt kodiert wurden:
  - Veränderung des Modal Split allgemein, Unterschiede zwischen GV und PV (Modal Split), Veränderungen d. Modal Split im GV und Veränderungen d. Modal Split im PV

HYPOTHESE 4: Die Liberalisierung des Schienenverkehrssektors hat den einzelnen Interessensgruppen, namentlich dem Staat, den ÖBB, den privaten Unternehmen sowie den Privat- und Geschäftskunden Vorteile gebracht.

- Aus der Sekundäranalyse:
  - Auswirkungen auf Staat (Kosten für Bund durch Infrastruktur (Betrieb, Instandhaltung, Planung und Bau)(ÖBB-Holding AG 2005; 2006; 2007; 2008; 2009; 2010; 2011a; 2012; Österreichische Bundesbahnen 2004)), (Kosten für Bund durch die Bestellung gemeinwirtschaftlicher Leistungen (ÖBB-Holding AG 2005; 2006; 2007; 2008; 2009; 2010; 2011a; Österreichische Bundesbahnen 2004; Schienen-Control GmbH 2009))
  - Auswirkungen auf ÖBB (Betriebswirtschaftliche Kennzahlen (Gesamterträge, Umsatzerlöse, Erträge Güterverkehr, EBIT, EGT, EBT, Ertrag je Mitarbeiter (ÖBB-Holding AG 2005; 2006; 2007; 2008; 2009; 2010; 2011a; 2012; Österreichische Bundesbahnen 2004)), (Höhe des geleisteten Infrastrukturbenützungsentgelts an ÖBB Infrastruktur AG (Schienen-Control GmbH 2012c))
  - Auswirkungen auf private Unternehmen (Keine Daten)

- Auswirkungen auf Kunden (Pünktlichkeit im Personenverkehr (Götzl 2011)), (Pünktlichkeit im Güterverkehr (Schienen-Control GmbH 2012c)), (Preise (ÖBB Kilometertarife im Personenverkehr) (Schienen-Control GmbH 2012a)), (Gleislänge des ÖBB-Netzes (ÖBB-Holding AG 2005; 2006; 2007; 2008; 2009; 2010; 2011a; 2012; Österreichische Bundesbahnen 2004; Schienen-Control GmbH 2010; 2011c)), (Zugkilometer nach Streckenkategorie (ÖBB-Infrastruktur AG 2013))

- Aus den Experteninterviews sämtliche Teile, die wie folgt kodiert wurden:
  - Veränderungen für Staat allgemein, Infrastruktur, Einfluss auf Verkehrspolitik, staatlicher Haushalt/Gesamtgesellschaft und Zuschüsse
  - Veränderungen für ÖBB allgemein, Betrieb, Verschuldung und Ergebnis
  - Veränderungen für private EVU allgemein, Diskriminierung und Geschäftszweck
  - Veränderungen für Kunden allgemein, Veränderungen für Kunden im GV allgemein, Veränderungen für Kunden im PV allgemein, Netzqualität (zB Rückzug aus der Fläche), Leistung und Preis

Neben der Bearbeitung der Hypothesen soll außerdem eine Prognose über die zukünftige Entwicklung des Schienenverkehrsmarktes gegeben werden. Hierzu wurden die Experten ebenfalls befragt. Hierzu gehören alle Textteile, die wie folgt kodiert wurden:

- Zukunft des Schienenverkehrsmarktes allgemein, Veränderungen Organisation ÖBB, Faktoren, die zukünftige Entwicklung beeinflussen, zukünftiger Wettbewerb, zukünftige Entwicklung des Modal Split und zukünftige Entwicklung der Leistungsfähigkeit

6. Bewertung der Bahnliberalisierung in Österreich - Darstellung der empirischen Ergebnisse

6.1. Der österreichische Schienenverkehrsmarkt aktuell

6.1.1. Formale und tatsächliche Rahmenbedingungen

Der Grad der Liberalisierung des österreichischen Schienenverkehrsmarkts kann unter verschiedenen Gesichtspunkten betrachtet werden. Es können sowohl die tatsächlichen rechtlichen Rahmenbedingungen als auch die daraus resultierenden praktischen Marktzutrittsbedingungen (also die praktische Anwendung der rechtlichen Rahmenbedingungen) sowie die tatsächliche Entwicklung des Marktes durch dessen Öffnung betrachtet werden (IBM Global Business Services 2011). Diese drei Ebenen wurden bereits durch mehrere durchgeführte Untersuchungen analysiert. Deren Ergebnisse liegen in Form des Liberalisierungsindex Bahn (IBM Business Consulting Services 2004; IBM Deutschland GmbH 2002; IBM Global Business Services 2007; 2011) vor. Dieser Index, welcher für die Mitgliedsstaaten der Europäischen Union sowie für Norwegen und Schweiz erstellt wurde, gibt an, wie weit die Marktöffnung in den einzelnen Ländern vorangeschritten ist. Ursprünglich setzte sich dieser aus drei Teilindizes zusammen(LEX, ACCESS und COM). Mittlerweile aber werden nur mehr die beiden ersten herangezogen, der COM-Index aber weiterhin erhoben. Der LEX-Index bewertet die Umsetzung der Richtlinien der Eisenbahnpakete der Europäischen Union und deren Ausgestaltung in das jeweilige nationale Recht. Mit dem ACCESS-Index wird hingegen der tatsächliche Marktzugang analysiert. Hierzu werden aus der Perspektive eines neuen EVUs der Markt und dessen Zugang betrachtet. Der COM-Index wiederum gibt Aufschluss über die tatsächliche Marktentwicklung nach der Öffnung (IBM Global Business Services 2011:23-24).

Die Liberalisierung des österreichischen Schienenverkehrsmarktes ist in den letzten Jahren deutlich vorangeschritten. Dies resultiert auch in einer höheren Bewertung im Liberalisierungsindex Bahn. Wie in Abbildung 12 zu erkennen, ist Österreich, ausgehend von einem unterdurchschnittlichen Wert im Jahr 2002 und damit von einem Platz in der Gruppe *Delayed* (= Verzögerte Marktöffnung), in die Spitzengruppe vorgestoßen, welche die Liberalisierung des Schienenverkehrsmarktes am besten umgesetzt hat.

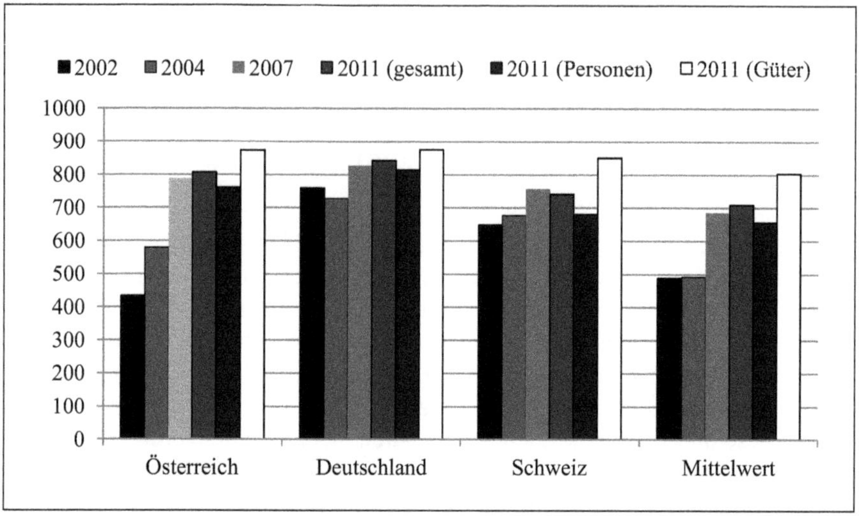

Abb. 12 Liberalisiserungsindex 2002-2011; Vergleich Österreich mit Deutschland, der Schweiz und dem europäischen Durchschnitt; Quelle: (IBM Business Consulting Services 2004; IBM Deutschland GmbH 2002; IBM Global Business Services 2007; 2011); eigene Darstellung

Mittlerweile befindet sich Österreich bei der Umsetzung der europäischen Liberalisierungspolitik in der Gruppe *Advanced* (Fortgeschrittene Marktöffnung) und somit auf Platz 6 des Rankings (IBM Global Business Services 2011:11). Zu beachten ist bei diesem Vergleich jedoch, dass sich der Liberalisierungsindex nur bedingt zu einem zeitlichen Vergleich eignet, da seine Berechnung nicht konstant blieb. Allerdings lässt sich der Grad der Liberalisierung Österreichs in Relation zu den anderen europäischen Untersuchungsländern zeigen und somit eine ungefähre Einschätzung der Marktöffnungsentwicklung in Österreich zu. Die nur für das Jahr 2011 durchgeführte Differenzierung zwischen Personen- und Güterverkehr zeigt, dass in allen Untersuchungsländern und auch in Österreich die Liberalisierung des Güterverkehrs weiter vorangeschritten ist.

Weiters kann nun die Betrachtung der Liberalisierungsfortschritte Österreichs auch differenziert nach ACCESS- und LEX-Teilindex durchgeführt werden. Die Bewertungen, welche dort über Österreich und die anderen europäischen Ländern getätigt wurden, geben Aufschluss über die legistische Umsetzung der europarechtlichen Rechtsakte und der tatsächlichen Ausgestaltung des Marktzugangs.

Tab. 3 LEX- und ACCESS-Indexdaten für Österreich, Deutschland, die Schweiz und den europäischen Mittelwert; Quelle: (IBM Business Consulting Services 2004; IBM Deutschland GmbH 2002; IBM Global Business Services 2007; 2011)

	LEX-Index				ACCESS-Index			
	Österreich	Deutschland	Schweiz	Ø	Österreich	Deutschland	Schweiz	Ø
2002	682	834	599	609	406	839	773	516
2004	528	749	605	548	600	719	708	468
2007	819	905	670	747	781	807	778	875
2011	895	935	678	794	784	819	756	656

Auch hier weisen die Daten über den zeitlichen Verlauf nur eine bedingte Vergleichbarkeit auf, da sie leicht abweichend berechnet wurden. Um ihre Vergleichbarkeit zu heben, wurde die in den Berichten verwendete ursprüngliche Gewichtung der Teilindizes für diese Arbeit herausgerechnet. Dadurch kann man einen Trend hin zu einer zunehmend besseren Umsetzung der gemeinschaftsrechtlichen Vorgaben in nationales Recht erkennen. Sowohl in Österreich als auch in Deutschland und der Schweiz haben sich sowohl die rechtlichen Rahmenbedingungen als auch die tatsächliche Ausgestaltung des Marktzugangs immer weiter verbessert. Darüber hinaus ist festzustellen, dass Österreich fast über den gesamten Beobachtungszeitraum bei beiden Indizes über dem europäischen Mittelwert liegt. Die gute Position Österreichs beim LEX-Index ist auf die Umsetzungen der Marktöffnung zurückzuführen, denn der Zugang zur Schieneninfrastruktur ist in Österreich relativ gut möglich. Für inländische EVUs besteht freier Zugang im Schienengüterverkehr und im eigenwirtschaftlich betriebenen Personenverkehr. Für ausländische EVUs gilt dies im Schienengüterverkehr ebenso. Im Personenverkehr ist der grenzüberschreitende Verkehr inklusive Kabotage möglich, allerdings kann dieses Zugangsrecht zum Schutz des wirtschaftlichen Gleichgewichts beschnitten werden (IBM Global Business Services 2011:74). Auch grundsätzlich werden im Bericht zum Liberalisierungsindex Bahn 2011 die Zugangsvoraussetzungen als günstig und die Prozesse und Entscheidungen als transparent und nachvollziehbar eingestuft (IBM Global Business Services 2011:79). Die informativen Schranken für den Einstieg in den Markt sind gering, da alle Dokumente mehrsprachig aufliegen. Die Lizenzierungsschritte sind klar, aber brauchen teilweise noch zu lange. Der Zugang zur Infrastruktur ist möglich und im Verhältnis zu anderen Ländern relativ günstig. Auch der Zugang zu Wartungsanlagen und anderen zusätzlichen Einrichtungen ist für private EVUs möglich. Mit der Trennung (allerdings innerhalb einer Holding) ist verzerrenden Quersubventionen vorgebeugt.

Bei beiden Teilbereichen besteht aber noch Optimierungspotenzial. Kritisiert wird beispielsweise die noch immer stattfindende Direktvergabe von Verträgen über die Leistung von gemeinwirtschaftlichen Leistungen an den ehemaligen Monopolisten, die ÖBB (IBM Global Business Services 2011:74-80).

Auch die hierzu befragten Experten sind davon überzeugt, dass Österreich grundsätzlich im europaweiten Vergleich bei der Umsetzung der europarechtlichen Vorgaben sehr gut dasteht. Innerhalb Europas gibt es noch äußerst große Differenzen in der Umsetzung (Rießberger 2012; Veit 2012). Zwar gelten für alle Mitgliedsstaaten die gleichen rechtlichen Rahmenbedingungen, aber deren tatsächliche Ausgestaltung ist äußerst unterschiedlich. In einigen Ländern gibt es noch große Widerstände gegen Marktöffnung und den allmählichen Rückzug des Staates aus dem Schienenverkehr. Beispielsweise hat sich Frankreichs ehemaliger Monopolist relativ lange „mit Händen und Füßen" gegen die Liberalisierung gewehrt. Dort ist erst seit kurzem der Marktzugang für Private ermöglicht worden (Beier 2012; Haibach 2012; Rießberger 2012).

Für Österreich hingegen wird festgehalten, dass die formale juristische Umsetzung korrekt ist (Beier 2012), aber auch gegen Österreich wie gegen so gut wie alle anderen EU-Mitgliedsstaaten ein Vertragsverletzungsverfahren wegen der mangelhaften Unabhängigkeit des Infrastrukturbetreibers eingebracht wurde (Rießberger 2012; Veit 2012). Allerdings wurde auch vermerkt, dass die österreichische Holdingvariante eine weitaus größere Unabhängigkeit bietet wie beispielsweise die deutsche Variante. Dort ist nämlich gesetzlich ein operativer Eingriff der Holding in die einzelnen Aktiengesellschaften möglich – in Österreich nicht (Veit 2012).

PRO: „Ja, Österreich ist [...] mittlerweile in der Gruppe [...] *advanced*, also der fortgeschrittenen Länder, [...] und in der Tat zählen wir wirklich zu einem der liberalisiertesten Länder Europas" (Nagl 2012).

CONTRA: „Österreich steht ja eigentlich erst am Anfang der Liberalisierung" (Haibach 2012).

6.1.2. Entstandener Wettbewerb

Für die Bewertung der Liberalisierung ist neben der formalen juristischen und tatsächlichen Ausgestaltung des Marktzugangs vor allem die effektive Entstehung von Wettbewerb ausschlaggebend. Die Gründung von neuen privaten EVUs ist wohl das beste Zeichen für eine geglückte Liberalisierung. Nur wenn es dadurch tatsächlich zu einem Wettbewerb auf der Schiene kommt, ist im Weiteren auch die Erfüllung der Zielsetzungen – Steigerung der Leistungsfähigkeit, Verbesserung des Modal Split – für die Liberalisierung überprüfbar.

Als erster Indikator für die Entwicklung in Österreich kann wieder auf Daten aus den Untersuchungen der Liberalisierungsindizes zurückgegriffen werden. Der COM-Index, welcher früher noch in den Liberalisierungsindex einfloss, gibt Aufschluss über Marktdynamik und aktuelle Marktsituation (IBM Deutschland GmbH 2002:9).

Tab. 4 COM-Index für Österreich, Deutschland die Schweiz und den europäischen Mittelwert; Quelle: (IBM Business Consulting Services 2004; IBM Deutschland GmbH 2002; IBM Global Business Services 2007; 2011)

COM-Index				
	Österreich	Deutschland	Schweiz	Ø
2002	237	522	449	308
2004	229	502	494	242
2007	349	555	459	336
2011	575	615	509	434

Dieser Index, welcher sowohl den Schienengüter- wie den Schienenpersonenverkehr berücksichtigt, zeigt für Österreich, wie auch für die anderen europäischen Länder eine ansteigende Tendenz bei der Marktdynamik. Von 1000 möglichen Punkten erreichte der österreichische Schienenverkehrsmarkt zumindest 575 Punkte und lag damit auf Rang 7 im europaweiten Vergleich. Hier macht sich auf jeden Fall die steigende Anzahl an privaten Wettbewerbern im Schienengüterverkehr und auch die Gründung des ersten privaten nicht-integrierten EVUs für Personenverkehr, die WESTbahn, bemerkbar. Spitzenreiter war 2011 Großbritannien mit 866 Punkten (IBM Global Business Services 2011:14).

Zwei wichtige Indikatoren, welche in diesen Index einfließen, sind die Anzahl der Wettbewerber am Markt und deren Marktanteile (IBM Global Business Services 2011:25). Da diese Daten dem Bericht zum Liberalisierungsindex nicht direkt entnommen werden konnten, wurden für den folgenden Abschnitt andere Quellen herangezogen.

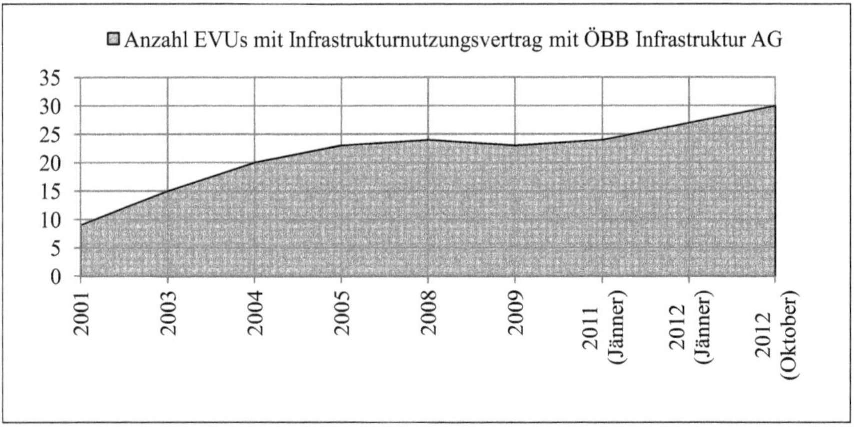

Abb. 13 Anzahl EVUs mit Infrastrukturnutzungsvertrag mit ÖBB-Infrastruktur AG; Quelle: (ÖBB-Infrastruktur AG 2013); eigene Darstellung

Die Anzahl der EVUs, welche einen Infrastrukturnutzungsvertrag mit der Infrastruktur-Tochter der ÖBB haben, stieg im Laufe des letzten Jahrzehnts kontinuierlich an, zwischen 2001 und 2008 von 9 auf 24 und blieb danach für kurze Zeit relativ konstant. Ab dem Jahr 2011 stieg deren Anzahl aber wieder deutlich an – auf den bisherigen Höchststand von 30 EVUs. Dies bedeutet, dass der Zugang zur österreichischen Schieneninfrastruktur nicht nur möglich ist, sondern diese Möglichkeit auch von vielen Unternehmen genutzt wird. Zusätzlich zu den hier aufgezählten EVUs gibt es darüber hinaus noch private Unternehmen, welche Schienenverkehr nur auf ihrer eigenen Infrastruktur betreiben und somit keinen Vertrag mit der ÖBB-Infrastruktur AG haben.

Nun ist aber nicht nur relevant, wie viele neue Akteure es am österreichischen Schienenverkehrsmarkt seit Beginn der Liberalisierung gibt, sondern auch deren Anteil am Marktgeschehen. Relevante Indikatoren sind hier im Personenverkehr die Anzahl der Reisenden und die durch diese zurückgelegten Kilometer (Pkm), im Güterverkehr die transportierten Güter in Nettotonnen und deren zurückgelegte Kilometer (Tkm). Bei allen diesen Werten zeigt sich noch eine starke Vormachtstellung des ehemaligen Monopolisten ÖBB. Im Personenverkehr ist diese noch deutlicher ausgeprägt wie im Güterverkehr (Schienen-Control GmbH 2011c).

Tab. 5 Anteil privater EVUs am Schienenverkehrsmarkt in Österreich; Quelle:(Schienen-Control GmbH 2012c); eigene Darstellung

	Anteil Privater am Personenverkehr		Anteil Privater am Güterverkehr	
	Reisende	Pkm	Nettotonnen	Tkm
2008	11,7%	5,8%	15,5%	10,7%
2009	13,8%	5,6%	17,5%	11,3%
2010	12,9%	5,6%	19,8%	14,6%
2011	13,6%	5,5%	20,6%	14,4%

Allerdings ist auch – wie in Tabelle 5 zu erkennen – ein Wachstum des Marktanteils privater EVUs festzustellen. Für den Güterverkehr bestätigen dies sowohl die Werte für absolut transportierte Güter also auch die Tonnenkilometerleistung. Im Personenverkehr, bei dem das Wachstum des Privatbahnanteils verhaltener ausfällt, ist nur bei der Anzahl der Reisenden eine Steigerung zu beobachten. Der Eintritt der WESTbahn Ende 2011 als direkten Konkurrenten der ÖBB-PV auf der Westbahnstrecke schlägt sich in diesen Zahlen nur gering nieder. Die Zahlen für das Jahr 2012 werden aussagekräftiger sein.

Auch die Experten, welche die einzelnen Interessensgruppen repräsentieren, stellen grundsätzlich dem österreichischen Schienenverkehrsmarkt einen vergleichsweise hohen Wettbewerbsgrad aus. Zwar sehen auch sie noch eine starke Stellung des bisherigen Monopolisten, aber im Verhältnis mit anderen europäischen Ländern einen starken Wettbewerb (Beier 2012; Gansterer 2012; Nagl 2012). Es wird auch erkannt, dass manche Länder, wie beispielsweise Deutschland, schon deutlich weiter sind bei der Implementierung von Wettbewerb, doch Österreich sei auf einem guten Weg (Haibach 2012). Dort ist der Wettbewerb auch so intensiv, dass einige private EVUs schon wieder vom Markt verschwunden sind, da sie dem Wettbewerbsdruck nicht standhalten konnten (Rießberger 2012). Bei der Betrachtung des Wettbewerbs auf der österreichischen Schieneninfrastruktur fällt auf, dass auf Basis *open access* Wettbewerb fast ausschließlich auf dem Netz der ÖBB stattfindet. Auf der Infrastruktur der integrierten Privatbahnen, welche genauso für dritte EVUs offen steht, findet beinahe kein Wettbewerb statt. Auch die Güterverkehrstochter der ÖBB vergibt die Verkehre, die diese Infrastrukturen beanspruchen, eher an diese Privatbahnen, als sie auf Basis von *open access* selbst durchzuführen (Beier 2012). Der Wettbewerb am liberalisierten Eisenbahnsektor entwickelt sich im Personenverkehr und im Güterverkehr in einer unterschiedlichen Geschwindigkeit. Im Güterverkehr ist der Marktanteil der privaten Wettbewerber höher als im Personenverkehr. Dies zum einen, weil der Markteintritt privater EVUs im Güterverkehr schon länger zurückliegt, zum anderen vor allem, weil der Eintritt im Güterverkehr wesentlich schneller und kostengünstiger möglich ist (Beier 2012). „Im Güterverkehr reicht es Ihnen, wenn Sie irgendeine Lokomotive haben. Die können sie ausborgen, die Waggons können Sie auch ausborgen und Sie können sich sogar den Lokführer irgendwo mieten. Und wenn sie irgendwo ein Geschäft haben, dann fahren sie es und machen das Geschäft" (Beier 2012). Neben dem Vorteil der geringeren Kosten gibt es im Güterverkehr noch weitere Vorteile: der Markt ist dynamischer, die Konzentration auf Nischen ist leichter und es sind nur wenige Kunden direkt anzusprechen (Nagl 2012). Im Personenverkehr ist dies weitaus schwieriger. Hier ist die anfängliche Investition wesentlich höher. Wie man bei der WESTbahn sieht, bedarf es mehrerer Garnituren. Außerdem gibt es für gebrauchte Fahrzeuge nur einen begrenzten Markt und der Kunde erwartet meist neue und hochwertige Garnituren. Außerdem muss im Personenverkehr ein ganztägiger Fahrplan eingehalten werden und auch in Schwachlastzeiten gefahren werden (Beier 2012; Nagl 2012). Deshalb ist es kein Wunder, dass sich Güter- und Personenverkehr mit unterschiedlicher Geschwindigkeit entwickelt haben.

6.1.2.1. Schienenpersonenverkehr

Festzuhalten ist aber, dass der Anteil der Privaten am Personenverkehr nicht auf eine Konkurrenzsituation zurückzuführen ist, da mit Ausnahme des CAT zwischen Wien und dem Flughafen Wien-Schwechat kein Unternehmen in Konkurrenz fährt, sondern fast ausschließlich auf der eigenen Infrastruktur (Schienen-Control GmbH 2011c:42). Beim CAT ist allerdings fraglich, ob aufgrund des 49% Anteils der ÖBB hier von einem Konkurrenten gesprochen werden kann (Beier 2012). Erst mit Gründung der WESTbahn kam es ab Dezember 2011 zum ersten Mal auch im Personenverkehr zu einer direkten Konkurrenz (Beier 2012; Rießberger 2012; Veit 2012). Zwar gibt es auch andere EVUs, die formal als Dritte das Netz der ÖBB-Infrastruktur AG nutzen, allerdings sind dies die integrierten Privatbahnen durch die Benützung des jeweiligen Anschlussbahnhofs. Es handelt sich somit um Ergänzungen, welche auch schon vor der Liberalisierung bestanden und nicht um eine Konkurrenzsituation (Beier 2012). „Von Wettbewerb kann man aus Kundensicht eigentlich nur sprechen, wenn es [...] zwei gleichwertige Anbieter nebeneinander gibt" (Gansterer 2012). Auch die Züge der Deutschen Bahn, welche in Österreich verkehren, gab es bereits davor und sie werden meist in Kooperation betrieben (Rießberger 2012). Seit Dezember 2011 bietet nun das erste private Unternehmen einen eigenwirtschaftlich betriebenen Personenverkehr zwischen Wien und Salzburg (bzw. Freilassing) an. Außer auf dieser Strecke gibt es keinen Wettbewerb im Schienenpersonenfernverkehr und der Wettbewerb ist auch auf diese Strecke beschränkt, weil auf allen anderen Strecken die Leistungen der ÖBB-Personenverkehr AG als GWL bestellt sind und ein privates Unternehmen „dann immer gegen einen Mitbewerber antreten müsste[…], der auf dieser Strecke subventioniert wird" (Mader 2012). Auch in anderen Ländern sieht man, dass es erst durch Ausschreibungen zu Wettbewerb kommt. Eigenwirtschaftlich betriebene Züge gibt es nur selten. Beispiele hierfür sind Interconnex zwischen Leipzig und Warnemünde, NTV zwischen Rom und Mailand sowie Regiojet zwischen Prag und Ostrava (Beier 2012).

> *PRO*: „[Der] Personenfernverkehr [ist s]eit […] zwei Monaten jetzt ungefähr […] liberalisiert [und hier herrscht s]ehr starker Wettbewerb" (Nagl 2012).

> *CONTRA*: „[E]s ist nur diese eine Strecke, die sich eigenwirtschaftlich befahren lässt, und auf den anderen Strecken ist natürlich kein Wettbewerb möglich" (Mader 2012).

6.1.2.2. Schienengüterverkehr

Im Schienengüterverkehr ist die Konkurrenz deutlicher. Die Zunahme im Güterverkehr ist nicht (bzw. nicht nur) auf integrierte private Unternehmen zurückzuführen, welche auf ihrer eigenen Infrastruktur fahren wie im Personenverkehr. Hier kommt eindeutig das Prinzip *open access* zum Tragen. Betrachtet man nämlich nun die Marktanteile der privaten EVUs am Güterverkehr innerhalb des ÖBB-Netzes, so zeigt sich dort eine starke Zunahme innerhalb des letzten Jahrzehnts (Schienen-Control GmbH 2011c).

Die Wettbewerbsentwicklung wird auch von den Experten als stark bewertet, schließlich führt sie seit dem Jahr 2001 zu einem zunehmenden Marktanteil der Privaten (Beier 2012; Haibach 2012; Nagl 2012; Rießberger 2012). Dieser neu entstandene Wettbewerb ist aber keineswegs über den gesamten Güterverkehr gleichmäßig verteilt. Die Marktanteile der privaten EVUs variieren je nach Marktsegment bzw. Verkehrsart. Einen hohen Anteil haben sie am Geschäft mit Ganzzügen[12]. Dies liegt daran, dass für diese Transporte keine große Infrastruktur nötig ist und sie deshalb besonders lukrativ sind (Rießberger 2012). Wie aus Zahlen des Tätigkeitsberichts 2010 der SCG deutlich wird, konzentrieren sich die neuen Akteure außerdem auf die Transitstrecken. Hier haben sie mittlerweile

12 Ganzzug ist die Bezeichnung für einen Güterzug, bei dem alle Waggons den gleichen Be- und Entladepunkt haben. Zwischenstopps und teures Umladen entfallen.

(Stand 2010) einen Marktanteil von über 25% (Schienen-Control GmbH 2011c:41). Besonders begehrt sind hierbei die Brennerstrecke und die Donauachse. Vor allem beim Transitverkehr über den Brenner liegt der Marktanteil privater EVUs mittlerweile bei über 50%. Im Binnengüterverkehr hingegen ist deren Anteil hingegen mit knapp über 5% weitaus geringer (Schienen-Control GmbH 2011c:41).

Hier haben – gemessen in Zugzahlen – die Privaten bereits einen Marktanteil zwischen ca. 50% (Donauachse) und knapp 60% (Brenner) (Schienen-Control GmbH 2011c:41). Dieser liegt deutlich über ihrem Anteil am Gesamtmarkt. Allerdings ist anzumerken, dass dieser hohe Marktanteil fast ausschließlich auf zwei Akteure zurückzuführen ist. Dabei handelt es sich zum einen um das EVU Lokomotion, welches der Deutschen Bahn nahe steht, und das EVU TX Logistik, welches der italienischen Staatsbahn gehört (Mandl 2012). Dies zeigt zwar, dass es eindeutig zu Wettbewerb auf dem österreichischen Schienenverkehrsmarkt gekommen ist, allerdings ist fraglich, ob diese Wettbewerber mit dem Adjektiv *privat* versehen werden können. Auch die meisten anderen EVUs in Österreich gehören oft dem Bund oder anderen Gebietskörperschaften. Wirklich privat sind nur LogServ, ein Unternehmen des voestalpine Konzerns, und RTS, welches zum Swietelsky Bau Konzern gehört (Mandl 2012). Seit 2012 können als wirklich private Neuzugänge außerdem die EVU-Tochter der ALPINE Bau GmbH, die Safety4you Baustellenlogistik GmbH und die Rail Professionals Stütz GmbH genannt werden (Schienen-Control GmbH 2012c:8).

Außerdem ist festzustellen, dass alle Akteure versuchen eine eigene Nische zu finden, in der sie möglichst wenig dem Wettbewerb ausgesetzt sind. Ein Wettbewerber konzentriert sich auf den Verkehr eines großen Industriebetriebes, einer ist spezialisiert auf die Logistik im Automobilsektor und ein dritter wieder auf den Agrarbereich ausgerichtet (Mandl 2012). Gerade in diesen Nischen können sich die kleinen Privatbahnen behaupten und erhalten somit gleichzeitig den Schienengüterverkehr in der Fläche aufrecht (Haibach 2012). Dass das Geschäft als privates Eisenbahnunternehmen nicht leicht ist, zeigt sich daran, dass im Ausland bereits viele Private (z.B.: Crossrail, Rail4Chem) wieder vom Markt verschwunden sind (Mandl 2012).

Trotz allem Wettbewerb ist der ehemalige Monopolist RCA allerdings nach wie vor überlegener Marktführer.

> *PRO*: „2001 hat die Güterverkehrsliberalisierung tatsächlich begonnen, und seit damals gibt es einen stetigen Marktanteilszuwachs bei den privaten EVUs“ (Beier 2012).

CONTRA: „[J]edes Bahnunternehmen [hat] irgendwo seinen Schwerpunkt. Klar gibt's immer irgendwo Überschneidungen, aber der große Wettbewerb untereinander ist eigentlich nicht da, weil jeder seine Nische hat" (Mandl 2012).

6.1.3. Beeinträchtigungen des Wettbewerbs

Wie bereits erwähnt, wird der Liberalisierungsgrad des österreichischen Schienenverkehrsmarktes als hoch eingeschätzt. Der grundsätzliche Zugang zur Infrastruktur der ÖBB ist gut und diskriminierungsfrei (Beier 2012; Haibach 2012; Nagl 2012). Der Schienenregulator mit seinen zwei Instanzen Schienen-Control GmbH und Schienen-Control Kommission arbeitet gut, gründlich und kümmert sich um die vorgebrachten Beschwerden und auch das zuständige Bundesministerium steht hinter der Liberalisierung (Beier 2012; Haibach 2012). Allerdings gibt es auch noch immer Beeinträchtigungen, welche die Entstehung von Wettbewerb behindern bzw. verhindern. Kritisiert wird beispielsweise die Holding-Konstruktion der ÖBB. Um einer wettbewerbsverzerrenden Quersubventionierung vorzubeugen, schrieb die Richtlinie 91/440/EG (Abl. EG 1991 L 237/25) eine rechnerische Trennung von Absatz und Infrastruktur vor. Die Einhaltung war allerdings schwer überprüfbar (Veit 2012). Durch die Richtlinie 2001-/12/EG (Abl. EG 2001 L 75/1) wurde diese Regelung hin zu einer organisatorischen Trennung verschärft. Österreich setzt dies mit Hilfe einer Holding um. Die ÖBB-Infrastruktur AG ist nun eine Gesellschaft mit eigener Rechtspersönlichkeit, doch ist diese nach wie vor über die Holding mit den Absatzgesellschaften verbunden (Haibach 2012). Zwar ist die Trennung, bedingt durch eine andere Gesetzeslage in Österreich strenger als in Deutschland, trotzdem wird auch von der EU-Kommission die mangelnde Unabhängigkeit des Infrastrukturbetreibers, welcher gleichzeitig als Trassenzuweisungsstelle fungiert, bemängelt. Deshalb wurde gegen Österreich wie gegen 24 andere EU-Mitgliedsstaaten ein (mittlerweile abgewiesenes) Vertragsverletzungsverfahren beim EuGH eingebracht (Beier 2012; Rießberger 2012; Veit 2012). Wie sehr die Vergangenheit und die gemeinsame Holding eine Rolle bei bestimmten Prozessen spielen, kann nicht eindeutig gesagt werden. Im Gegensatz zur Infrastruktur der ÖBB ist auf dem Netz der integrierten Privatbahnen nur in Einzelfällen Wettbewerb entstanden. Die Trassenvergabe ist zwar bei diesen Unternehmen ausgelagert, dies wurde von einem Experten allerdings als reine „Augenauswischerei" bezeichnet (Beier 2012). Dass es aber auch beim Netzzugang zur ÖBB Infrastruktur noch Verbesserungspotenzial gibt, zeigt eine qualitative Marktbeurteilung durch die Marktteilnehmer, welche im von der Schienen-Control GmbH regelmäßig erhoben wurde (Schienen-Control GmbH 2011c). Wie in Tabelle 6 zu sehen ist, bewerten die Eisenbahnunternehmen die Trassenvergabe als gut. Für die Bewertung dieses Kriteriums ist in den letzten vier Jahren außerdem ein positiver Trend zu vermerken. Bei anderen Merkmalen ist man aber weitaus kritischer. Bei der qualitativen Beurteilung des Netzzugangs durch die EVUs in Österreich ist aber kein Kriterium besonders herausragend schlecht benotet.

Tab. 6 Qualitative Beurteilung des Netzzugangs; Quelle: (Schienen-Control GmbH 2012c:39); eigene Darstellung

	2006	2007	2008	2009	2010	2011
Trassenvergabe	1,6	1,73	1,95	1,65	1,6	1,54
Letzte Meile (Bedienung An-	2,86	3,54	2,72	2,76	3	2,85
Zugang zu Verladeeinrichtun-				2,42	2,5	2,14
Engpass bei Trassen	2,56	2,87	2,76	2,35	2,25	2,38
Grenzübertritt	2,21	2,14	2,29	2,27	1,94	2,19
Betriebliche Auflagen	2,38	2,38	2,55	2,7	2,47	2,43
Verschub	2,71	2,67	2,59	2,65	2,4	2,33
Bewertung nach österreichischem Schulnotensystem 1 (sehr gut) – 5 (nicht genügend). Nicht alle Faktoren seit 2006 abgefragt.						

6.1.3.1. Schienengüterverkehr

Vor allem im Schienengüterverkehr gibt es beim grundsätzlichen Netzzugang so gut wie keine Beeinträchtigungen für Konkurrenten. Der Wettbewerb im Güterverkehr läuft seit einigen Jahren problemlos (Beier 2012; Rießberger 2012). Es gab auch bisher keine Verfahren bei der Schienen-Control Kommission (Rießberger 2012). „[I]n Österreich ist Diskriminierung sicher kein Thema“ (Mandl 2012). Bei der Trassenvergabe, dem Bahnstrom und den anderen unbedingt notwendigen Dienstleistungen ist keine Benachteiligung privater Akteure festzustellen (Mandl 2012). Hier gibt es also nur in Randbereichen Kritik. Zu nennen ist vor allem der Zugang zu Verladeeinrichtungen und zur letzten Meile. Bei der Thematik der letzten Meile handelt es sich aber eher um den Missbrauch einer marktbeherrschenden Stellung als eine Diskriminierung (Beier 2012). Auch das Reduzieren der Verladestellen seitens ÖBB-PV wird teilweise als Diskriminierung gesehen, da es einseitig und ohne Absprache bzw. rechtzeitige Information der Mitbewerber stattfand (Haibach 2012). Die 2011 das letzte Mal durchgeführte Beurteilung durch die Marktteilnehmer zeigt allerdings, dass es bei beiden Bereichen zuletzt zu Verbesserungen gekommen ist.

6.1.3.2. Schienenpersonenverkehr

Der Wettbewerb im Personenverkehr ist weitaus weniger friktionsfrei. Hier ist das Verhältnis zwischen dem neuen privaten EVU WESTbahn und dem ÖBB-PV angespannt. Zu ersten Konflikten kam es bereits bei der Trassenvergabe. Der private Wettbewerber kritisierte mehrfach das Naheverhältnis der ÖBB-Absatzgesellschaft zur Infrastrukturgesellschaft und griff damit die Kritik der Europäischen Kommission auf (Mader 2012). Auch andere Experten werteten diesen Konflikt als einen Versuch, dem neuen Konkurrenten das Leben schwer zu machen (Rießberger 2012). Der Fahrplankonflikt wurde schließlich durch einen Kompromiss, angeregt von der Schienen-Control Kommission, beigelegt (Beier 2012). Neben der Trassenbestellung gibt es darüber hinaus noch in einigen juristischen Graubereichen Konflikte. Hier zu nennen sind die Erstellung von Fahrplänen, die Weitergabe von Fahrplaninformationen in Echtzeit und die Verteilung von Werbematerialien in Bahnhöfen (Nagl 2012; Rießberger 2012). Bei ersterem wurde der ÖBB-PV verpflichtet, Fahrpläne ohne WESTbahn-Listungen aus dem Verkehr zu ziehen. Die Verteilung von Werbematerialien ist mittlerweile ebenfalls geklärt. Privaten EVUs ist dies nun gestattet (Beier 2012). Über die Weitergabe von Fahrplaninformationen in Echtzeit hat der EuGH mittlerweile im Rahmen eines Vorabentscheidungsverfahrens im Sinne der WESTbahn entschieden. Die ÖBB Infrastruktur AG sind nun zu einer Weitergabe dieser Informationen verpflichtet (EuGH C-136/11).

Die bis jetzt größte Einschränkung des Wettbewerbs im österreichischen Schienenpersonenverkehr ist die fehlende Ausschreibung von gemeinwirtschaftlichen Leistungen. In Österreich sind alle Züge exklusive der Intercity Verbindungen auf der Westbahnstrecke sowie der internationalen Fernverbindungen durch GWL-Verträge bestellt (Beier 2012). Diese Verträge werden aber nach wie vor nicht ausgeschrieben. Dies wäre aber wesentlich für die Entstehung von Wettbewerb (Mader 2012). Erfahrungen aus anderen Ländern haben gezeigt, dass es zu Wettbewerb erst kommt, wenn gemeinwirtschaftliche Leistungen ausgeschrieben werden. In Österreich wird teilweise bemängelt, dass durch die bisherige Unterlassung der Ausschreibung versucht wird, durch einen sehr langen neuen GWL-Vertrag auch in der Zukunft keine Konkurrenz zum ÖBB-Personenverkehr entstehen zu lassen (Beier 2012; Mader 2012). Deshalb ist auch die politische Forderung der WESTbahn die Ausschreibung von GWL (Mader 2012). Auch hierzu wurden und werden juristische Auseinandersetzungen zwischen den beiden Konkurrenten und den GWL-Vertrag vergebenden Gebietskörperschaften geführt.

PRO: „Also ich würde sagen, im Güterverkehr ist […] seit […] 10 Jahren […] keine Diskriminierung zu entdecken. […] Auch im Personenfernverkehr […] sieht man an vielen, vielen Punkten, dass es extrem einfach ist in den österreichischen Markt einzutreten“ (Nagl 2012).

CONTRA: „Der grundsätzliche Zugang zur Infrastruktur […] funktioniert gut. […] [Aber w]ir [WESTbahn, Anm.] können eigentlich keine weiteren Strecken in Österreich befahren, weil man dann immer gegen einen Mitbewerber antreten müsste, der auf dieser Strecke subventioniert wird“ (Mader 2012).

6.2. Auswirkungen der Liberalisierung auf Leistungsfähigkeit und Modal Split

Eine der bedeutendsten Zielsetzungen des Liberalisierungsprozesses war die Stärkung des Schienenverkehrsmarktes, die Erhöhung seiner Leistungsfähigkeit und eine Steigerung der Konkurrenzfähigkeit des Schienenverkehrs mit dem Straßenverkehr – also eine Verbesserung des Modal Splits.

Betrachtet man nun die Liberalisierung als Ganzes, als den Prozess des staatlichen Rückzugs aus der Erbringung einer bestimmten Dienstleistung oder Produkts – in diesem speziellen Fall des Transports von Personen und Gütern – so sind zwei Faktoren zu beachten. Zum einen ist natürlich relevant, wie sich die Wettbewerbssituation verändert hat. Der Eintritt von Konkurrenten in den Schienenverkehrsmarkt kann auf jeden Fall Auswirkungen auf dessen Leistungsfähigkeit haben. Neben der Implementierung von Wettbewerb ist auch ein zweiter Faktor relevant. Der ehemalige Monopolist ÖBB wurde in eine Aktiengesellschaft umgewandelt. Zwar ist dieser nach wie vor in staatlichem Eigentum, aber dem Aktienrecht unterworfen. Außerdem wird versucht, mit modernen Management- und Organisationsformen die Effizienz des Unternehmens zu erhöhen. Beide Faktoren können Auswirkungen auf die Leistungsfähigkeit des Schienenverkehrssektors und in weiterer Folge auf den Anteil der Schiene am gesamten Verkehr haben. Inwieweit dies zutrifft hängt natürlich auch immer von der Entwicklung und den Rahmenbedingungen der restlichen Verkehrsträger Straße, Wasser und Luft ab.

Die Leistung des Schienenverkehrs wird in unterschiedlichen Maßeinheiten gemessen. Eine Variante ist die Anzahl der beförderten Personen und beförderten Nettotonnen an Gütern. Aussagekräftiger sind allerdings die geleisteten Personenkilometer (Pkm) und Tonnenkilometer (Tkm; im Güterverkehr). In diesen Wert geht nicht nur die Anzahl der transportierten Güter und Personen ein, sondern auch die zurückgelegte Entfernung. Bei der Berechnung des Modal Splits wird dieser zweite Wert mit jenen der anderen Verkehrsträger verglichen.

6.2.1. Schienenpersonenverkehr

Der Schienenpersonenverkehr hat 2011 in Österreich 244 Millionen Passagiere befördert. Diese Passagiere legten zusammen 10,9 Milliarden Kilometer zurück. Dies bedeutet eine leichte Steigerung gegenüber 2010 und bei beiden Werten den höchsten Stand bisher überhaupt. Bei der Entwicklung der Leistungskennzahlen ist zu bemerken, dass die Anzahl der beförderten Personen mit Ausnahme einer deutlichen Abnahme von 1996 auf 1997 und einer geringen Abnahme von 2001 auf 2002 kontinuierlich angestiegen ist (Eurostat 2012; Herry et al. 2007; Schienen-Control GmbH 2011a; 2011b).

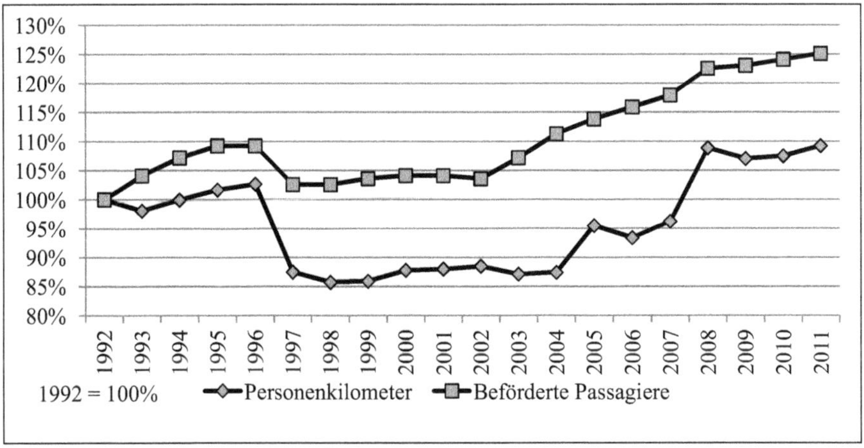

Abb. 14 Entwicklung der beförderten Passagiere und der zurückgelegten Personenkilometer in Österreich; Quelle: (Eurostat 2012; Herry et al. 2007; Schienen-Control GmbH 2011a; 2011b; 2012b); Eigene Darstellung

Selbst direkt nach Ausbruch der Weltwirtschaftskrise, zu dem es bei der Personenkilometerleistung einen leichten Rückgang gab, wurden nicht weniger Personen befördert. Die geleisteten Personenkilometer waren überhaupt weniger stabil. Hier ist kein einheitlicher Trend zu erkennen. Im Zeitraum von 1992 bis 2010 ist die Anzahl der beförderten Passagiere um über 25% gestiegen, die hierfür geleisteten Personenkilometer jedoch nur um über 9% (Eurostat 2012; Herry et al. 2007; Schienen-Control GmbH 2011a; 2011b; 2012b). Dies bedeutet somit, dass die Passagiere immer kürzere Strecken zurücklegen.

Neben der geleisteten Beförderung ist außerdem das Verhältnis mit den anderen Verkehrsträgern wichtig. Beim Modal Split ist über den Zeitraum der letzten 20 Jahre kein eindeutiger Trend zu erkennen (Abbildung 15). Von 1990 bis 2008 nahm der Anteil des Schienenpersonenverkehrs am gesamten Verkehrsaufkommen sogar leicht ab. In den letzten Jahren ist allerdings wieder eine leichte Zunahme zu verzeichnen. Auch die wirtschaftlichen Turbulenzen der letzten Jahre haben diesen Aufwärtstrend nicht unterbrochen. Im Vergleich mit den anderen Mitgliedsstaaten der EU (Hier als Vergleichswert die EU27 bzw. bis 1999 die EU-15), schlägt sich Österreich aber sehr gut. Die Anteile des Schienenverkehrs liegen teilweise um 5 Prozentpunkte über dem Schnitt der EU27 (bzw. EU-15).

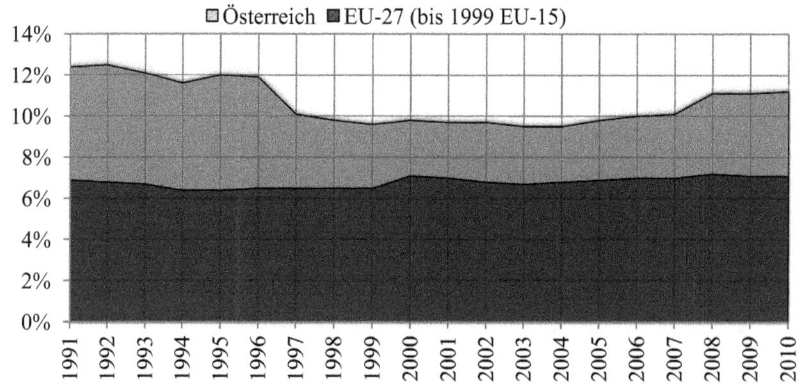

Abb. 15 Anteil des Schienenpersonenverkehrs am gesamten Verkehrsaufkommen (Österreich, EU27); Quelle: (Eurostat 2012); eigene Darstellung

Für diese Arbeit ist vor allem der Zeitraum interessant, ab dem die Liberalisierung einsetzte. Relevant sind hier vor allem folgende Einflussfaktoren: Der *open access* für inländische EVUs und bedingt auch für ausländische EVUs zur Infrastruktur der ÖBB und die Umwandlung eben dieser ÖBB in ein modernes Unternehmen. Durch die Marktöffnung im Personenverkehr hat sich noch kein intensiver Wettbewerb entwickelt. Auch der Einfluss der Aufnahme des Betriebs vom EVU WESTbahn kann noch nicht bewertet werden, da deren Betrieb in den vorliegenden Daten noch nicht abgebildet ist. Derzeit gibt es leider noch keine Modal Split-Daten für die Jahre 2011 und 2012. Die Verbesserungen des Modal

Splits seit 2005 zu Gunsten der Schiene können also nur durch institutionelle Veränderungen der ÖBB oder die allgemeinen Rahmenbedingungen begründet sein. 1992 wurden die ÖBB formell privatisiert und ab 2003 begann die Umstrukturierung des Konzerns in eine Holding und die Trennung der Geschäftsbereiche in Aktiengesellschaften. Ab diesem Zeitpunkt ist ein ansteigender Trend sowohl bei den beförderten Passagieren als auch bei den Personenkilometern zu erkennen. Ob hier eine Korrelation vorliegt, kann nicht mit Sicherheit gesagt werden. Eine Bewertung des Einflussfaktors Liberalisierung auf die Leistungsfähigkeit durch die befragten Experten soll mögliche Beziehungen und Korrelationen aufzeigen.

Generell betrachten die befragten Personen den Schienenpersonenverkehr in Österreich mit gemischten Gefühlen. Zum einen wird anerkannt, dass Österreich im Verhältnis zu vielen anderen europäischen Ländern sehr erfolgreich ist. Unter anderem wird angemerkt, dass Österreich innerhalb Europas nach der Schweiz und Frankreich jenes Land ist, in dem am drittmeisten Bahn gefahren wird (zurückgelegte Wegstrecke je Bürger) (Rießberger 2012; Veit 2012). Allerdings wird kritisch vermerkt, dass die Leistungssteigerungen der letzten Jahre vor allem auf die Ballungsräume und einige Fernverkehrsrelationen konzentriert waren (Haibach 2012; Veit 2012). Abseits der Ballungsräume ist der Personenverkehr der Einschätzung eines Experten nach sogar schlechter geworden (Haibach 2012). Auch die Bewertung der bisherigen Konsequenzen durch Marktzugang und Wettbewerb ist nicht einheitlich. Da der Wettbewerb im Personenverkehr in Österreich noch nicht intensiv ist, konzentrieren sich auch die Einschätzungen der Experten auf bekannte Beispiele. Der Wettbewerb auf der Strecke zwischen Wien und dem Flughafen Schwechat wird beispielsweise äußerst positiv gesehen. Die CAT-Reisenden werden als Zusatzreisende zur Flughafenschnellbahn bewertet (Beier 2012). Somit hat auf dieser Strecke die Implementierung von Wettbewerb zu einer Leistungssteigerung geführt. Auch für Nebenstrecken wird eine positive Wirkung der Liberalisierung angenommen. Beim Personenfernverkehr, bei dem es mittlerweile auf der Westbahnstrecke zu einer Wettbewerbssituation zwischen ÖBB-PV und WESTbahn gekommen ist, sind die Experten geteilter Meinung. Dass die Meinungen der beiden Unternehmensvertreter bei dieser Frage voneinander abweichen, war allerdings zu erwarten.

- Westbahn: Vom entstandenen Wettbewerb erwartet man sich klare Vorteile für die Gesamtqualität des Schienenverkehrs. Eine Leistungssteigerung sei auf der Westbahnstrecke bereits eingetreten, da ÖBB-PV laut eigener Aussage in den Monaten seit Dezember 2011 sehr erfolgreich war, aber auch die WESTbahn Passagiere transportierte. Hieraus kann abgeleitet werden, dass insgesamt mehr Fahrgäste befördert wurden (Mader 2012). Diese Leistungssteigerung habe auch eine Verbesserung des Modal Splits gebracht, denn viele „Leute, die sonst mit dem Auto gefahren wären, [haben] die Bahn genommen“ (Mader 2012).

- ÖBB: Die Liberalisierung habe für den Personenverkehr keine großen Auswirkungen, da dieser zu komplex und teuer sei, um zusätzliche Wettbewerber anzulocken. Bezüglich des aktuellen Wettbewerbs wird eher eine Umverteilung zwischen den beiden Unternehmen erwartet. Einige Neukunden seien zwar zu erwarten, allerdings sieht man hier kein großes Potenzial. Somit werden die Auswirkungen auf Leistung und Modal Split äußerst gering sein. Die investierten 120 Millionen des Konkurrenten würden hauptsächlich Überkapazitäten erzeugen und somit dem Gesamtsystem Schiene nur wenig helfen (Nagl 2012).

PRO: „Ein Bereich in dem sich teilweise positive Effekte der Liberalisierung zeigen, sind Nebenbahnen, die nun von kleinen privaten Unternehmen betrieben werden“ (Veit 2012).

CONTRA: „Beim Personenfernverkehr würde ich sagen, da können sie lang machen und da wird es, auch wenn es sehr gut läuft, für die Liberalisierung [...] nie einen besonderen Effekt haben, weil [er] einfach [...] so komplex und so teuer [ist]“ (Nagl 2012).

6.2.2. Schienengüterverkehr

Die aktuellsten Zahlen zur Transportleistung im Schienengüterverkehr stammen aus dem Jahr 2011. In diesem Jahr wurden in Österreich 108 Millionen Tonnen Güter auf der Schiene transportiert. Die Tonnenkilometerleistung betrug 20,3 Milliarden. Beide Werte stellen nicht den bisherigen Höchststand dar. Zwar ist jeweils eine Steigerung gegenüber dem Jahr 2009 festzustellen, da aber von 2008 auf 2009 ein starker Rückgang zu verzeichnen war, liegen die Zahlen für 2011 noch deutlich unter dem damaligen Höchststand. Der Rückgang ist allerdings weniger auf Gründe, welche dem Schienenverkehr immanent sind, sondern auf weltwirtschaftliche Prozesse zurückzuführen. Abgesehen von diesem Einbruch und einem minimalen Rückgang der transportierten Tonnen zwischen 2002 und 2003 stieg die Transportleistung des Schienengüterverkehrs in den letzten 12 Jahren kontinuierlich (Abbildung 16) (Eurostat 2012).

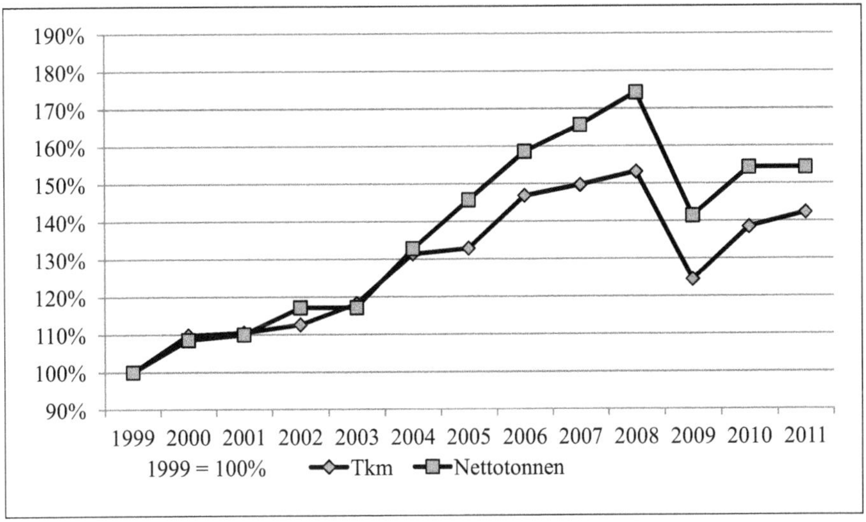

Abb. 16 Entwicklung der transportierten Nettotonnen und der zurückgelegten Tonnenkilometer in Österreich; Quelle: (Bundesministerium für Verkehr Innovation und Technologie 2005; Eurostat 2012); eigene Darstellung

Dass die Zunahme der transportierten Menge stärker steigt als die Tonnenkilometer, lässt darauf schließen, dass der Schienengüterverkehr auch für immer kürzere Strecken interessant wird. Schließlich legten die transportierten Güter im Jahr 2010 im Durchschnitt nur ungefähr 188km zurück, was einen Rückgang von über 15km gegenüber 1999 entspricht (Bundesministerium für Verkehr Innovation und Technologie 2005; Eurostat 2012).

Neben der Frage nach der Transportleistung der Eisenbahn ist nun auch wieder der Vergleich mit den anderen Verkehrsträgern interessant. Bei der Betrachtung des Modal Splits für Österreich und die EU (EU27 bzw. bis 1999 die EU-15) zeigt sich, dass Österreich weit über dem Durchschnitt der anderen Mitgliedsstaaten liegt. Über die gesamte betrachtete Zeitspanne hat Österreich einen fast doppelt so hohen Schienenverkehrsanteil am gesamten Güterverkehr. Österreich hatte zwar bereits Anfang der 90er Jahre einen wesentlich besseren Modal Split, aber seit dem Jahr 2003 und einer stagnierenden Periode stieg der Anteil der Schiene bis 2008 wieder auf 39%. Aus dem leichten Rückgang von 2008 auf 2009 ergab sich keine rückläufige Tendenz. 2010 wurde gegenüber dem Vorjahr wieder ein Wachstum der Schienenverkehrsanteil berechnet (Eurostat 2012).

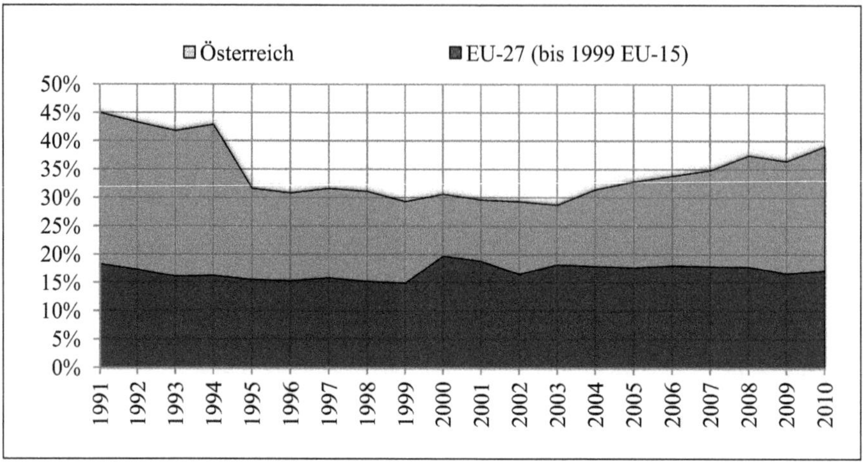

Abb. 17 Anteil des Schienengüterverkehrs am gesamten Verkehrsaufkommen (Österreich, EU-27); Quelle: (Eurostat 2012); eigene Darstellung

Wie beim Personenverkehr lässt sich auch beim Güterverkehr wiederum die Frage stellen, ob die Steigerung der transportierten Güter, die Zunahme der Tonnenkilometer und die Veränderungen des Modal Splits auf die Liberalisierung des Schienenverkehrsmarktes zurückzuführen sind, ob überhaupt keine oder nur eine geringe Wechselwirkung zwischen diesen beiden Prozessen besteht.

Der Schienengüterverkehr in Österreich wird grundsätzlich als sehr gut angesehen. Innerhalb Europas kommt ihm sogar eine Spitzenposition zu. Einzig Schweden, die Schweiz und die kleinen baltischen Staaten haben einen höheren Anteil des Schienenverkehrs am Modal Split als Österreich (Rießberger 2012; Veit 2012). Die Leistungssteigerung des Schienengüterverkehrs der letzten Jahre hat für einige der befragten Experten ihren Ursprung in der Liberalisierung und dem entstandenen Wettbewerb (Beier 2012; Mandl 2012; Nagl 2012). „Tatsache ist, dass wir im Güterverkehr seit 2001, wenn man jetzt von dem Knick 2008 absieht, ein stetiges Wachstum hatten. Auch die RCA hat von 2001 bis 2008 ein Wachstum hingelegt. Das heißt, dass die RCA gewachsen ist und die neuen Marktteilnehmer noch zusätzliche Marktanteile gewonnen haben“ (Beier 2012). Anfänglich war der Zugewinn der privaten EVUs wahrscheinlich eine Umverteilung von Verkehren der ÖBB-Tochter und das Geschäftskonzept war vorwiegend darauf ausgerichtet, Kunden und Geschäfte von den ÖBB abzuwerben (Mandl 2012). Mittlerweile wird aber immer mehr versucht, eher den Straßenverkehr als Konkurrenten zu sehen und Lösungen anzubieten, die eine Alternative zum LKW-Verkehr darstellen (Mandl 2012). Für einige überwiegt allerdings die Verlagerung von Verkehren und hier vor allem der lukrativen Verkehren zu den Privaten. Die Entwicklung wird also als Nullsummenspiel betrachtet (Haibach 2012; Rießberger 2012). Außerdem werde immer mehr auf der Straße transportiert, die ÖBB reduzieren den Güterverkehr in der Fläche immer mehr und der Modal Split stagniere somit (Haibach 2012; Nagl 2012).

Es ist natürlich im Einzelnen schwierig nachzuweisen, ob ein Transport eines Privaten ein Neuverkehr ist oder ansonsten von der RCA durchgeführt worden wäre, hätte es keine Marktöffnung gegeben. Auch kann nicht sicher gesagt werden, wie viele Transporte die RCA an den Straßenverkehr verloren hätte, wenn sie nicht im Wettbewerb mit anderen EVUs gestanden und dadurch kompetitiver geworden wäre. Allerdings ist es durchaus denkbar, dass Unternehmen ihre Transporte auf die Schiene verlagern, wenn sie zusätzliche Alternativen zu einem Monopolisten haben, mit dem sie eventuell bei früheren Geschäften unzufrieden waren (Beier 2012). Wesentlich ist auch, dass die Regulierung des Güterverkehrs in Österreich relativ gut funktioniert (Nagl 2012). Eindeutige Beweise hierfür sind immer schwierig zu erbringen, aber viele einzelne Beispiele lassen den Schluss zu, dass die Marktöffnung und der entstandene Wettbewerb den Schienengüterverkehr als Ganzes vorangebracht haben. Der Containerzug der Salzburger Lokalbahn von Salzburg-Liefering nach Hüttau über eine Strecke von nur 70km wäre vermutlich von der RCA nie angeboten worden (Beier 2012). Auch das Terminal Freudenau und das Terminal bei der Firma Kaindl in Salzburg haben extrem durch die neuen privaten EVUs profitiert. Das Terminal Freudenau würde ohne die Liberalisierung möglicherweise gar nicht existieren (Mandl 2012). Über diese Terminals werden also zum Teil Transporte getätigt, die zuvor nicht über die Schiene, sondern über die Straße gingen.

> *PRO*: „[I]m Güterverkehr, da ist es eigentlich relativ eindeutig, dass eine Liberalisierung in der Form, wie man sie macht, wahrscheinlich ein Vorteil ist“ (Nagl 2012).

> *CONTRA*: „[Im Güterverkehr] ist das eine Verlagerung. Und die nicht-ÖBB Anbieter im Güterverkehr suchen sich natürlich die Verkehre, die ihnen das beste Geld bringen“ (Rießberger 2012).

6.2.3. Pro und Contra – Auswirkung der Liberalisierung auf Leistung und Modal Split

Österreich hat sowohl im Güterverkehr wie im Personenverkehr einen hohen Anteil der Schiene am gesamten Verkehrsaufkommen (Beier 2012; Rießberger 2012; Veit 2012). Die Meinungen, inwieweit dies auf die Liberalisierung des

Schienenverkehrsmarktes zurückzuführen ist, gehen auseinander. Im Personenverkehr, in dem sich der Wettbewerb später eingestellt hat, können über die Auswirkungen nur Prognosen angestellt werden, im Güterverkehr, bei welchem es bereits seit längerem Wettbewerb gibt, kann eindeutiger, aber nicht sicher argumentiert werden, dass die Marktöffnung zu einer Leistungssteigerung geführt hat. Schwierig ist dies insofern, da immer der Vergleich mit einem nichtliberalisierten Schienenverkehrsmarkt in Österreich fehlt. Somit können die Zusammenhänge zwischen Liberalisierung und Leistung bzw. Modal Split nie zweifelsfrei festgestellt werden (Veit 2012). Was hingegen möglich ist, ist der Vergleich zwischen Ländern, in denen die Liberalisierung des Schienenverkehrs strikter durchgeführt wurde, und solchen in denen die Umsetzung verzögert stattfand bzw. erst stattfindet.

In der Schweiz als dem Paradeland für Bahnfahrer, mit dem höchsten Anteil der Schiene am Personenverkehr in Europa überhaupt, ist die ehemalige Bahnverwaltung zwar formell privatisiert, allerdings sind die Bereiche Infrastruktur und Absatz nicht organisatorisch getrennt. Also wird eine Kernvoraussetzung für diskriminierungsfreien Wettbewerb nicht erfüllt. Trotzdem hat die Schweiz die größten Zuwächse beim Personenverkehr (Veit 2012). In Frankreich gab es zwischen 2001 und 2005 keinen freien Marktzugang und in genau dieser Zeitspanne verlor die Schiene beim Güterverkehr deutlich an Marktanteilen. Der Grund war vermutlich die Ineffizienz der staatlichen Bahn bei der Güterverkehrsproduktion (Beier 2012). Seit dort ebenfalls Marktmechanismen implementiert wurden und sich Wettbewerb entwickelt hat, verbesserte sich die Situation (Beier 2012). In den Ländern Großbritannien und Neuseeland hingegen ist der Schienenverkehrsmarkt sehr stark liberalisiert. Dies zeigt sich auch an der guten Bewertung Großbritanniens beim Liberalisierungsindex Bahn. Trotzdem sind diese Länder in gewisser Weise Negativbeispiele, da dort das Bahnsystem sehr teuer ist (Gansterer 2012; Nagl 2012). Außerdem musste der Staat den privatisierten Bahnbetrieben immer wieder unter die Arme greifen.

Ein eindeutiger Zusammenhang zwischen der Liberalisierung als Prozess und einem guten Schienenverkehr lässt sich somit nicht sicher herstellen. Es lassen sich sowohl Argumente für positive Auswirkungen als auch für negative Auswirkungen durch die Liberalisierung finden.

Pro

Wie schon bereits erwähnt, lässt vor allem der Vergleich mit anderen Ländern und deren Bahnsystemen auf die Wirkungsweise der Implementierung von Wettbewerb schließen. „In Ländern, in denen die Liberalisierung auch wirklich stattgefunden hat, hat auch die Schiene insgesamt gewonnen. [...] Und wo das nicht der Fall war, hat die Staatsbahn verloren und die Straße gewonnen“ (Beier 2012). Dies lässt den Umkehrschluss zu, dass es an der Liberalisierung lag, dass die Schiene in Österreich ihren Marktanteil in den letzten Jahren halten konnte oder sogar teilweise zulegte. Dies ist aus verkehrspolitischer Sicht sehr erfreulich, vor allem da anzunehmen ist, dass es ohne Liberalisierung vor allem im Schienengüterverkehr zu Einbrüchen gekommen wäre (Beier 2012). Allerdings kann es sich hierbei immer nur um Einschätzungen bzw. Prognosen handeln. Die Vorteile eines liberalisierten Marktes lassen sich für die meisten Experten hauptsächlich in Nischenmärkten finden (Haibach 2012; Nagl 2012; Veit 2012). Hierbei wird weniger auf die Ineffizienz eines staatlichen Unternehmens referenziert als auf das andere Produktionskonzept eines großen Unternehmens wie es ein Staatsbetrieb meist ist. Besonders im Güterverkehr, aber auch im Personenverkehr macht es sich bemerkbar, wenn eine kleine Privatbahn eine Nebenstrecke oder ein kleines Netz als ihre Hauptstrecke/ihr Hauptnetz ansieht, welches ein großer Monopolist aufgrund seiner schieren Größe nur mit geringerer Aufmerksamkeit beachtet. Diese lokal verankerten Firmen sind in der Region besser vernetzt, können flexibler agieren und haben teilweise auch eine höhere Akzeptanz in der Region (Beier 2012; Haibach 2012; Nagl 2012; Veit 2012). Handelt es sich zusätzlich um Neugründungen, so schleppen diese keine Altlasten mit sich. Diese Vorteile treffen allerdings vorwiegend auf den Schienengüterverkehr zu. Das liegt daran, dass in diesem Bereich der Markteinstieg durch eine kleinere Anfangsinvestition leichter ist und gerade im Güterverkehr Nischen bearbeitet werden können. Außerdem hat ein EVU im Güterverkehr eine geringere Anzahl an Kunden anzusprechen. Dies fördert die Flexibilität und die Zusammenarbeit zwischen Kunden und EVU. Im Personenverkehr hingegen ist der Vorteil meist das Netz. Gerade für den Einstieg in den Fernverkehr bedarf es von Anfang an einer wesentlich höheren Investition (Nagl 2012). Dies ist mitunter einer der Gründe, warum sich im Güterverkehr schon früher Konkurrenz entwickelt hat und der Marktanteil der Privaten im Güterverkehr höher ist.

Die Liberalisierung bringt also der Meinung einiger Experten Vorteile. Um diese Vorteile ausnutzen zu können, bedarf es allerdings gewisser Rahmenbedingungen bzw. eine gute Regulierung. Um diese Regulierung auch weiterhin gewährleisten zu können, sollten Aufsichtsbehörde und Infrastruktur auf jeden Fall in öffentlicher Hand bleiben (Gansterer 2012). Denn ob und wie stark reguliert wird, „[d]as ist die Gratwanderung, auf der sie sich mit dieser Liberalisierung begeben. Wo entfesseln sie sozusagen die Kräfte sinnvoll, sodass sozusagen ein großer Nutzen für die Kunden entsteht, oder wo entfesseln sie sie und [...] haben dann [...] weder für die Kunden noch gesamtwirtschaftlich irgendwie was Wesentliches beigetragen“ (Nagl 2012). Die Regulierung ist notwendig, um die Vorteile des Wettbewerbs zu nutzen und gleichzeitig die Probleme des Schienenverkehrs als natürliches Monopol möglichst auszuschalten. Denn physikalisch ist es besser, einen Zug statt zwei Zügen fahren zu lassen (Nagl 2012).

Contra

Auch wenn gegen einen Einfluss der Liberalisierung auf die Leistungsfähigkeit des Schienenverkehrssektors argumentiert wird, wird der Vergleich mit anderen Ländern ins Feld geführt. Genannt wurden bereits die Beispiele Frankreich und Schweiz mit jeweils nicht strikt durchgeführter Liberalisierungspolitik. Dies wirkte sich unterschiedlich aus. Während in Frankreich der Güterverkehr verlor, gewann der Personenverkehr. In der Schweiz liegt der hohe Anteil ebenso nicht am Liberalisierungsgrad, sondern an der Organisation des öffentlichen Verkehrssystems (Gansterer 2012). Ein weiteres Vergleichsland ist Deutschland. In diesem hat sich bis jetzt eine bemerkenswerte Anzahl von ca. 300 privaten EVUs entwickelt. Trotz dieser hohen Anzahl liegt deren Marktanteil nur bei ungefähr 5% (Veit 2012). Im Vergleich der europäischen Länder lässt sich somit kein einheitlicher Trend erkennen. Die pauschale Aussage, dass die Liberalisierung zu einer Steigerung der Leistung und des Modal Splits führt, ist somit für einige Experten nicht zulässig (Gansterer 2012; Nagl 2012; Rießberger 2012; Veit 2012). Auch wird verneint, dass der Staat als Eigentümer ineffizient wäre, da „die erfolgreichsten Bahnsysteme [in der] Schweiz, [in] Deutschland, Frankreich, [und den] Niederlande[n] […] alle voll im Staatseigentum [sind]“ (Nagl 2012). Die Rolle der Liberalisierung wird als durchaus kritisch gesehen.

Breiter Konsens besteht darüber, dass die wirtschaftlichen und politischen Rahmenbedingungen die Leistungsfähigkeit des Schienenverkehrs und dessen Wettbewerbsfähigkeit im intermodalen Vergleich wesentlich stärker beeinflussen als die Implementierung von Wettbewerb. „[I]ch glaube grundsätzlich nicht, dass der Modal Split durch die Liberalisierung besonders verändert wurde. Was sich verändert hat, sind die Randbedingungen des Wirtschaftens. Und da hätte eine Bahn so oder so, ob liberalisiert oder nicht, mehr davon abbekommen“ (Rießberger 2012). Die Liberalisierung wird für die Gesamtnachfrage also nur als „Randgröße“ betrachtet (Veit 2012). Entscheidend sind vielmehr die allgemeine Mobilitätsentwicklung, die Veränderung der ökonomischen Struktur und Entwicklung eines Landes und die Regulierung der einzelnen Verkehrsträger im Vergleich.

Rahmenbedingungen

- Wesentlich entscheidender als intramodaler Wettbewerb ist der Wettbewerb zwischen den Verkehrsträgern für die Entwicklung des Schienenverkehrs (Haibach 2012; Rießberger 2012; Veit 2012).
- Viele Maßnahmen sind stark auf die Förderung des Straßenverkehrs ausgerichtet. Dieser wird somit gegenüber dem Schienenverkehr gefördert. Es gibt keine flächendeckende LKW-Maut, Riesen-LKW werden durch die EU erlaubt und im Gegensatz zur Straßeninfrastruktur wird davon ausgegangen, dass sich die Eisenbahn ihre Infrastruktur selbst zahlt (Haibach 2012; Rießberger 2012). Solange die Rahmenbedingungen den Straßenverkehr bevorzugen, kann die Schiene nur verlieren. Hier kann die Liberalisierung, „nur bewirken, dass man vielleicht die Verwaltung des bestehenden Mangels mindert" (Haibach 2012).
- Dort, wo es zu einer Verbesserung der Leistung und des Modal Splits kam, war die Liberalisierung nicht ausschlaggebend. Entscheidender waren die Entwicklung des europäischen Binnenmarktes und die damit einhergehende Zunahme von Transportentfernungen und Versandmengen (Rießberger 2012; Veit 2012).
- Auch im Personenverkehr sind die Zunahmen vor allem auf die allgemeine Mobilitätsentwicklung zurückzuführen, und hier besonders auf die Zunahme der öffentlichen Verkehrsmittel in Großstädten und ihren Einzugsbereichen. Der Einfluss von EVUs, die tatsächlich von staatlichen Gebietskörperschaften unabhängig sind, ist hier aber gering, da die meisten Nahverkehrsbetreiber zumeist im Eigentum von Ländern und Gemeinden stehen (Haibach 2012; Veit 2012). Die gestiegene Anzahl der Eisenbahnpassagiere unter den Pendlern ist eher auf sinkende Kaufkraft und steigende Energiepreise zurückzuführen als auf Wettbewerb und Konkurrenz (Gansterer 2012).
- Dass sich auch in Zukunft die Liberalisierung nur bedingt auswirken wird, ist laut einigen Experten auch darauf zurückzuführen, dass mittlerweile auch auf der Schiene Kapazitätsprobleme bestehen. Die Beschränkung der Leistung ist also nicht betriebswirtschaftlicher Natur, sondern technisch bedingt (Rießberger 2012; Veit 2012).

Gerade im Personenverkehr wird die Verbesserung durch die Liberalisierung als gering angesehen. Zwar könne man durch Wettbewerb zu einem gewissen Grad die Effizienz heben, allerdings würde eine Aufteilung der Leistung auf verschiedene Akteure einen Verlust an Synergieeffekten bringen. Nur in seltenen Fällen, wenn die Regulierung sehr gut funktioniert, wie beispielsweise in Bayern, kann die Liberalisierung Steigerungen bringen (Gansterer 2012). Philip Nagl (2012) von den ÖBB meint hierzu: „Sie können jetzt argumentieren, der Monopolist ist um 5% weniger effizient als der Neueintretende, gleichzeitig aber vernichten sie Synergien im Wert von 30%. So jetzt haben sie zwar die 5% gewonnen, aber die 30% verloren." Diese Gratwanderung besteht überall, wo ein natürliches Monopol vorliegt. Außerdem ist, wie bereits erwähnt, der Einstieg für private EVUs im Personenverkehr schwieriger. Deshalb scheint hier alles auf einen Wettbewerb der Staatsbahnen hinauszulaufen (Nagl 2012). Die nationalen Bahnbetriebe versuchen in Regionen, die an ihr Stammnetz angrenzen ihren Betrieb zu erweitern. Außerdem wird argumentiert, dass der bis jetzt im europäischen Vergleich sehr hohe Anteil des Schienenverkehrs am Modal Split in Österreich nicht auf die Liberalisierung zurückzuführen sei. Solche Entwicklungen brauchen laut Aussage eines Experten zwischen 10 und 20 Jahren und Wettbewerb im Personenverkehr gibt es erst seit kurzem (Nagl 2012).

Grundsätzlich wird der Einfluss der Liberalisierung auf die Leistungsfähigkeit des Schienenverkehrssektors als überschätzt dargestellt. Andere Faktoren wirken sich wesentlich stärker aus. Außerdem darf nicht vergessen werden, dass der Schienenverkehr in Österreich im Verhältnis zu anderen Ländern bereits sehr gut ausgeprägt ist, und zwar sowohl im Güter- wie im Personenverkehr.

6.3. Auswirkungen der Liberalisierung auf die einzelnen Interessensgruppen

Die Liberalisierungspolitik der letzten Jahrzehnte im Schienenverkehr wurde nicht nur mit einer erhofften Leistungssteigerung begründet. Man erwartete sich auch Vorteile für die einzelnen Interessensgruppen. Implementierter Wettbewerb soll die ehemaligen Monopolisten effizienter und damit konkurrenzfähiger machen. Dies reduziere den Bedarf an staatlichen Zuschüssen und entlaste somit die Staatshaushalte. Außerdem könne bei einer verbesserten Leistung des Schienenverkehrs die Infrastruktur besser ausgelastet werden und somit deren Kostendeckungsgrad erhöht werden. Die höhere Effizienz aufgrund des Wettbewerbs komme nicht nur dem Staat als Eigentümer, sondern auch dem ehemaligen Monopolisten selbst, sowie seinen Kunden zu Gute des ehemaligen Monopolisten zu Gute, sondern auch diesem selbst und natürlich den Kunden ebenso. Sowohl im Schienenpersonenverkehr als auch im Schienengüterverkehr profitieren die Kunden von einem besseren Service und einem niedrigeren Preis, da durch den Wettbewerb mehrere EVUs um die Kunden buhlen. Wie sich nun die

Liberalisierung in Österreich auf die einzelnen Interessensgruppen ausgewirkt hat, soll in den kommenden Abschnitten näher untersucht werden.

6.3.1. Auswirkungen auf die Österreichischen Bundesbahnen

Betrachtet man die Entwicklung der ÖBB seit dem Beginn der Liberalisierungspolitik, dann ist klar, dass hier nicht nur der beginnende Wettbewerb einen Einflussfaktor darstellt, sondern auch die Umstrukturierung des Unternehmens und der damit einhergehende Rückgang des staatlichen Einflusses eine große Rolle spielt. Wie hat sich die Liberalisierung, die Trennung der Unternehmensbereiche und der beginnende Wettbewerb auf die finanzielle Situation des Unternehmens ÖBB ausgewirkt?

Tab. 7 Betriebswirtschaftliche Kennzahlen der ÖBB 2001-2010; Quelle: (ÖBB-Holding AG 2005; 2006; 2007; 2008; 2009; 2010; 2011a; 2012; Österreichische Bundesbahnen 2004)

	Gesamterträge	Umsatzerlöse	Erträge Güterverkehr	EBIT	EGT/EBT**
2001	3849				128
2002	3998	2366	1066	136	133
2003	4113	2430	1139	102	99
2004	4409	2709	1208	18	-3
2005	5034	4208	2011	226	13
2006*	4990	4564	2238	353	99
2007	5521	4874	2417	514	44
2008	5931	5031	2548	6	-1015
2009	5748	4828	2321	314	121
2010	6082	5136	2495	255	-330
2011	6250	5272	2603	593	-28

Alle Beträge in Millionen Euro; gerundet

* Ab 2006 Kennzahlen berechnet nach International Financial Reporting Standards (IFRS)
**Ab 2007: EBT statt EGT in Geschäftsberichten

EBIT = Betriebserfolg; Gewinn vor Zinsen und Steuern
EGT = Ergebnis der gewöhnlichen Geschäftstätigkeit (Summe Finanz- und Betriebsergebnis; unversteuert; bereinigt um außerordentliches Ergebnis)
EBT = Gewinn vor Steuern (Betriebsergebnis + Finanzergebnis + außerord. Ergebnis)

Bis 2003 beziehen sich die Zahlen auf das Unternehmen Österreichische Bundesbahnen und ab 2004 nach erfolgter Umstrukturierung auf die ÖBB-Holding AG

In weiterer Folge ist nun interessant, wie sich die Liberalisierung auf den Erfolg und Gewinn des Unternehmens ausgewirkt hat. Aussagekräftige und vergleichbare Kennzahlen sind hier zum einen der Gewinn vor Zinsen und Steuern (EBIT) und der Gewinn vor Steuern (EBT) bzw. das Ergebnis der gewöhnlichen Geschäftstätigkeit (EGT). Die Entwicklung des ÖBB-EBIT der letzten Jahre war durchaus wechselhaft. Allerdings lässt sich kein eindeutiger Zusammenhang oder eine Tendenz zwischen der Liberalisierung, also dem Einsetzen des Wettbewerbs, und der Veränderung der Unternehmensorganisation und der Kennzahl erkennen. Für die schlechten Unternehmenszahlen im Jahr 2004, 2008 und 2010 werden von der Geschäftsführung der ÖBB besondere Ereignisse verantwortlich gemacht (Die Presse 2012; ÖBB-Holding AG 2005; 2009). Im Jahr 2004 machten sich vor allem die Aufwendungen für die Umstrukturierung des Unternehmens bemerkbar. Seit 2008 ist in den Kennzahlen auch die ungarische Güterverkehrstochter Rail Cargo Hungaria eingeschlossen. Bei EGT (bis 2006) respektive EBT (ab 2007) ist kein eindeutiger Trend zu erkennen. Wie bei der Entwicklung des reinen Betriebserfolges (EBIT) haben auch hier die besonderen Ereignisse Umstrukturierung und Übernahme des ungarischen Güterverkehrsunternehmens große Auswirkungen gezeitigt. Das extrem schlechte Ergebnis von 2008 ist außerdem auf hohe Verluste durch Geschäfte mit riskanten Finanzgeschäften (sogenannte CDO = *Collateral Debt Obligations*) zurückzuführen (ÖBB-Holding AG 2009; Süddeutsche.de 2008). Das Ergebnis von 2010 ist vor allem geprägt von einmaligen Abschreibungen in Verbindung mit der Rail Cargo Hungaria. Der Gewinn von 2009 ist das Resultat eines Sondereffektes durch die Neubewertung von Derivaten (Die Presse 2012). Die aktuellen Kennzahlen von 2011 sind deshalb nur schwer mit den vorangegangen Jahren zu vergleichen. Allerdings lässt der – im Verhältnis zu den vorangegangenen Jahren – geringe Verlust hoffen, dass die ÖBB in Zukunft wieder Gewinne einfährt. Angaben von ÖBB-Chef Kern zu Folge wird bereits 2012 ein positives Ergebnis erwartet, und zwar nicht nur operativ, sondern auch nach Einbezug des Finanzergebnis (Fritz 2012).

Welche Vor- und Nachteile haben sich nun für die ÖBB durch die Liberalisierung ergeben? Hat die eben gezeigte betriebswirtschaftliche Entwicklung des Unternehmens etwas mit der Liberalisierung zu tun? Grundsätzlich bestehen zwar Nachteile, welche die Liberalisierung mit sich bringt, doch werden von den Experten auch Chancen zur Entwicklung gesehen. Ein gewichtiger Nachteil ist vor allem die Trennung (Rießberger 2012; Veit 2012). Allerdings muss die ÖBB damit, auch wenn diese Entwicklung technisch abzulehnen ist, leben lernen, so die Meinung eines Experten (Veit 2012). Grundsätzlich ist die Liberalisierung sogar im Interesse der ÖBB, unter der Voraussetzung, dass die Rahmenbedingungen entsprechend sind. Bezüglich des Personenverkehrs besteht teilweise die Meinung, dass die Rahmenbedingungen noch nicht entsprechend sind, weil die Taktverkehre des Regionalverkehrs bei der Trassenvergabe nicht ausreichend geschützt sind (Nagl 2012). Nachteile bestehen für die ÖBB vor allem deshalb, weil sie gemäß der Meinung einiger Experten gegenüber den neuen Konkurrenten benachteiligt sind. Für viele Mitarbeiter besteht noch ein besonderes Dienstrecht, die Absatzgesellschaften wurden bei der Bahnreform nur unzureichend kapitalisiert und das Unternehmen wurde im Gegensatz zum Liberalisierungsprozess in vielen anderen Ländern nicht entschuldet (Beier 2012; Nagl 2012). Vor allem das Fehlen von Altlasten und die neuen schlanken Strukturen geben den neuen EVUs große Vorteile und dies hat die ÖBB unter Druck gesetzt (Beier 2012). Außerdem haben die vielen Umstrukturierungen innerhalb des Unternehmens zu Reibungsverlusten geführt (Veit 2012) und die ÖBB brauchten so wie andere ehemalige Monopolisten lange, um mit den veränderten Rahmenbedingungen zurechtzukommen (Rießberger 2012). Trotz der formellen Liberalisierung ist der politische Einfluss auf das Unternehmen noch stark (Haibach 2012).

Schwierig ist vor allem der Umstand, dass es hauptsächlich auf den lukrativen Strecken zu Wettbewerb kommt. Dieses sogenannte *Rosinenpicken* bedeutet im Güterverkehr, dass die ÖBB an die Privaten am Brenner bereits einen Marktanteil von ca. 50% abgeben mussten, bei den unrentablen Semmeringverkehren hingegen der private Anteil gegen 0 tendiert (Veit 2012). Der Wettbewerb konzentriert sich vor allem auf den Ganzzugsverkehr. Da IBE nur auf Basis von Kilometern und Gewicht zu entrichten ist, sind diese Verkehre somit besonders beliebt, da fast keine zusätzliche Infrastruktur notwendig ist (Veit 2012). Generell komme es zu einer Privatisierung der Gewinne auf der Schiene und die Verlustverkehre blieben bei der Staatsbahn (Veit 2012). Deshalb müsse über eine entsprechende Regulierung und hier vor allem über verursachungsgerechte IBE verhindert werden, „dass der Markt nur dort stattfindet, wo [man][...] absahnen kann, wo [man][...] wirklich hohe Margen [hat]“ (Veit 2012).

Doch auch wenn die ÖBB durch die Umstrukturierungen und den beginnenden Wettbewerb Nachteile haben, so bietet die Liberalisierung durchaus auch Chancen (Veit 2012). Die Möglichkeit sich vom tagespolitischen Einfluss zu emanzipieren besteht genauso wie auch die Unternehmensführung zu modernisieren (Haibach 2012; Rießberger 2012). Die Bahn hat mittlerweile wie jede andere Aktiengesellschaft einen Aufsichtsrat und ein Management, muss Geschäftsabschlüsse vorlegen und unterliegt dem Aktiengesetz. Sie sind also genauso zu Kostentransparenz verpflichtet und ihre Entscheidungslogik entspricht jener von anderen privatwirtschaftlichen Unternehmen (Nagl 2012; Rießberger 2012). Die Konkurrenz beurteilt die ÖBB zwar noch immer als sehr abgeschottet vom eigentlichen Markt, da beispielsweise die neuen GWL-Verträge eine lange Laufzeit haben und normale Preiserhöhungen bei von den ÖBB benötigten Gütern und Dienstleistungen durch den Staat rückerstattet werden (Mader 2012). Doch durch den Wettbewerb auf der Schiene sind sich die ÖBB mittlerweile bewusst, dass auch sie den Marktgesetzen ausgeliefert sind. Dass in den internen Berechnungen mittlerweile auch mit Euros statt mit Ersatzeinheiten verrechnet wird, ist hierfür ein gutes Zeichen (Rießberger 2012). Positiv für den gesamten Konzern ÖBB-Holding AG wirkt sich der Wettbewerb auch dahingehend aus, dass die Infrastrukturtochter mehr IBE einheben kann, schließlich fahren mehr Züge auf ihrem Netz. Zwischen 2006 und 2010 erhöhte sich das IBE von 394 auf 447 Millionen Euro. 2011 lag das eingehobene IBE wieder etwas niedriger (Tabelle 8).

Tab. 8 Infrastrukturbenützungsentgelt an die ÖBB-Infrastruktur AG (2006-2010); Quelle: (Schienen-Control GmbH 2012c:34)

	2006	2007	2008	2009	2010	2011
IBE an ÖBB-Infrastruktur AG	394	418	438	422	447	437

Außerdem ist die Liberalisierung keine Einbahnstraße. Da der Prozess der Liberalisierung des Schienenverkehrs im gesamten Europa vorangetrieben wird, können die ÖBB jene Marktanteile, welche sie auf eigener Infrastruktur verlieren, im Ausland dazugewinnen. Vor allem in angrenzenden Regionen, wie beispielsweise Bayern, versuchen die ÖBB Fuß zu fassen (Beier 2012; Veit 2012).

Effizienz vs. Synergien

Grundsätzlich besteht bei der Umsetzung der Liberalisierung ein Zielkonflikt zwischen Effizienz und Synergien. Während die Liberalisierung mit der Trennung der Unternehmensteile den Wettbewerb fördern soll, da durch Konkurrenzstellungen die Effizienz der Unternehmen gesteigert werden soll, gehen durch diese Trennung gleichzeitig auch wieder Synergien verloren.

Dass die ÖBB durch die Liberalisierung ihre Effizienz gesteigert haben, wird von den meisten Experten angenommen und zeigt sich auch an dem steigenden Ertrag je Mitarbeiter (Abb 18). Kurzfristig ist der Wettbewerb für die ÖBB natürlich ein Nachteil, aber langfristig können Rationalisierungen und die Verbesserung der Kostenstruktur, welche durch die Liberalisierung angetrieben werden, Vorteile bringen. Durch den Wettbewerb sind die ÖBB bemüht, sich neu aufzustellen, dies erkennt man auch an der Durchführung diverser Marketing-Aktionen (Beier 2012; Gansterer 2012; Haibach 2012; Mader 2012; Veit 2012). Rationalisierungen finden vor allem im Güterverkehr statt, wo es auch wesentlich mehr Konkurrenten gibt als im Personenverkehr. Hier war die RCA gezwungen sich zu verbessern, um keine bzw. nicht allzu viele Kunden zu verlieren. Die Güterverkehrstochter der ÖBB ist sowohl effizienter als auch wettbewerbsfähiger geworden (Beier 2012). Allerdings ist die RCA immer noch behäbig und zu wenig innovativ (Mandl 2012). Im Personenverkehr haben die ÖBB durch die gleich gebliebenen GWL-Verträge wenig Anreiz für Effizienzsteigerungen und der Wettbewerb ist noch gering (Beier 2012). Die WESTbahn hat die Züge der ÖBB-PV auf der Westbahnstrecke noch nicht leergefegt und man erwartet auch nicht, dass dies in Zukunft passiert (Gansterer 2012; Nagl 2012). Trotzdem besteht ein Preisdruck zwischen den beiden Konkurrenten (Mader 2012). Dieser Preiskampf ist zwar für den Kunden gut, aber die beiden Unternehmen werden sich diesen nicht lange leisten können (Haibach 2012). Daneben zeigt sich im Personenverkehr eine Qualitätssteigerung, welche direkt auf den Wettbewerb im Fernverkehr auf der Westbahnstrecke zurückzuführen ist. Hier gibt es nun diverse Verbesserungen wie W-LAN, eine bessere Verpflegung und diverse Aktionen (Mader 2012).

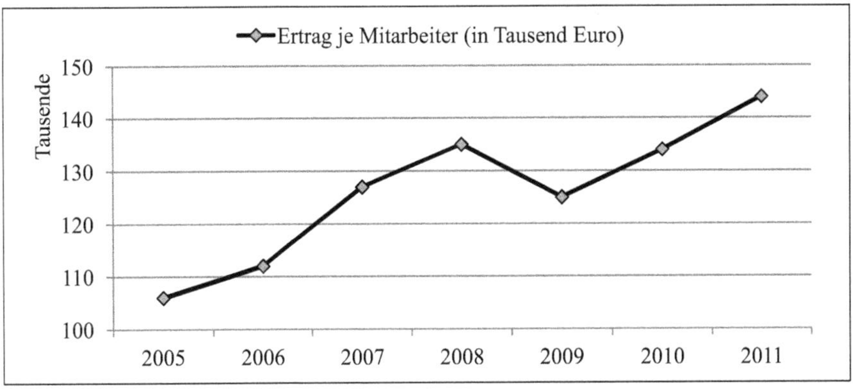

Abb. 18 Ertrag je Mitarbeiter der ÖBB-Holding AG; Quelle: (ÖBB-Holding AG 2007; 2008; 2009; 2010; 2011a; 2012); eigene Darstellung

Auf der anderen Seite verlieren die ÖBB durch die Trennung der Unternehmensbereiche auch wieder Synergien. „Alle großen Unternehmen kaufen sich auf, um Synergien zu gewinnen, die Eisenbahnen sind [jedoch] in Europa dazu verurteilt, Synergien freiwillig aufzugeben“ (Veit 2012). Die Trennung ist zwar für den Wettbewerb gut, aber nicht für den Betrieb, denn Infrastruktur und Betrieb können nur gemeinsam optimiert werden. Negatives Beispiel hierfür sind günstigere Fahrzeuge, die lauftechnisch schlechter sind und so zu einer stärkeren Abnutzung der Infrastruktur führen (Veit 2012).

> *PRO*: „Und sie werden staunen, es ist grundsätzlich auch im Interesse der ÖBB, dass es Wettbewerb gibt, aber und das ist für uns eben das Wichtige, die Rahmenbedingungen müssen stimmen“ (Nagl 2012).

> *CONTRA*: „[A]us technischer Sicht ist die Trennung abzulehnen, aus wirtschaftlicher Argumentation ist sie begründbar und zu akzeptieren und in realiter muss man damit leben lernen“ (Veit 2012).

6.3.2. Auswirkungen auf den Staat

Durch die Umsetzung der Liberalisierung erwartete man sich für den Staat vor allem eine Kostenreduktion im Schienenverkehr. Der Staat ist sowohl durch die Bestellung von gemeinwirtschaftlichen Leistungen als auch durch die Mitwirkung an der Finanzierung der Schieneninfrastruktur mit dem Schienenverkehr verflochten (Zur genauen Konstruktion der finanziellen Verknüpfungen in Österreich siehe Kap. 3.6). Neben der Reduktion dieser Kosten erhofften sich die politischen Handlungsträger von der Liberalisierung eine bessere Leistung des Schienenverkehrs bei gleichbleibenden Einflussmöglichkeiten der Verkehrspolitik.

Der Staat nimmt im Schienenverkehr eine sehr komplexe Rolle ein. Er ist Eigentümer der ÖBB, Besteller von gemeinwirtschaftlichen Leistungen, Aufsichtsbehörde und Eigentümer der Regulierungsbehörde. Aus der Eigentümerschaft der ÖBB entstehen wiederum zwei unterschiedliche Interessenslagen, da die Infrastruktur- und Absatzgesellschaften der ÖBB unterschiedliche Ziele und Interessen haben. Außerdem kommt dem Unternehmen ÖBB aufgrund seiner Größe und der Anzahl der Beschäftigten eine bedeutende volkswirtschaftliche Rolle zu, was für den Staat ebenso wichtig ist (Haibach 2012). Somit nimmt der Staat eine ambivalente Rolle ein, weswegen es teilweise auch zu Zielkonflikten kommt (Beier 2012). Den Schienenverkehr zu liberalisieren war eine Entscheidung, welche den geltenden demokratischen Richtlinien entsprechend getroffen wurde. Deshalb darf davon ausgegangen werden, dass dadurch die Interessen des Staates (bzw. seiner damaligen politischen Vertreter) vertreten werden (Nagl 2012). Außerdem fördert der Staat, respektive das Bundesministerium für Verkehr, Innovation und Technologie (BMVIT) die Liberalisierung und behindert private Unternehmen nicht beim Zugang zum österreichischen Schienenverkehrsmarkt (Beier 2012).

6.3.2.1. Gemeinwirtschaftliche Leistungen

Dass durch die Liberalisierung eine Kostenreduktion für den Staat einhergehen soll, wird vor allem von einem Experten äußerst kritisch hinterfragt. Eine Verringerung der Kosten sei ein Irrglaube, da ein gut ausgebauter öffentlicher Verkehr teuer sei. Auch mit Wettbewerb durch private Unternehmen wird dies nach wie vor so bleiben, da viele Strecken finanziell ohne Stützung des Staates nicht finanzierbar seien. Sollten die Kosten dennoch sinken, so kann dies nur zu Lasten der Qualität gehen (Haibach 2012). Diese Beiträge für die gemeinwirtschaftlichen Leistungen werden auch in Zukunft zu leisten sein. Somit ist auch weiterhin ein Einfluss des Staates auf die Verkehrspolitik gegeben (Mader 2012). Genau bei diesen gemeinwirtschaftlichen Leistungen und sonstigen Bestellungen haben die Vertreter der Gebietskörperschaften allerdings gelernt, stärker auf Qualität zu achten und bestimmte Kriterien zu fordern. Dies führt zu einem besseren Preis-/Leistungsverhältnis. Allerdings sind hier Kosteneinsparungen nur teilweise und kurzfristig möglich, da aus sozial- und verkehrspolitischen Gründen Bestellungen notwendig sind (Haibach 2012)

Durch die Umsetzung der Schienenverkehrsliberalisierung in Österreich haben sich die Zahlungen für gemeinwirtschaftliche Leistungen bislang nicht reduziert. Wie aus Abbildung 19 ersichtlich wird, nahmen sowohl die gesamten Zahlungen des Bundes als auch jene an die ÖBB über einen kurzen Zeitraum zwischen 2001 und 2004 bzw. 2005 ab. Zeitgleich mit der Umstrukturierung der ÖBB nahm auch wieder die Summe der Bestellungen für gemeinwirtschaftliche Leistungen zu. Seitdem war nur mehr von 2006 auf 2007 ein kleiner Rückgang zu verzeichnen. In den letzten fünf Jahren, für welche Werte in den Geschäftsberichten der ÖBB-Holding verfügbar waren, stieg auch die Gesamtsumme der von den ÖBB erhaltenen Zahlungen auf 1087 Millionen Euro. Ein mit dem Prozess der Liberalisierung korrelierender Rückgang der Zahlungen für GWL seitens der Gebietskörperschaften kann somit nicht festgestellt werden.

Dass die Zahlungen für GWL relativ hoch sind, liegt auch daran, dass fast alle Verkehre in Österreich nicht eigenwirtschaftlich erbracht werden können und deshalb ganz oder teilweise durch die öffentliche Hand bestellt werden. Daran wird sich auch in Zukunft nichts ändern (Veit 2012). Private EVUs im Wettbewerb werden ebenso auf diese Bestellungen angewiesen sein (Haibach 2012). Es darf auch nicht vergessen werden, dass es sich hierbei um die Bezahlung von Bestellungen handelt, welche die Gebietskörperschaften im Auftrag ihrer Bürger durchführen. Eine Brandmarkung der Zahlungen als Subventionen ist somit unzulässig (Veit 2012). Darüber hinaus bedeuten hohe Zahlungen für

GWL auch niedrigere Preise für die Beförderung. Dies kommt den Kunden zu Gute (Rießberger 2012).

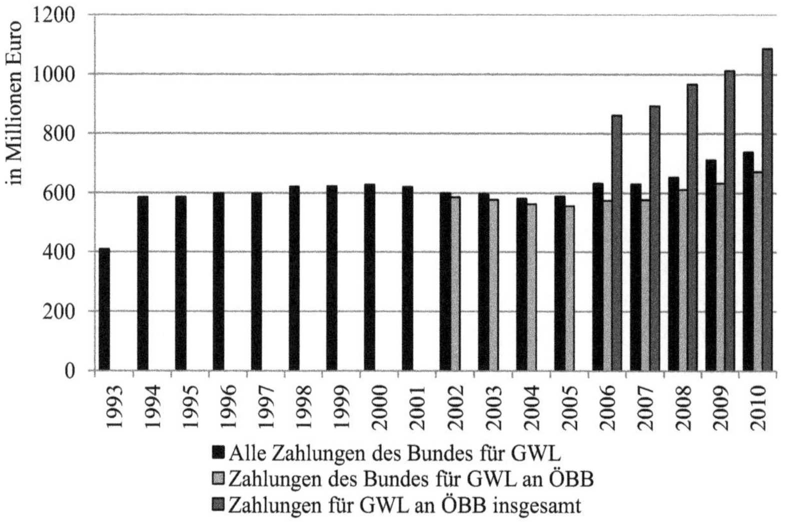

Verfügbarkeit der Zahlen über Zahlungen für GWL an ÖBB abhängig von Geschäftsberichten der Österreichischen Bundesbahnen bzw. der ÖBB-Holding AG.

Die Zahlungen für die GWL ingesamt an die ÖBB enthalten auch Zahlungen der Länder, Gemeinden und Verkehrsverbünde.

Abb. 19 Zahlungen für gemeinwirtschaftliche Leistungen in Österreich; Quelle: (ÖBB-Holding AG 2005; 2006; 2007; 2008; 2009; 2010; 2011a; Österreichische Bundesbahnen 2004; Schienen-Control GmbH 2009; 2010; 2011c)

Durch die Liberalisierung und den begonnenen Wettbewerb haben sich bis jetzt nur geringe Auswirkungen auf die GWL-Zahlungen ergeben. Im Güterverkehr erhält die RCA nach wie vor mit 85% der Zahlungen für GWL den größten Anteil (Schienen-Control GmbH 2011c). Dies entspricht auch in etwa ihrem Marktanteil. Trotzdem wird von einem Experten die Vermutung geäußert, dass die Zuschüsse von ihrer Berechnung so ausgelegt sind, dass hauptsächlich die RCA davon profitiert. Alles was vor der Liberalisierung direkt an die ÖBB-Tochter ging und heute somit europarechtlich verboten ist, wird nun über bestimmte Prämien (z.B.: Einzelverschubprämie) und Förderungen vergeben. Hier profitieren die privaten EVUs kaum (Mandl 2012). Im Personenverkehr werden die bezahlten Leistungen mittlerweile vertraglich genau definiert. Dies ist ein großer Unterschied zu den früher vergebenen Pauschalsummen (Haibach 2012). Größere Veränderungen wird es allerdings erst geben, wenn es zu einer Ausschreibung der gemeinwirtschaftlichen Leistungen kommt. Dann könnten, so glauben einige Experten, die Kosten für den Besteller durch einen Preiskampf nach unten sinken (Beier 2012; Mader 2012).

6.3.2.2. Infrastrukturfinanzierung

Neben den Kosten für die Bestellung von gemeinwirtschaftlichen Leistungen entstehen dem Staat auch Kosten durch Beiträge für die Infrastrukturfinanzierung. Der Beitrag des Bundes zur Finanzierung der Schieneninfrastruktur ist gesetzlich festgehalten. Diese gesetzlichen Rahmenbedingungen haben sich im Zuge des Liberalisierungsprozesses und der Umstrukturierung der ÖBB mehrfach geändert[13].

Die Beiträge zur Bereitstellung, zum Ausbau, Betrieb und Erhalt der Schieneninfrastruktur der ÖBB sind relativ stabil. Zwar konnten die Kosten für den Bund von 2004 bis 2006 reduziert werden, bis zum Jahr 2010 nahmen sie jedoch wieder einigermaßen stark zu. In den letzten Jahren kamen aufgrund einer geänderten Gesetzesgrundlage vor allem Beitragszahlungen für den Bau von Infrastrukturprojekten hinzu. Wie in Abbildung 20 ersichtlich, kostet die Schieneninfrastruktur den Staat im Jahr 2011 über 1,42 Milliarden Euro.

Dass sich hier durch die Marktöffnung und die Umstrukturierung der ÖBB grundsätzlich etwas an der Verantwortlichkeit des Bundes ändert, wird von den

13 Bis zum Jahr 2005 war die Finanzierung von Bereitstellung, Ausbau, Betrieb und Erhalt der Infrastruktur Aufgabe des Bundes. Dieser kam gem. § 2 BBG (BGBl. Nr. 825/1992 i.d.F. BGBl. I Nr. 32/2002) für die Kosten auf, sofern diese nicht durch Dritte aufgebracht werden konnten. Ab 2005 kam es dann zu einer Veränderung der gesetzlichen Grundlage (ÖBB-Holding AG 2006). Durch die Einführung der Paragraphen 42 Abs. 1 und 43 Abs. 2 des BBG (BGBl. Nr. 825/1992 i.d.g.F.) wurde den ÖBB immer mehr Verantwortung bei der Kostentragung übertragen. Seitdem ist die ÖBB-Infrastruktur verantwortlich für die Kosten der Infrastruktur. Der Bund leistet Zuschüsse für Betrieb und Bereitstellung, wenn durch die Erlöse (IBE) die Kosten nicht gedeckt werden können. Auch bei Bau und Planung liegt die Verantwortung grundsätzlich bei der ÖBB-Infrastruktur. Allerdings kann der Bund hier ebenfalls Förderungen vergeben. Die Rechtsgrundlage in Bezug auf Zuschüsse für Instandhaltung, Planung und Bau der Infrastruktur wurde 2009 erneut geändert. Seit dem ist § 42 Abs. 2 BBG (BGBl. Nr. 825/1992 i.d.F. BGBl. I Nr. 95/2009) ausschlaggebend. Die Bereitschaft zur Leistung von Zuschüssen seitens des Bundes blieb damit aber aufrecht.

Experten in Abrede gestellt. Die Infrastrukturfinanzierung ist in ganz Europa staatlich, nur in Österreich ist eine Konstruktion gewählt, in der dem Staat nur eine Teilrolle zukommt. Grundsätzlich ist aber die Infrastruktur Staatsaufgabe, da eine rentable Finanzierung durch private Investoren nicht möglich ist. Daran wird sich auch durch mehr Wettbewerb nichts ändern (Beier 2012; Mader 2012; Veit 2012).

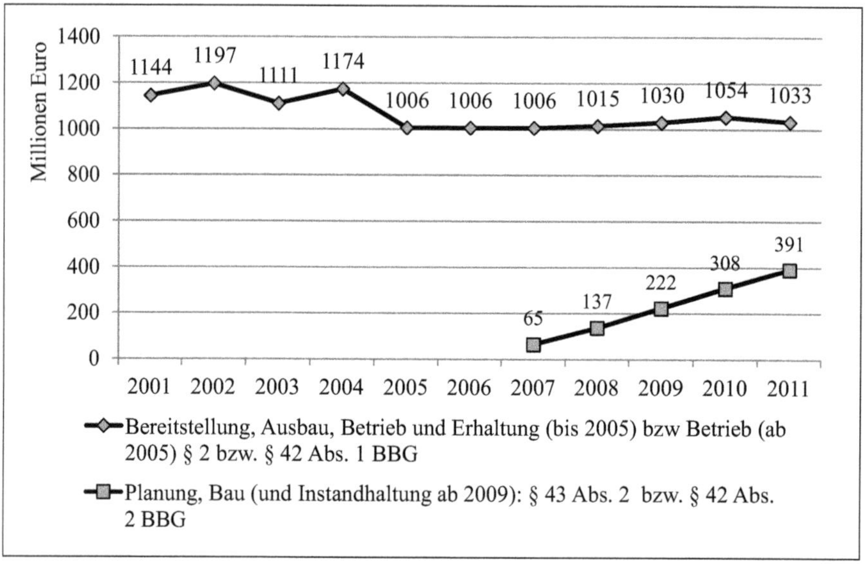

Abb. 20 Beiträge des Bundes zur Infrastrukturfinanzierung; Quelle: (ÖBB-Holding AG 2005; 2006; 2007; 2008; 2009; 2010; 2011a; 2012; Österreichische Bundesbahnen 2004); eigene Darstellung

Was sich allerdings ändert und auch weiterhin ändern kann, ist der Umstand, dass durch mehr EVUs auch mehr Züge auf der bestehenden Infrastruktur verkehren. Dies bringt dem Infrastrukturbetreiber höhere Einnahmen durch Infrastrukturbenützungsentgelt. Dies wiederum erhöht den Kostendeckungsgrad des Netzes und reduziert die Beiträge des Bundes (Beier 2012; Rießberger 2012). Die Kosten für den grundsätzlichen Ausbau der Infrastruktur haben mit der Liberalisierung allerdings nichts zu tun. Der Ausbau des Netzes ist eine strategische und verkehrspolitische Entscheidung, welche mit oder ohne Liberalisierung stattgefunden hätte (Mandl 2012).

6.3.2.3. Verkehrspolitischer Einfluss

Durch die Liberalisierung zieht sich der Staat als Akteur immer mehr aus dem Schienenverkehr zurück. Er nimmt Regulierungen zurück und transformiert die staatliche Bahnverwaltung in ein privatwirtschaftliches Unternehmen. Verliert er dadurch aber auch Einfluss auf die Verkehrspolitik des Landes? Zum einen wird der Einfluss des Staates auf die ÖBB noch immer als sehr stark angesehen, da die Politik bestimmt, wer ÖBB-Chef wird (Haibach 2012). Zum anderen verliert der Staat auch mit beginnendem Wettbewerb nicht an Einfluss. Schließlich spielt er durch die Bestellung von gemeinwirtschaftlichen Leistungen eine bedeutende Rolle. Hier kann er mit Leistungskriterien sowohl auf Qualität als auch auf Quantität des Schienenverkehrs Einfluss nehmen. Auch bei einer Ausschreibung dieser Bestellungen muss es also zu keinem Rückgang der Qualität kommen, denn die Erstellung gewisser Qualitätskriterien ist eine rein politische Entscheidung (Mader 2012).

Schließlich ist der Staat noch immer für eine Verkehrspolitik verantwortlich, welche ein Gesamtoptimum im Sinn hat. Da die Interessen einzelner EVUs nicht mit jener der Gesamtgesellschaft übereinstimmen müssen, ist der Einfluss des Staates deshalb sehr wichtig. Dieser ist nach wie vor für eine Verkehrspolitik verantwortlich, welche umwelt-, sozial- und kohäsionspolitische Ziele verfolgt (Nagl 2012; Veit 2012). Dass die Schiene bislang im Zuge der Liberalisierung ihren Marktanteil am Modal Split beibehalten hat, ist somit im Sinne einer solchen Verkehrspolitik (Beier 2012).

> *PRO*: „[W]enn man es unter der [verkehrspolitischen Zielsetzung] betrachtet, ist es sicher ein Vorteil, weil die Schiene ihren Marktanteil […] zumindest halten konnte. Im internationalen Vergleich stehen wir in Österreich nicht schlecht da. So gesehen hat die Liberalisierung dem Staat sicher genützt" (Beier 2012).

> *CONTRA*: „[D]ie Politik [glaubt,] mit der Liberalisierung Geld einzusparen. Und das ist ein Irrglaube. Ein guter öffentlicher Verkehr kostet was, der soll auch was kosten" (Haibach 2012).

6.3.3. Auswirkungen auf private EVUs

Bei den privaten EVUs ist zu unterscheiden zwischen jenen, welche bereits vor der Liberalisierung als integrierte Unternehmen bestanden und jenen, die auf der Grundlage von *open access* neu auf den Markt gekommen sind (Beier 2012). Wenn man von privaten EVUs spricht, ist allerdings anzumerken, dass diese nur sehr bedingt privat wirtschaften und teilweise eher „Pseudoprivate" sind (Mandl 2012). Viele etablierte EVUs sind Eigentum von Gebietskörperschaften und einige neue Wettbewerber stehen entweder direkt oder indirekt im Eigentum von anderen Staatsbahnen (Mandl 2012).

Für die tatsächlich neu gegründeten Unternehmen bieten sich durch die Marktöffnung völlig neue Verdienstmöglichkeiten (Beier 2012; Nagl 2012). Diese Unternehmen, welche *bottom-up* gegründet werden, sind meist straffer und flexibler in der Organisation. Außerdem haben sie im Gegensatz zum großen Konkurrenten ÖBB keine Altlasten (Beier 2012; Mandl 2012). Ein weiterer Vorteil ist, dass sie sich auf Marktnischen und besonders lukrative Strecken konzentrieren können. Deshalb ist es auch kein Wunder, dass die privaten EVUs im Güterverkehr hauptsächlich auf der Brennerstrecke und im Personenverkehr auf der Westbahnstrecke anzutreffen sind (Haibach 2012; Veit 2012). Teilweise bestehen noch Schwierigkeiten bei der Umsetzung der Liberalisierung für die privaten EVUs. Je länger es aber bereits Wettbewerb gibt, desto eher wird dies zur Normalität (Mader 2012). Zusätzlich besteht ein normales unternehmerisches Risiko, welches mit der Gründung eines Schienenverkehrsunternehmens zusammenhängt (Mandl 2012; Rießberger 2012).

Für die etablierten, integrierten privaten EVUs bestehen durch die Liberalisierung sowohl Vor- als auch Nachteile. Zum einen können sie ebenfalls ihren Aktionsradius ausdehnen. Allerdings müssen auch sie ihre Infrastruktur für potenzielle Konkurrenten öffnen. Teilweise fürchten diese deshalb vor allem Konkurrenz durch die ÖBB. Bis jetzt fand aber auf den Gleisen privater EVUs fast kein Wettbewerb statt. Weiters ist für die integrierten privaten EVUs auch die geforderte Trennung von Infrastruktur und Absatz und gewisse technische Anforderungen in Bezug auf die Interoperabilität schwierig, weil kostspielig. Die Trassenzuweisung ist mittlerweile bei allen Unternehmen in Österreich ausgegliedert und somit eine formale Unabhängigkeit gewährleistet. Inwieweit alle technischen Spezifikationen auch von kleinen integrierten Unternehmen befolgt werden müssen, ist innerhalb der EU derzeit noch Diskussionsthema (Beier 2012).

Grundsätzlich besteht aber der Vorteil, dass die privaten EVUs ihren Aktionsradius nicht nur innerhalb Österreichs, sondern in allen Ländern, die bereits liberalisiert sind, ausdehnen können (Haibach 2012; Mandl 2012).

> *PRO*: „Für den wirklich neuen Betreiber hat sich ein Markt geöffnet, den es bisher nicht gegeben hat" (Beier 2012).

> *CONTRA*: „Die [integrierten] Kleinen sehen es ambivalent. […][Die] haben nun einerseits auch die Möglichkeit am ÖBB-Netz zu fahren, auf der anderen Seite haben

sie aber auch teilweise Angst, dass die ÖBB auch bei ihnen hineinfährt“ (Beier 2012).

6.3.4. Auswirkungen auf Kunden im Personen- und im Güterverkehr

Die Interessensgruppe der Kunden, sowohl der Privat- wie Geschäftskunden im Personenverkehr als auch der Geschäftskunden im Güterverkehr, ist jene Gruppe, welcher eine Schlüsselstellung zukommt. Sie sind der entscheidende Faktor, den es durch die Veränderungen der Liberalisierung zu beeinflussen gilt. Um die Personen- und Güterbeförderung des Schienenverkehrs zu steigern und um seinen Anteil am gesamten Transport zu erhöhen, müssen die Kunden von einer verstärkten Nutzung überzeugt werden. Durch den Liberalisierungsprozess mit der Marktöffnung und der Entstehung von privaten EVUs und der Umstrukturierung der ÖBB zu einem privatwirtschaftlich orientierten Unternehmen haben sich Veränderungen für die Kunden ergeben. Welche Auswirkungen haben diese Veränderungen nun für den Kunden?

Gemäß den neoklassischen Grundannahmen, welche auch der neoliberalen Logik entsprechen, kommt es durch die steigende Anzahl an Konkurrenten zu Wettbewerb. Dieser wird zum einen über den Preis und zum anderen über die Leistung ausgetragen. Für den Kunden ergibt sich somit der Vorteil, dass die Preise für die Mobilität sinken oder zumindest unter jenen Preisen bleiben, die sich ohne Wettbewerb entwickelt hätten. Außerdem, so ist die Annahme, steigt die Qualität der angebotenen Leistung, da die Konkurrenten so um Kunden buhlen. Zusätzlich steigt durch den Wettbewerb auch die Auswahl für den Kunden, sowohl an Unternehmen als auch an effektiven Angeboten. Neben dem Preis ist also vor allem die Leistung ausschlaggebend. Diese misst sich in der Anzahl an Verbindungen, deren Pünktlichkeit und Servicequalität. In Bezug auf die Qualität des Gesamtsystems, welche für den Kunden ebenfalls sehr relevant ist, spielen das Netz und die Aufrechterhaltung der Leistung in der Fläche eine Rolle.

6.3.4.1. Preis

Im Personenverkehr, so merken die Experten an, hat Österreich im Verhältnis zu anderen europäischen Ländern bereits ein sehr günstiges Preisniveau. Dieses ist nicht auf den Prozess der Liberalisierung zurückzuführen, da es auch schon davor bestand (Nagl 2012; Rießberger 2012). Allerdings sind die Tarife für die meisten Strecken in Österreich in den Jahren seit 2001 stark angestiegen. Teilweise liegen die Steigerungen zwischen 2001 und 2011 bei über 50% und somit deutlich über dem Anstieg des Verbraucherpreisindexes innerhalb dieser Zeitspanne von 22% (Schienen-Control GmbH 2012a:69).

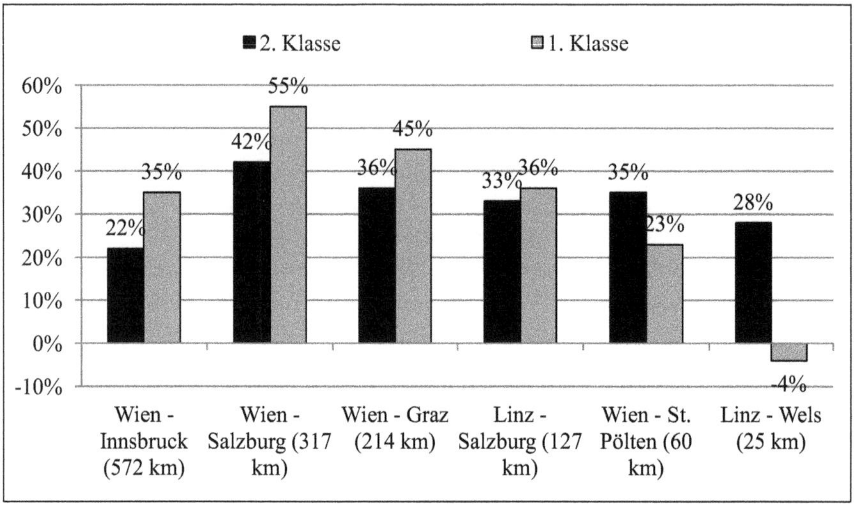

Abb. 21 Prozentueller Anstieg der ÖBB-Kilometertarife 2001-2011; Quelle: (Schienen-Control GmbH 2012a:69)

Die Auswirkungen der Marktöffnung und des Wettbewerbs auf der Westbahnstrecke sind hierbei noch nicht berücksichtigt. Die Umwandlung der ÖBB in eine Holding mit privatwirtschaftlich organisierten Aktiengesellschaften kann hier allerdings durchaus einen Einfluss haben. Da das Unternehmen nun kostenbewusster agieren muss, wurden die Preise angehoben.

Durch den Wettbewerb auf der Paradestrecke, der Westbahnstrecke, hat sich mittlerweile ein veritabler Preiskampf entwickelt. Beide EVUs, sowohl die WESTbahn als auch die ÖBB-PV haben wegen des Wettbewerbs Preisaktionen gestartet (Mader 2012). Zwar behaupten die ÖBB, ihre Aktionen sind nur ein neues Ticketing-System zur besseren Auslastung (Nagl 2012), der Konkurrent bestreitet dies allerdings (Mader 2012).

Generell wird von den meisten Experten ein Preiswettbewerb auf der Westbahnstrecke festgestellt. Die Preise sinken, und dies wird für den Kunden positiv bewertet (Beier 2012; Haibach 2012; Mader 2012; Rießberger 2012). Allerdings werden die derzeitigen Preisangebote (Angebote beider Akteure mit deutlich niedrigeren Preisen als im Regelbetrieb; z.B.: Sparschiene Österreich der ÖBB ab 9 Euro bzw. ein Wochenendangebot der Westbahn um ebenfalls 9 Euro) als nicht nachhaltige Dumpingpreise angesehen. Diese bringen den EVUs zwar Fahrgäste, aber zu wenig Erlöse. Somit ist fraglich, wie lange diese Preispolitik möglich ist (Beier 2012; Haibach 2012; Nagl 2012; Rießberger 2012). Klaus Rießberger (2012) merkte an, dass in Deutschland bereits einige EVUs wieder verschwunden sind, da sie einen ebensolchen aggressiven Preiskampf nicht durchhalten konnten.

Im Güterverkehr sind in Bezug auf den Preis zwei einander entgegengesetzte Entwicklung festzustellen. Grundsätzlich herrscht durch die Liberalisierung ebenfalls ein Preiswettbewerb. Vor allem auf den lukrativen Strecken kommt es so zu einer Reduzierung der Kosten für den Kunden. Die neuen privaten Wettbewerber können auf diesen Strecken (im Güterverkehr vorwiegend die Brennerstrecke) vor allem bei den Ganzzugsverkehren ohne Zusatzkosten kalkulieren und sind somit günstiger als die RCA. Diese hat als bisheriger Monopolist auf bestimmten rentablen Strecken die Preise hochgehalten, um das Angebot in der Fläche quer zu subventionieren. Da dies durch den implementierten Marktmechanismus nicht mehr möglich ist, ist die logische Folgerung, dass das Angebot in der Fläche, also das restliche System teurer wird. Hier kommt es beim ÖBB-Güterverkehr wegen des Kostendrucks nun eben zu Preiserhöhungen. Dort wo Preiserhöhungen nicht möglich sind und der Staat die zusätzlichen Kosten nicht abdeckt, zieht sich die RCA zurück (Beier 2012; Mandl 2012). Die Preiserhöhungen bei der RCA sind gemäß Mitbewerber durchaus gerechtfertigt. So nähern sich deren Preise allmählich jenen auf dem freien Markt an (Mandl 2012).

6.3.4.2. Leistung

Neben dem Preis ist für den Kunden vor allem die angebotene Leistung relevant. Im Personenverkehr sind hier die Pünktlichkeit, das verwendete Wagenmaterial, die Servicequalität und die Häufigkeit der Verbindungen ausschlaggebend. Im Güterverkehr sind dies neben der Pünktlichkeit vor allem die Flexibilität, aber auch das verwendete Wagenmaterial und die Servicequalität. Allerdings lässt sich hier aus der Häufigkeit der Verbindungen nicht automatisch eine bessere Leistung ablesen, da es im Güterverkehr erst zu Verkehren kommt, wenn bereits Transportgeschäfte abgeschlossen wurden.

Grundsätzlich hat sich die Leistung im Güterverkehr positiv verändert (Beier 2012). Der Kunde hat nun die Wahlmöglichkeit zwischen verschiedenen Anbietern. Dies bietet ihm ein vielfältigeres Angebot und somit eine größere Auswahl an Alternativen zum Straßenverkehr (Beier 2012; Mandl 2012; Rießberger 2012). Die kleinen privaten EVUs haben außerdem für den Kunden den Vorteil, dass sie maßgeschneiderte Lösungen anbieten. Sie bemühen sich mehr um jeden einzelnen Kunden. Die RCA hingegen hat, außer für Großkunden, nur Lösungen von der Stange. Zusätzlich sind die privaten Unternehmen zum Teil stärker in der Region verankert und genießen so eine höhere Akzeptanz (Beier 2012).

Tab. 9 Pünktlichkeit im Güterverkehr; Quelle: (Schienen-Control GmbH 2011c:60)

	2008	2009	2010	2011
Pünktlichkeit im Güterverkehr	65,6%	69,8%	68,3%	68,9%

Leider liegen in Bezug auf die Pünktlichkeit der Güterverkehrszüge nur Zahlen von 2008 bis 2011 vor. Für diesen Zeitraum lässt sich – trotz einer Steigerung von 2008 auf 2009 - kein eindeutiger Trend erkennen, der darauf schließen lässt, dass sich Wettbewerb positiv auf die Qualität der Leistung ausgewirkt hätte.

In Bezug auf den Personenverkehr sehen die meisten Experten grundsätzlich positive Auswirkungen durch den begonnenen Wettbewerb. Für den Kunden ist Auswahl durch mehr Anbieter immer gut (Gansterer 2012), denn der Wettbewerb verbessert die Qualität des Schienenverkehrs, dessen Service und Pünktlichkeit und fördert die Innovationsbereitschaft der Unternehmen (Beier 2012; Haibach 2012; Mader 2012). Das von der WESTbahn eingesetzte Wagenmaterial ist beispielsweise durch die Niederflurbauweise sehr gut für Menschen mit Einschränkungen geeignet (Haibach 2012). Im Regionalverkehr sind private Unternehmen stärker lokal verankert und bemüht, gemeinsam mit den lokalen Interessensvertretern ein gutes Angebot zu erstellen (Beier 2012).

Tab. 10 Pünktlichkeit im Personenverkehr der ÖBB (Verspätung => 5 Min); Quelle: (Götzl 2011)

	2008	2009	2010	2011
Gesamt	91,6%	90,46%	93,81%	96,6%
Nahverkehr	92,51%	91,81%	95,16%	97,03%
Fernverkehr	73,4%	67,82%	75,66%	87,02%

Für die Qualität des Schienenverkehrs sind vor allem seine Pünktlichkeit und damit seine Verlässlichkeit wichtig. Wie man in Tabelle 10 erkennen kann, weist die Pünktlichkeitsstatistik für das Jahr 2011, also jenes Jahr, in dem der Wettbewerb im Fernverkehr begonnen hat, die höchsten Werte auf. Dies kann natürlich nur sehr bedingt auf den neuen Wettbewerber zurückgeführt werden, da dessen Betrieb erst im Dezember begann. Allerdings kann dies auf Bemühungen der ÖBB zurückgeführt werden, ihre Leistung im Vorfeld des Wettbewerbs schon zu verbessern.

Aber wie immer gibt es nicht nur eine Seite der Medaille. Zwar steigt das Angebot auf der Westbahnstrecke, ein Experte sieht dadurch aber keinen großen Zusatznutzen für den Kunden, da es relativ egal sei, ob man zwei- oder dreimal pro Stunde von Wien nach Linz komme (Nagl 2012). Aber auch grundsätzlich ist das zusätzliche Angebot für den Kunden nur von Vorteil, wenn dieses verlässlich und vernetzt ist. Wenn aufgrund des Wettbewerbsdrucks systemrelevante Verbindungen wegfallen, schwächt dies das Gesamtsystem, da andere Züge auf diese Verkehre ausgerichtet sind. Generell sei bei einem Wettbewerb unter Privaten eine geringere Verlässlichkeit gegeben (Nagl 2012).

Es bedarf abgestimmter Fahrpläne, einheitlicher und gegenseitig anerkannter Tickets und einer gemeinsamen Auskunft (Gansterer 2012). Wenn die Fahrscheine, wie im Fall von WESTbahn und ÖBB, nicht wechselseitig anerkannt werden, ist dies noch ein großes Hindernis für den Kunden (Haibach 2012). Inwieweit der Wettbewerb vorteilhafte Auswirkungen für den Kunden bringt, wird auch von einer entsprechenden Regulierung und Koordination abhängen.

6.3.4.3. Flächenbahn – Rückzug aus der Fläche

Die Versorgung der Gesellschaft mit leistbarer Mobilität in der Fläche wird von vielen nach wie vor als vorrangige Aufgabe des Schienenverkehrs gesehen. Diese Bindung an das Gemeinwohl sehen viele durch die Implementierung von Marktmechanismen und den beginnenden Wettbewerb gefährdet (Engartner 2008a; Wolf 2007). Welche Auswirkungen haben sich nun durch die Marktöffnung und die Überführung der ÖBB in ein privatwirtschaftlich organisiertes Unternehmen für die Versorgung in der Fläche ergeben?

Grundsätzlich lässt sich die potenzielle Versorgung in der Fläche am verfügbaren Schienennetz messen. Für das österreichische Schienensystem maßgeblich ist das Netz der ÖBB.

Tab. 11 Betriebslänge des ÖBB-Netzes in km; Quelle: (ÖBB-Holding AG 2005; 2006; 2007; 2008; 2010; Österreichische Bundesbahnen 2004; Schienen-Control GmbH 2010; 2011c)

2001	2002	2003	2004	2005	2006	2007	2008	2009	2010	2011
5683	5616	5656	5675	5690	5702	5702	5664	5635	5241	4827

Dessen Betriebslänge war längere Zeit relativ stabil und ist seit den letzten Jahren rückläufig. Vor allem im Zeitraum 2009 bis 2011 wurde dies stark reduziert. Dies liegt vor allem an der Übertragung von Streckenabschnitten durch die ÖBB an Gebietskörperschaften. Um die Versorgung in der Fläche wiederzugeben, reicht es aber nicht, nur die vorhandenen Strecken zu betrachten, sondern es bedarf auch der Überprüfung der geleisteten Zugkilometer auf diesen Strecken.

Das Schienennetz der ÖBB ist in unterschiedliche Kategorien eingeteilt: Westbahn, Brennerachse, sonstige internationale Achsen, sonstiges Kernnetz, Ergänzungsnetz und Schmalspurbahnen. Vor allem die Strecken der letzten drei Kategorien gewährleisten die Versorgung in der Fläche.

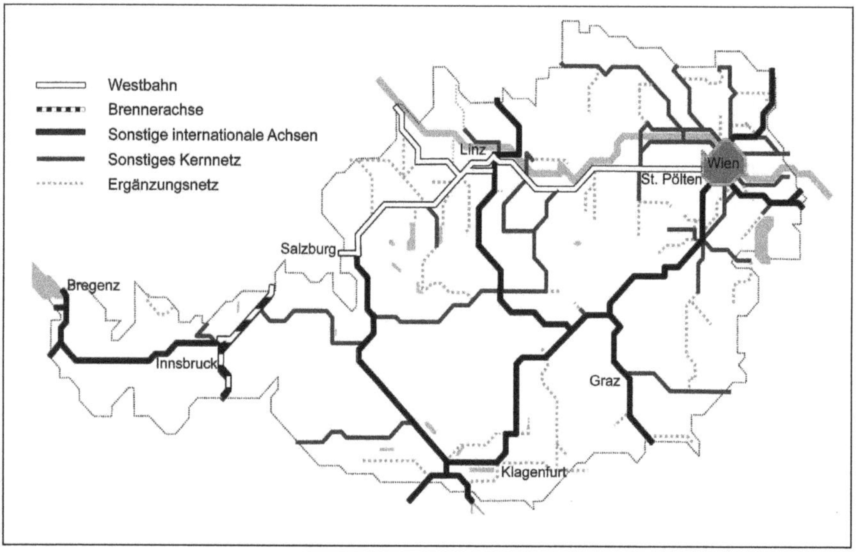

Abb. 22 Streckenkategorien des ÖBB-Netzes; Quelle: (ÖBB-Infrastruktur AG 2013); bearbeitet

Auf diese drei Streckenkategorien entfallen ungefähr 13% aller zurückgelegten Zugkilometer auf dem ÖBB-Netz (ÖBB-Infrastruktur AG 2013). Der Anteil dieser Streckenkategorien ist leicht rückläufig. Betrachtet man nur die Leistungen auf dem Ergänzungsnetz und auf den Schmalspurbahnen, ist eine leichte Abnahme seit 2005 (mit Ausnahme des Jahres 2009) erkennbar (ÖBB-Infrastruktur AG 2013). Diese Abnahme ist vor allem auf die Leistungsreduktion auf den Schmalspurstrecken zurückzuführen. Hier nahmen die geleisteten Zugkilometer zwischen 2005 und 2010 von 1,4 auf 0,8 Millionen ab. Seit 2011 gibt es keinen Betrieb mehr auf ÖBB-Schmalspurbahnen, da die letzten bestehenden Schmalspurbahnen in Niederösterreich an die Niederösterreichische Verkehrsorganisationsgesellschaft übertragen wurden (NÖVOG 2013; ÖBB-Infrastruktur AG 2013).

Tab. 12 Zugkilometer nach Streckenkategorie; Quelle: (ÖBB-Infrastruktur AG 2013)

	2005	2006	2007	2008	2009	2010	2011
Schmalspur	1,4	1,3	1,3	1,1	0,9	0,8	0,0
Ergänzungsnetz	9,8	10,1	10,2	10,3	10,2	10,4	9,3
Kufstein-Innsbruck-Brenner	7,3	8,1	8,5	8,8	8,5	9,4	9,3
Sonstiges Kernnetz	28	29,5	30,4	30,8	33,1	33,5	32,4
Sonstige internationale Achsen	63,5	65,8	67,5	67,7	60,6	61,5	60,7
Westbahn	30,6	32,3	32,2	33,3	32,1	32,7	31,8

In Bezug auf die Auswirkungen der Liberalisierung auf den oft zitierten Rückzug aus der Fläche vertreten die befragten Experten unterschiedliche Meinungen. Einigkeit herrscht darüber, dass der Rückzug aus der Fläche, also der Rückbau des Netzes und der darauf angebotenen Verkehre, aus Kostengründen erfolgt (Beier 2012; Gansterer 2012; Haibach 2012; Mader 2012; Mandl 2012; Nagl 2012; Rießberger 2012; Veit 2012). Allerdings sehen sie den Kostendruck jeweils durch einen anderen Grund ausgelöst. Eine Gruppe sieht ihn vor allem in der Liberalisierung begründet. Die Liberalisierung stärkt die starken Achsen und vernachlässigt das Angebot in der Fläche. Dies liegt daran, dass die privaten EVUs sich fast ausschließlich auf die lukrativen Strecken konzentrieren, auf denen hohe Margen zu erzielen sind – also sogenanntes *Rosinenpicken* betreiben (Haibach 2012; Veit 2012). Durch diesen Wettbewerb gehen dem ehemaligen Monopolisten somit Einnahmen auf den Paradestrecken an die Privaten verloren. Diese Einnahmen fehlen dann, um den nicht rentablen Betrieb in der Fläche quer zu subventionieren und machen deshalb das restliche System teurer (Veit 2012). Im Güterverkehr konzentriert sich der Wettbewerb vor allem auf den Ganzzugsverkehr und geographisch auf die Brennerstrecke, denn dies ist einfach lukrativer als der Güterverkehr in der Fläche (Veit 2012). Auch im Personenverkehr konzentrieren sich die neuen privaten EVUs bislang auf stark frequentierte

Strecken. Somit fehlt für die ÖBB immer mehr die gesicherte Basis, von der aus agiert werden kann, und deshalb ziehen sie sich stärker aus dem Flächenverkehr zurück (Haibach 2012). Die ÖBB müssen also rationalisieren, weil sie bei bestimmten Verkehren nicht mehr so viel verdienen und der Staat keine pauschalen Abgeltungen mehr vornimmt (Beier 2012; Haibach 2012). Die zweite Gruppe der Experten sieht zwar ebenfalls den Kostendruck als Grund für den Rückzug aus der Fläche, allerdings sieht sie diesen nicht in der Liberalisierung begründet. „Der [Rückzug aus der Fläche] steht überhaupt nicht im Zusammenhang mit der Liberalisierung, sondern das ist ein längst notwendiger Schritt, der sich einfach aus der Entwicklung des Automobils so ergeben hat" (Rießberger 2012). Die Liberalisierung führt also nicht zwangsläufig zu dieser Entwicklung. Denn auch nach durchgeführter Liberalisierung liegt es nach wie vor an der politischen Entscheidung, ob eine Flächenbahn gewünscht ist oder ein Rückzug aus der Fläche toleriert wird. Die Gebietskörperschaften haben es in der Hand, ob sie eine flächendeckende Versorgung der Bürger und Firmen mit schienengebundener Mobilität wollen (Gansterer 2012; Mader 2012; Mandl 2012; Nagl 2012).

Im Güterverkehr ist der Rückzug aus der Fläche vor allem an der Reduktion von Anschlussbahnen und Terminalpunkten zu erkennen. Vor allem die Schließung einiger Verladestellen passierte sehr plötzlich (Haibach 2012; Veit 2012). Die Begründung hierfür ist, dass viele Güterverkehre der ÖBB nicht kostendeckend waren. Außerdem verloren die ÖBB durch den Wettbewerb weiter an Einnahmen auf den Hauptstrecken. Auch wurden die ÖBB und damit auch die Güterverkehrstochter in ein privatwirtschaftliches Unternehmen umgewandelt. Viele Subventionen waren somit aus wettbewerbsrechtlichen Gründen nicht mehr möglich (Mandl 2012). Viele der Verkehre in der Fläche können auch nicht kostendeckend betrieben werden. Hier ist der Staat also weiterhin gefragt, um zu versuchen das Angebot in der Fläche durch entsprechende Finanzierung aufrecht zu erhalten (Beier 2012), denn ansonsten wird in letzter Konsequenz nur ein Angebot auf einem Rumpfnetz übrig bleiben, welches hauptsächlich dazu dient, die großen Zentren zu verbinden (Veit 2012). Allerdings gibt es auch trotz des Kostendruckes Beispiele dafür, dass ein Angebot in der Fläche funktioniert. Vor allem die kleinen integrierten EVUs schaffen es nach wie vor, zumindest in Nischenbereichen, das Angebot in der Fläche aufrechtzuerhalten, wie beispielsweise die Salzburger Lokalbahn (Haibach 2012).

Im Personenverkehr weicht die Situation etwas von jener im Güterverkehr ab. Dies vor allem deshalb, weil es noch nicht lange einen intensiven Wettbewerb gibt. Außerdem ist der politische Einfluss aufgrund der enormen Bedeutung der Gebietskörperschaften in ihrer Rolle als Bestellorganisation von öffentlichem Verkehr noch wesentlich größer. Auch im Personenverkehr kommt es zu einem Rückzug bei den Nebenbahnen (Veit 2012). Diese Nebenbahnen, welche die ÖBB auch schon vor der Liberalisierung nicht sonderlich geschätzt haben, werden langsam abgebaut bzw. den entsprechenden Gebietskörperschaften übertragen. Dies ist vor allem in Niederösterreich geschehen, in Oberösterreich wird darüber diskutiert (Beier 2012; Haibach 2012).

Die Möglichkeit, Einfluss auf diesen Rückzug zu nehmen, liegt in der Hand der Besteller. Seit der Einführung der Bestellerlogik im Zuge des Liberalisierungsprozesses kommt den Ländern und Gemeinden eine besondere Rolle bei der Aufrechterhaltung des Flächenangebots zu (Nagl 2012). Von diesen sollte ein Bekenntnis zur Finanzierung ausgegeben werden. Nur so sind diese Verkehre auch nach der Liberalisierung finanzierbar. Denn wenn es rein um die Kostenfrage geht, ist die Organisationsform relativ gleichgültig (Gansterer 2012). Bei der Beibehaltung des Status Quo betreiben die privaten EVUs ausschließlich Rosinenpicken. Klarerweise findet der Wettbewerb nur auf den lukrativen Strecken statt (Haibach 2012; Veit 2012). Allerdings bestehen auch nach der Liberalisierung für Nebenbahnen Chancen. Bei einigen von den ÖBB abgegebenen Strecken ist dies zu erkennen (Beier 2012). Vor allem aber, falls es zu Ausschreibungen im Personenverkehr kommt, ergibt sich ein großes Potenzial, so die Befürworter der Liberalisierung. Grundsätzlich ist die Frage, ob es einen guten Schienenverkehr in der Fläche geben soll, eine politische bzw. finanzielle (Mader 2012).

6.4. Zukünftige Entwicklung des Schienenverkehrsmarktes in Österreich

6.4.1. Zukünftiger Wettbewerb

Die zukünftige Entwicklung des Schienenverkehrsmarktes ist maßgeblich von zwei Faktoren abhängig. Werden weitere private Unternehmen in den Markt eintreten und welche Rolle wird der Staat in Zukunft spielen? Dies ist wiederum differenziert nach Güter- und Personenverkehr zu betrachten.

Im Güterverkehr wird durchaus noch von einem weiteren Wachstum der privaten EVUs ausgegangen. Steigerungen des Marktanteils bis zu 30% sind realistisch, da sie im internationalen Vergleich bereits Realität sind (Beier 2012; Mandl 2012; Rießberger 2012). Allerdings wird der Einstieg von großen EVUs in den österreichischen Markt nicht mehr erwartet. Stattdessen wird es vermutlich zu einer Konsolidierung am Markt kommen. Eine Konzentration der Akteure, wie es sie auch in anderen Ländern bereits gegeben hat, wird dazu führen, dass sich die EVUs im Güterverkehr entweder zusammenschließen oder von großen meist ehemaligen Monopolisten übernommen werden (Beier 2012; Mandl 2012). Langfristig wird von den Experten generell erwartet, dass sich der Wettbewerb im Güterverkehr innerhalb der nächsten 10 Jahre hauptsächlich auf diese Staatsunternehmen konzentrieren wird. Eine Konzentration auf nur mehr 4-5 große Unternehmen ist durchaus realistisch (Mandl 2012).

> „Es wird DB Schenker als größter europäischer Bahnbetreiber überleben, wahrscheinlich auch die Franzosen, mit größter Wahrscheinlichkeit die Italiener [...] und dann kommt es darauf an, wie sich der Osten entwickelt. Wird [...][die] ÖBB die Macht haben, dass sie sich mit Tschechen, Slowaken oder Polen verbündet und dann gegen Deutschland und Frankreich auftritt oder kommen überhaupt die Russen und kaufen den Rest auf“ (Mandl 2012).

Im Personenverkehr ist die Situation deswegen anders, weil dem Staat durch die Bestellung von gemeinwirtschaftlichen Leistungen noch immer eine herausragende Stellung zukommt. Solange die Politik aber nicht weiß, welche Akzente sie setzen will, kann auch eine Liberalisierung keine Wirkung entfalten (Haibach 2012). Die Entwicklung von Wettbewerb wird künftig maßgeblich davon abhängen, ob es zu Ausschreibungen kommt oder eben nicht (Beier 2012; Mader 2012; Nagl 2012). Dem Wettbewerb auf eigenwirtschaftlich zu erbringenden Strecken wird eher eine geringe Perspektive eingeräumt. Ohne die Leistungsbestellung durch die Gebietskörperschaften könne ein privates EVU nur die Westbahnstrecke und eventuell bis Innsbruck fahren. An der Diskussion um die Strecke Linz – Graz und Salzburg – Graz sieht man, dass keine weiteren Möglichkeiten bestehen ohne Subventionen tätig zu werden (Beier 2012). In Bezug auf die Frage, ob auf der Westbahnstrecke im Fernverkehr neben WESTbahn und ÖBB noch ein dritter Akteur hinzukommen könnte, herrschen geteilte Meinungen (Beier 2012; Mader 2012; Nagl 2012).

Wichtigste Impulse für den Wettbewerb im Personenverkehr wird es also durch Ausschreibung von Leistungsbestellungen geben. Diese sollen laut Regierungsübereinkommen auch bis zum Ende der derzeitigen Legislaturperiode eingeführt werden (Beier 2012; Mader 2012). Davon erwartet man sich eine Intensivierung des Wettbewerbs, welcher sich auch im Personenverkehr allmählich auf die ehemaligen Staatsbahnen konzentrieren wird (Beier 2012; Haibach 2012; Nagl 2012; Veit 2012). Zwar werden bereits bestehende private EVUs ihre Aktivitäten noch regional ausdehnen, bei großen Ausschreibungen ist allerdings fraglich, ob sie die Finanzkraft und Erfahrung haben, die teuren und aufwändigen Ausschreibungen zu bewältigen (Beier 2012; Veit 2012). Die integrierten österreichischen Unternehmen werden sich internationale Partner suchen und diese in den ehemaligen Staatsbahnen oder großen Konzernen finden. Auch im Personenverkehr wird es zu einer Konsolidierung der Unternehmen kommen (Beier 2012). Die ÖBB werden sich vermutlich auf den Fernverkehr zurückziehen und den Regionalverkehr entweder regionalen privaten EVUs oder internationalen Konsortien überlassen (Haibach 2012; Veit 2012). Allerdings bieten sich für die ÖBB auch Chancen, vor allem wenn es im Zuge der Liberalisierung auch zu einer weiteren Öffnung des Personenverkehrs in benachbarten Regionen kommt (Beier 2012).

Österreich strebt außerdem einen Taktfahrplan nach Schweizer Vorbild an. Hierbei wird es interessant zu sehen sein, wie sich die Zersplitterung der Leistungserstellung durch unterschiedliche Akteure auf die Koordination und die Vertaktung auswirkt (Haibach 2012; Veit 2012). Ein Taktfahrplan schränkt die freie Wahl der Akteure bei der Trassenwahl ein und beschränkt so in gewisser Weise die Liberalisierung. Ebenso sind die Entwicklungen um eine etwaige verursachungsgerechte Bepreisung der Infrastrukturbenützung bei der Bewertung des zukünftigen Wettbewerbs zu beachten (Veit 2012).

6.4.2. Zukünftige Entwicklung der ÖBB

Bei der weiteren Entwicklung der Unternehmensorganisation sind vor allem zwei Faktoren relevant. Wird der Staat seinen Einfluss weiter reduzieren und sich auch als Eigentümer aus den ÖBB zurückziehen und in welchem Ausmaß wird die Trennung der Unternehmensteile noch gesteigert? In Bezug auf die

Trennung gilt es vor allem den Ausgang des Vertragsverletzungsverfahrens wegen der mangelnden Unabhängigkeit der Infrastruktur aufgrund der Holding-Konstruktion abzuwarten[14] (Beier 2012). Innerhalb der EU gibt es Diskussionen, die Vergabestellen aus den Infrastrukturbetreibern herauszunehmen. Dies soll den fairen Wettbewerb fördern, wird aber auch kritisch gesehen und vor allem von Seiten der Deutschen Bahn strikt abgelehnt (Veit 2012). Vor allem die private Konkurrenz der ÖBB erwartet sich aber, dass aufgrund des Druckes aus Brüssel die Trennung zwischen Infrastruktur und Absatz verschärft wird (Mader 2012; Mandl 2012). Andere Experten hoffen hingegen, dass die derzeitige Struktur beibehalten wird, da die häufigen Umstrukturierungen bisher zu Reibungsverlusten geführt haben (Rießberger 2012; Veit 2012). Sollte es zu einer verschärften Trennung kommen, so wird erwartet, dass der Infrastrukturbetreiber, wie auch die ASFINAG im Straßenverkehr, allerdings weiterhin in staatlicher Hand bleibt (Beier 2012; Gansterer 2012; Mandl 2012). Beispiele im Ausland hätten gezeigt, dass eine materielle Privatisierung der Infrastruktur hauptsächlich negative Auswirkungen hat (Beier 2012). Bei der Güterverkehrstochter RCA hingegen ist eine Privatisierung auch weiterhin im Gespräch (Haibach 2012; Mandl 2012). Vor allem bei Auslandstöchtern wäre dadurch eine Allianz mit einem strategischen Partner möglich (Beier 2012). Sollten die Befürworter einer materiellen Privatisierung politisch die Oberhand gewinnen, könnte es theoretisch die ÖBB in 10 Jahren in dieser Form nicht mehr geben. Die Unternehmensteile würden verkauft und eventuell von anderen Staatsbahnen übernommen (Haibach 2012). Die Entscheidung über eine solche Entwicklung liegt immer beim Eigentümer, also beim Staat. Von Seiten der ÖBB wird bezweifelt, ob eine Marktkapitalisierung Veränderungen bringt, da das Unternehmen auch jetzt bereits als normale Aktiengesellschaft nach Aktienrecht konstituiert ist. Eventuelle Vorteile einer Privatisierung wiegen außerdem den hohen Aufwand und das Risiko nicht auf, „solange nicht klar ist, wo [der][...] Mehrwert liegen soll" (Nagl 2012).

6.4.3. Zukünftige Entwicklung von Leistungsfähigkeit und Modal Split

In Bezug auf die zukünftige Leistung des Schienenverkehrs und dessen Anteil am Modal Split sind für die meisten Experten vor allem die allgemeinen politi-

---

14 Das von der Europäischen Kommission eingeleitete Vertragsverletzungsverfahren ist mittlerweile vom EuGH abgewiesen worden. Zum Zeitpunkt des Interviews war dies noch nicht bekannt.

schen Rahmenbedingungen, welche die Mobilität beeinflussen, relevant. Hierzu gehören jene Faktoren, welche die Attraktivität des Straßenverkehrs direkt beeinflussen, wie der Treibstoffpreis, etwaige Mautkosten, die Parkraumbewirtschaftung und fiskalische Belastungen oder Begünstigungen (Gansterer 2012; Haibach 2012; Mader 2012; Rießberger 2012). Aber auch weitere Rahmenbedingungen, die indirekt auf die Verkehrsentwicklung wirken, werden eine wichtige Rolle einnehmen. Hierbei wird vor allem die Rolle der Raumplanung hervorgehoben (Gansterer 2012). Besonders stark wächst der Verkehr in den Ballungsräumen. Dieser Prozess wird sich in den nächsten Jahren weiter verschärfen (Haibach 2012). Wenn die richtigen politischen Handlungen gesetzt werden und im Verkehr Kostenwahrheit geschaffen wird, dann kann es zu einer Verkehrsverlagerung von der Straße auf die Schiene und damit zu einer Steigerung des Schienenverkehrs kommen (Beier 2012; Haibach 2012; Mandl 2012). Zusätzlich kann auch der Wettbewerb zu einer weiteren Verbesserung des Schienenverkehrs führen, da mit ihm eine Qualitätssteigerung eintritt. Außerdem könnte durch den Wettbewerb leichter der beste Anbieter für eine gestiegene Nachfrage gefunden werden (Haibach 2012; Mader 2012). Allerdings ist die Wirkung der Liberalisierung allmählich erschöpft, da das Rationalisierungspotenzial der ehemaligen Staatsbahnen durch den Konkurrenzdruck bereits fast zur Gänze gehoben wurde. Eine weitere Steigerung der Effizienz ist somit nur mehr schwer möglich (Mandl 2012). Zu dieser kann es eben nur kommen, wenn die Wettbewerbsfähigkeit des Schienenverkehrs um Anteile am Modal Split durch ordnungspolitische Rahmenbedingungen geändert wird.

Conclusio

In Österreich wurde in den beiden vergangenen Jahrzehnten der nationale Schienenverkehrssektor mehrfach reformiert und neu strukturiert. Ausgehend von einer stärker Einfluss nehmenden europäischen Schienenverkehrspolitik wurden auch in Österreich große Veränderungen umgesetzt. Der österreichische Schienenverkehrssektor wurde liberalisiert. Eingebettet ist dieser Prozess in zwei maßgebliche Rahmenbedingungen.

Erstens wachsen sowohl Personen- als auch Güterverkehr seit der Massenmotorisierung Mitte des letzten Jahrhunderts kontinuierlich an. Außerdem kommt es zu einer beständigen Veränderung des Modal Splits zu Gunsten des Straßenverkehrs. Beides zusammen stellt den Verkehrssektor heute und in der Zukunft vor große Herausforderungen, da anzunehmen ist, dass die bestehenden Infrastrukturen einen weiteren Verkehrsanstieg nicht mehr bewältigen können. Die großen staatlichen Bahnen verzeichneten somit immer geringere Passagier- und Transportzahlen. Außerdem waren sie meist defizitär und mussten von Seiten der Staaten subventioniert werden.

Zweitens findet in den letzten Jahrzehnten immer mehr eine wirtschaftspolitische Strömung Anwendung, welche einen möglichst geringen Einfluss des Staates auf die Wirtschaft eines Landes fordert. Diese als Neoliberalismus bezeichnete Theorie sieht staatliche Eingriffe grundsätzlich negativ und freie Märkte unter allen Umständen als das effizientere Mittel der Regulierung. Der Markt als Mechanismus gewährt persönliche wirtschaftliche Freiheit, koordiniert, vor allem die Verwaltung von Wissen, bewirkt ein Gleichgewicht von Angebot und Nachfrage und setzt Anreize bzw. sanktioniert falsches, also nicht vom Markt gewünschtes, Verhalten. Staatliche Planung und Regulierung hingegen sind gemäß neoliberaler Theorie ineffizient, einschränkend und mit einer mangelnden Allokation von Wissen behaftet. Staatliches Handeln soll sich deshalb auf ein Minimum zurückziehen. Dieser Rückzug findet seine Anwendung durch die Prozesse Liberalisierung, Deregulierung und Privatisierung.

Bis in die 1990er Jahre waren die nationalen Schienenverkehrssektoren in Europa rein nationalstaatlich orientiert und als staatliche Wirtschaftsbereiche organisiert. Die Organe der Europäischen Gemeinschaft und später der Europäischen Kommission kamen aufgrund des stetigen Anwachsens der Verkehrsprobleme innerhalb Europas und dem Wunsch nach einem einheitlichen Binnenmarkt zu dem Schluss, dass sich dies ändern müsse. Fortan sah die europäische Schienenverkehrspolitik eine Liberalisierung der Eisenbahn vor. Ziel war es, zum einen den Anteil des Schienenverkehrs am Modal Split wieder zu erhöhen, und zum anderen die Kosten des Schienenverkehrs für den Staat zu reduzieren. Begründet wurde dies gemäß dem neoliberalen Paradigma mit der Überlegenheit der freien Märkte.

In Österreich setzte diese Entwicklung bereits etwas vor dem Beitritt zur Europäischen Union ein. Mittlerweile ist die Liberalisierung des österreichischen Schienenverkehrs sehr weit fortgeschritten. Der ehemalige staatliche Monopolist ÖBB ist formell privatisiert und unterliegt dem Aktienrecht. Politische Einflussnahme ist somit nur mehr bedingt möglich. Der Schienenverkehrsmarkt ist sowohl im Güterverkehr als auch im Personenverkehr großteils geöffnet. Im Güterverkehr ist der Marktzugang für private Akteure frei möglich, im Personenverkehr besteht Zugang für inländische EVUs ohne Einschränkung, für ausländische Unternehmen ist der Zugang teilweise noch beschränkt. Auch in Österreich erhoffte man sich durch die Liberalisierung eine Leistungssteigerung des Schienenverkehrs, eine Verbesserung seiner Wettbewerbsfähigkeit im Vergleich mit dem Straßenverkehr, eine Reduktion staatlicher Kosten und eine bessere Leistung bei geringeren Kosten für den Kunden. Eine genaue Bewertung der Auswirkungen der Liberalisierungspolitik ist insofern schwierig, da ein direkter Vergleich nicht möglich ist. Es können nur Tendenzen aufgezeigt und von Experten bewertet werden.

Wettbewerb durch private EVUs hat sich mittlerweile vor allem im Güterverkehr eingestellt. Im Personenverkehr ist dieser noch nicht so stark ausgeprägt. Hier ist allerdings auch der staatliche Einfluss in Form von GWL-Bestellungen noch stärker präsent. Da diese Bestellungen nicht ausgeschrieben werden, sind der Liberalisierung im Personenverkehr noch Grenzen gesetzt. Allerdings ist in beiden Bereichen sowohl eine Zunahme der privaten Akteure als auch deren Marktanteile zu verzeichnen. Der Wettbewerb zwischen diesen und dem ehemaligen Monopolisten ÖBB verläuft einigermaßen diskriminierungsfrei.

Im Personen- als auch im Güterverkehr stiegen die transportierten Personen und Güter. Auch der Anteil am Modal Split nahm in beiden Fällen in den letzten Jahren zu, nachdem er zu Beginn der 1990er Jahre teils deutlich gesunken war. Im Personenverkehr kann dies nur bedingt auf den Einfluss der Liberalisierung zurückgeführt werden. Zum einen fand die Zunahme hauptsächlich in den Ballungsräumen statt und zum anderen ist noch kein starker Wettbewerb im Personenverkehr entstanden. Im Güterverkehr hingegen kann die Zunahme (bzw. das Fehlen einer Abnahme wie in anderen europäischen Ländern) durch den zunehmenden Wettbewerb erklärt werden.

Für den Kunden besteht durch die Liberalisierung vor allem im Güterverkehr, aber mittlerweile auch im Personenverkehr die Möglichkeit zwischen verschiedenen Anbietern wählen zu können. In beiden Fällen führt dieser Wettbewerb zu einem Druck auf die Preise, wovon der Kunde profitiert. Allerdings kommt es auch zu negativen Auswirkungen für den Kunden. Durch den Kostendruck und den Zwang zu höherer Effizienz werden von den ÖBB immer mehr Strecken und Güterterminals aufgelassen. Dieser Rückzug aus der Fläche ist nicht direkt auf den Wettbewerb zurückzuführen, aber auf jeden Fall von dem durch die Liberalisierung ausgelösten Streben nach betriebswirtschaftlicher Effizienz beeinflusst.

Die umstrukturierte ÖBB ist durch den Prozess der formellen Privatisierung und den entstandenen Wettbewerbsdruck effizienter geworden. Die Frage der betriebswirtschaftlichen Effizienz der ÖBB ist allerdings immer verknüpft mit der Frage nach dem gesellschaftlichen Nutzen des Schienenverkehrs und den Kosten des Schienenverkehrs für den Staat. Viele Verkehre, vor allem im Bereich des Personenverkehrs sind nicht kostendeckend. Trotzdem sind sie aus sozial-, verkehrs-, umwelt- und kohäsionspolitischen Gründen wichtig und notwendig. Ein privatwirtschaftlich organisiertes und profitorientiertes Unternehmen, wie die ÖBB heute eines sind, kann diese Leistungen nicht weiterhin in der Form aufrechterhalten, wie eine staatliche Bahnverwaltung dies tat, sofern diese Verkehre nicht weiterhin von der öffentlichen Hand mitfinanziert werden. Ebenso verhält es sich bei der Schieneninfrastruktur. Diese zu leisten, ist für ein privates Unternehmen nicht wirtschaftlich möglich. In beiden Bereichen steht der Staat also auch nach erfolgter Liberalisierung weiter in der Verantwortung. Die Kosten für Infrastruktur und für gemeinwirtschaftliche Leistungen werden sich im besten Fall durch eine höhere Nutzung verringern, aber nicht auflösen.

Für den Kunden und private EVUs hat die Liberalisierung also zumeist Vorteile gebracht und für den ehemaligen Monopolisten ÖBB ist sie eine Herausforderung. Für den Staat allerdings können die erhofften Vorteile einer Kostenreduktion nur beschränkt umgesetzt werden, da auch nach erfolgter Liberalisierung in vielen Bereichen Bestellungen und Beihilfen notwendig sind. Diese können und sollen nicht gestrichen werden, da ohne sie viele Verkehre nicht durchführbar sind.

Ob eine gute Versorgung der Bevölkerung mit nachhaltiger Mobilität in Form von Schienenverkehr gegeben sein soll, ist somit weniger eine ökonomische als eine politische Frage. Zwar kann mit einem aufgebrochenen Monopol und einem privatwirtschaftlich organisierten Unternehmen möglicherweise die Effizienz des Schienenverkehrs verbessert und so die ihm immanenten Kosten reduziert werden. Aber an der staatlichen Mitverantwortung bei der Kostentragung des Schienenverkehrs ändert sich auch dann nichts, wenn Markt und Wettbewerb als Mechanismen zur Regulierung und Koordination dieser Wirtschaftstätigkeit herangezogen werden. Schienenverkehr kostet, wie auch andere Bereiche der Daseinsvorsorge, den Staat viel Geld. Allerdings steht diesen hohen Kosten auch ein großer Nutzen gegenüber. Dieser Nutzen sollte durch die Liberalisierung nicht gefährdet werden.

Wenn mit einer Liberalisierung ein Abbau an Verantwortung der Politik für die Versorgung der Bevölkerung mit nachhaltiger Mobilität einhergeht, dann ist diese Form der Liberalisierung auf jeden Fall abzulehnen. Wenn sie allerdings ein Versuch ist, den Markt zu beleben, die Akteure zu mehr Effizienz zu bewegen und der Gesellschaft damit ein besseres Angebot zu präsentieren, welches von mehr Kunden angenommen wird, dann ist eine behutsame Liberalisierung eine mögliche Option. Ob sie allerdings in allen Punkten einem staatlich verwalteten Schienenverkehr überlegen ist, kann nicht mit Sicherheit gesagt werden. Wichtig ist, dass der Staat nach wie vor einen ordnungspolitischen Rahmen für das Verhalten der Akteure am Schienenverkehrsmarkt vorgibt – denn der Schienenverkehr ist von besonderer Bedeutung für die Gesellschaft.

Literaturverzeichnis

Abele, H., E. Nowotny und S. Schleicher, (Hrsg) (19893): Handbuch der öster reichischen Wirtschaftspolitik. Wien: Manz.

Amtsblatt der Europäischen Gemeinschaften (1969): Verordnung (EWG) Nr. 1191/69 des Rates vom 26. Juni 1969 über das Vorgehen der Mitgliedsstaaten bei mit dem Begriff des öffentlichen Dienstes verbundenen Verpflichtungen auf dem Gebiet des Eisenbahn-, Straßen- und Binnenschiffsverkehrs., ABl. EG 1969 L 156/1 <http://eur-lex.europa.eu/LexUriServ/LexUriServ.do?uri=OJ:L:1969:156:0001:0007:DE:PDF> (Zugriff: 21.04.2012)

Amtsblatt der Europäischen Gemeinschaften (1991): Verordnung (EWG) Nr . 1893/91 des Rates vom 20 . Juni 1991 zur Änderung der Verordnung (EWG) Nr . 1191/69 über das Vorgehen der Mitgliedstaaten bei mit dem Begriff des öffentlichen Dienstes verbundenen Verpflichtungen auf dem Gebiet des Eisenbahn -, Strassen - und Binnenschiffsverkehrs, Abl. EG 1991 L 169/1 <http://eur-lex.europa.eu/LexUriServ/LexUriServ.do?uri=OJ:L:1991:169:0001:0003:DE:PDF> (Zugriff: 21.04.2012)

Amtsblatt der Europäischen Gemeinschaften (1991): Richtlinie des Rates vom 29. Juli 1991 zur Entwicklung der Eisenbahnunternehmen der Gemeinschaft (91/440/EWG) Abl. EG 1991 L 237/25 <http://eur-lex.europa.eu/LexUriServ/LexUriServ.do?uri=OJ:L:1991:237:0025:0028:DE:PDF> (Zugriff: 21.04.2012)

Amtsblatt der Europäischen Gemeinschaften (1992): Richtlinie 92/106/EWG des Rates vom 7. Dezember 1992 über die Festlegung gemeinsamer Regeln für bestimmte Beförderungen im kombinierten Güterverkehr zwischen Mitgliedstaaten Abl. EG 1992 L 368/38 <http://eur-lex.europa.eu/LexUriServ/LexUriServ.do?uri=OJ:L:1992:368:0038:0042:DE:PDF> (Zugriff: 21.04.2012)

Amtsblatt der Europäischen Gemeinschaften (1995): Richtlinie 95/18/EG des Rates vom 19. Juni 1995 über die Erteilung von Genehmigungen an Eisenbahnunternehmen, Abl. EG 1995 L 143/70 <http://eur-lex.europa.eu/LexUriServ/LexUriServ.do?uri=OJ:L:1995:143:0070:0074:DE:PDF> (Zugriff: 21.04.2012)

Amtsblatt der Europäischen Gemeinschaften (1995): Richtlinie 95/19/EG des Rates vom 19. Juni 1995 über die Zuweisung von Fahrwegkapazität der Eisenbahn und die Berechnung von Wegeentgelten, Abl. EG 1995 L 143/75 <http://eur-lex.europa.eu/LexUriServ/LexUriServ.do?uri=OJ:L:1995:143:0075:0078:DE:PDF> (Zugriff: 21.04.2012)

Amtsblatt der Europäischen Gemeinschaften (1996): Richtlinie 96/48/EG des Rates vom 23. Juli 1996 über die Interoperabilität des transeuropäischen Hochgeschwindigkeitsbahnsystems, Abl. EG 1996 L 235/6 <http://eur-lex.europa.eu/LexUriServ/LexUriServ.do?uri=OJ:L:1996:235:0006:0024:DE:PDF> (Zugriff: 21.04.2012)

Amtsblatt der Europäischen Gemeinschaften (2001): Richtlinie 2001/12/EG des Europäischen Parlaments und des Rates vom 26. Februar 2001 zur Änderung der Richtlinie 91/440/EWG des Rates zur Entwicklung der Eisenbahnunternehmen der Gemeinschaft, Abl. EG 2001 L 75/1 <http://eur-lex.europa.eu/LexUriServ/LexUriServ.do?uri=OJ:L:2001:075:0001:0025:DE:PDF> (Zugriff: 21.04.2012)

Amtsblatt der Europäischen Gemeinschaften (2001): Richtlinie 2001/13/EG des Europäischen Parlaments und des Rates vom 26. Februar 2001 zur Änderung der Richtlinie 95/18/EG des Rates über die Erteilung von Genehmigungen an Eisenbahnunternehmen, Abl. EG 2001 L 75/26 <http://eur-lex.europa.eu/LexUriServ/LexUriServ.do?uri=OJ:L:2001:075:0026:0028:DE:PDF> (Zugriff: 21.04.2012)

Amtsblatt der Europäischen Gemeinschaften (2001): Richtlinie 2001/14/EG des Europäischen Parlaments und des Rates vom 26. Februar 2001 über die Zuweisung von Fahrwegkapazität der Eisenbahn, die Erhebung von Entgelten für die Nutzung von Eisenbahninfrastruktur und die Sicherheitsbescheinigung, Abl. EG 2001 L 75/29 <http://eur-lex.europa.eu/ LexUriServ/LexUriServ.do?uri=OJ:L:2001:075:0029:0046:DE:PDF> (Zugriff: 21.04.2012)

Amtsblatt der Europäischen Union (2001): Richtlinie 2001/16/EG des Europäischen Parlaments und des Rates vom 19. März 2001 über die Interoperabilität des konventionellen transeuropäischen Eisenbahnsystems, Abl. EU 2001 L 110/1 <http://eur-lex.europa.eu/LexUriServ/LexUriServ.do?uri=OJ:L:2001:110:0001:0027:DE:PDF> (Zugriff: 21.04.2012)

Amtsblatt der Europäischen Union (2004): Verordnung (EG) Nr. 881/2004 des Europäischen Parlaments und des Rates vom 29. April 2004 zur Errichtung einer Europäischen Eisenbahnagentur ("Agenturverordnung"), Abl. EU 2004 L 164/1 <http://eur-lex.europa.eu/LexUriServ/LexUriServ.do?uri=OJ:L:2004:164:0001:0043:DE:PDF> (Zugriff: 21.04.2012)

Amtsblatt der Europäischen Union (2004): Richtlinie 2004/49/EG des Europäischen Parlaments und des Rates vom 29. April 2004 über Eisenbahnsicherheit in der Gemeinschaft und zur Änderung der Richtlinie 95/18/EG des Rates über die Erteilung von Genehmigungen an Eisenbahnunternehmen und der Richtlinie 2001/14/EG über die Zuweisung von Fahrwegkapazität der Eisenbahn, die Erhebung von Entgelten für die Nutzung von Eisenbahninfrastruktur und die Sicherheitsbescheinigung ("Richtlinie über die Eisenbahnsicherheit"), Abl. EU 2004 L 164/44 <http://eur-lex.europa.eu/LexUriServ/LexUriServ.do?uri=OJ:L:2004:164:0044:0113:DE:PDF> (Zugriff: 21.04.2012)

Amtsblatt der Europäischen Union (2004): Richtlinie 2004/50/EG des Europäischen Parlaments und des Rates vom 29. April 2004 zur Änderung der Richtlinie 96/48/EG des Rates über die Interoperabilität des transeuropäischen Hochgeschwindigkeitsbahnsystems und der Richtlinie 2001/16/EG des Europäischen Parlaments und des Rates über die Interoperabilität des konventionellen transeuropäischen Eisenbahnsystems, Abl. EU 2004 L 164/114 <http://eur-lex.europa.eu/LexUriServ/LexUriServ.do?uri=OJ:L:2004:164:0114:0163:DE:PDF> (Zugriff: 21.04.2012)

Amtsblatt der Europäischen Union (2004): Richtlinie 2004/51/EG des Europäischen Parlaments und des Rates vom. 29. April 2004 zur Änderung der Richtlinie 91/440/EWG des Rates zur Entwicklung der Eisenbahnunternehmen der Gemeinschaft, Abl. EU 2004 L164/164 <http://eur-lex.europa.eu/LexUriServ/LexUriServ.do?uri=OJ:L:2004:164:0164:0172:DE:PDF> (Zugriff: 21.04.2012)

Amtsblatt der Europäischen Union (2007): Richtlinie 2007/59/EG des Europäischen Parlaments und des Rates vom 23. Oktober 2007 über die Zertifizierung von Triebfahrzeugführern, die Lokomotiven und Züge im Eisenbahnsystem in der Gemeinschaft führen, Abl. EU 2007 L315/51 <http://eur-lex.europa.eu/LexUriServ/LexUriServ.do?uri=OJ:L:2007:315:0051:0078:DE:PDF> (Zugriff: 21.04.2012)

Amtsblatt der Europäischen Union (2007): Verordnung (EG) Nr. 1370/2007 des Europäischen Parlaments und des Rates vom 23. Oktober 2007 über öffentliche Personenverkehrsdienste auf Schiene und Straße und zur Aufhebung der Verordnungen (EWG) Nr. 1191/69 und (EWG) Nr. 1107/70 des Rates, Abl. EU 2007 L 315/1 <http://eur-lex.europa.eu/LexUriServ/ Lex UriServ.do?uri=OJ:L:2007:315:0001:0013:DE:PDF> (Zugriff: 21.04.2012)

Amtsblatt der Europäischen Union (2007): Verordnung (EG) Nr. 1371/2007 des Europäischen Parlaments und des Rates vom 23. Oktober 2007 über die Rechte und Pflichten der Fahrgäste im Eisenbahnverkehr, Abl. EU 2007 L 315/14 <http://eur-lex.europa.eu/LexUriServ/LexUriServ.do?uri=OJ:L:2007:315:0014:0041:DE:PDF> (Zugriff: 21.04.2012)

Amtsblatt der Europäischen Union (2007): Richtlinie 2007/58/EG des Europäischen Parlaments und des Rates vom 23. Oktober 2007 zur Änderung der Richtlinie 91/440/EWG des Rates zur Entwicklung der Eisenbahnunternehmen der Gemeinschaft sowie der Richtlinie 2001/14/EG über die Zuweisung von Fahrwegkapazität der Eisenbahn und die Erhebung von Entgelten für die Nutzung von Eisenbahninfrastruktur Abl. EU 2007 L 315/44 <http://eur-lex.europa.eu/LexUriServ/LexUriServ.do?uri=OJ:L:2007:315:0044:0050:DE:PDF> (Zugriff: 21.04.2012)

Amtsblatt der Europäischen Union (2008): Richtlinie 2008/57/EG des Europäischen Parlaments und des Rates vom 17. Juni 2008 über die Interoperabilität des Eisenbahnsystems in der Gemeinschaft (Neufassung), Abl. EU 2008 L 191/1 <http://eur-lex.europa.eu/LexUriServ/LexUriServ.do?uri=OJ:L:2008:191:0001:0045:DE:PDF> (Zugriff: 21.04.2012)

Amtsblatt der Europäischen Union (2008): Richtlinie 2008/110/EG des Europäischen Parlaments und des Rates vom 16. Dezember 2008 zur Änderung der Richtlinie 2004/49/EG über Eisenbahnsicherheit in der Gemeinschaft (Richtlinie über die Eisenbahnsicherheit), ABl. EU 2008 L 345/62 <http://eur-lex.europa.eu/LexUriServ/LexUriServ.do?uri=OJ:L:2008:345:0062:0067:DE:PDF> (Zugriff: 21.04.2012)

Amtsblatt der Europäischen Union (2008): Verordnung (EG) Nr. 1335/2008 des Europäischen Parlaments und des Rates vom 16. Dezember 2008 zur Änderung der Verordnung (EG) Nr. 881/2004 zur Errichtung einer Europäischen Eisenbahnagentur (Agenturverordnung, Abl. EU 2008 L 354/51 <http://eur-lex.europa.eu/LexUriServ/LexUriServ.do?uri=OJ:L:2008:354:0051:01:DE:HTML> (Zugriff: 21.04.2012)

Amtsblatt der Europäischen Union (2010): Verordnung (EU) Nr. 913/2010 des Europäischen Parlaments und des Rates vom 22. September 2010 zur Schaffung eines europäischen Schienennetzes für einen wettbewerbsfähigen Güterverkehr Text von Bedeutung für den EWR, Abl. EU 2010 L 276/53 <http://eur-lex.europa.eu/LexUriServ/LexUriServ.do?uri=CELEX: 32010R0913:DE:HTML> (Zugriff: 21.04.2012)

AEIOU (2009): Eisenbahn. <http://www.austria-lexikon.at/af/AEIOU/ Eisen bahn> (Zugriff: 27.02.2012).

Aigner, N. (2011): CargoServ: Eine Erfolgsstory auf Schiene. In: Regionale Schienen, 1/2011, 37.

Altvater, E. (20075): Das Ende des Kapitalismus, wie wir ihn kennen. Eine radikale Kapitalismuskritik. Münster: Verlag Westfälische Dampfboot.

Altvater, E. (2008): Globalisierter Neoliberalismus. In: C. Butterwegge, B. Lösch and R. Ptak (Hrsg.): Neoliberalismus. Analysen und Alternativen. Wiesbaden: VS Verlag für Sozialwissenschaften, 50 - 68.

APA (2009): Bundesministerin Doris Bures präsentiert ÖBB-Strukturreform 2009. <http://www.bmvit.gv.at/presse/archiv/2009/0507oebbreform.html> (Zugriff: 27.02.2012).

APA (2010): Privatbahnen nehmen ÖBB immer mehr Marktanteile weg. In: Die Presse. <http://diepresse.com/home/wirtschaft/economist/585047/Privat bahnen-nehmen-OeBB-immer-mehr-Marktanteile-weg> (Zugriff: 06.03.2012).

APA (2011a): Ausgelagerte Schulden: Defizit steigt auf 4,6 Prozent. In: Die Presse. <http://diepresse.com/home/wirtschaft/economist/646352/Ausge lagerte-Schulden_Defizit-steigt-auf-46-Prozent> (Zugriff: 07.03.2012).

APA (2011b): Fekter: "ÖBB kann man locker privatisieren". In: Die Presse. <http://diepresse.com/home/wirtschaft/economist/667797/Fekter_OeBB-kann-man-locker-privatisieren> (Zugriff: 07.03.2012).

APA (2011c): Holzbranche und ÖBB einigen sich über RCA-Sanierung In: Wirtschaftsblatt. <http://www.wirtschaftsblatt.at/home/oesterreich/bran chen/holzbranche-und-oebb-einigen-sich-ueber-rca-sanierung-473756/index.do> (Zugriff: 07.03.2012).

APA (2011d): Sanierung im ÖBB-Güterverkehr läuft "besser als erhofft" In: Wirtschaftsblatt. <http://www.wirtschaftsblatt.at/home/oesterreich/branchen/sanierung-im-oebb-gueterverkehr-laeuft-besser-als-erhofft-485511/index.do> (Zugriff: 07.03.2012).

APA (2012a): Bures zu Stronach und Spindelegger: "ÖBB stehen nicht zum Verkauf". In: Der Standard. <http://derstandard.at/1345166438928/OeBB-Verkauf-Spindelegger-will-mit-Stronach-verhandeln> (Zugriff: 01.03.2013).

APA (2012b): Holzindustrie droht ÖBB mit Abwanderung. In: Der Standard. <http://derstandard.at/1339638473352/Preissteigerung-Holzindustrie-droht-OeBB-mit-Abwanderung> (Zugriff: 01.03.2013).

APA (2012c): Neuer ÖBB-Fahrplan: Graz - Salzburg wird revitalisiert. In: Die Presse. <http://diepresse.com/home/panorama/oesterreich/1301850/Neuer-OeBBFahrplan_Graz-Salzburg-wird-revitalisiert> (Zugriff: 02.03.2013).

APA (2012d): RCA will weniger, aber profitabler arbeiten. In: Der Standard,. <http://derstandard.at/1350260736604/OeBB-Gueterverkehr-will-Marktanteil-zugunsten-Gewinne-aufgeben> (Zugriff: 19.01.2013).

APA (2012e): Spindelegger will ÖBB teilprivatisieren, SPÖ dagegen. In: Der Standard,. <http://derstandard.at/1348284612522/Spindelegger-will-OeBB-Teilprivatisierung> (Zugriff: 19.01.2013).

APA (2012f): Westbahn braucht frisches Geld. In: Der Standard. <http://derstandard.at/1338558694255/Kapital-Zufuhr-Westbahn-braucht-frisches-Geld> (Zugriff: 01.03.2013).

APA (2013): ÖBB nehmen Direktverbindung Graz-Linz wieder auf In: Die Presse. <http://diepresse.com/home/panorama/oesterreich/1346445/OeBB-nehmen-Direktverbindung-GrazLinz-wieder-auf-?from=suche.intern.portal> (Zugriff: 23.02.2013).

Arbeiterkammer Wien (2011): EU-Weißbuch Verkehr <http://wien.arbeiterkammer.at/online/eu-weissbuch-verkehr-61542.html> (Zugriff: 04.01.2012)

Balsen, W. (2012a): EU setzt im 4. Bahnpaket voll auf Ausschreibungen. In: DVZ Schiene. <http://www.dvz.de/rubriken/schiene/single-view/nachricht/eu-setzt-im-4-bahnpaket-voll-auf-ausschreibungen.html> (Zugriff: 10.01.2013)

Balsen, W. (2012b): Recast des 1. Eisenbahnpakets unter Dach und Fach. In: DVZ Schiene. <http://www.dvz.de/rubriken/politik/single-view/nachricht/recast-des-1-eisenbahnpakets-unter-dach-und-fach.html> (Zugriff: 10.01.2013)

Beier, R. (2012): im Interview mit Hametner Andreas (01.03.2012). Wien.

Berka, W. (2005): Lehrbuch Verfassungsrecht. Wien: Springer-Verlag.

Bundesgesetzblatt (1957-2012): Eisenbahngesetz, BGBl. I Nr. 60/1957 i.d.g.F. <https://www.ris.bka.gv.at/Dokument.wxe?Abfrage=Bundesnormen&Dokumentnummer=NOR40134516&ResultFunctionToken=e99ca613-1aef-4f1f-bc53-3a82c794629a&Position=1&Kundmachungsorgan=&Index=&Titel=eisenbahngesetz&Gesetzesnummer=&VonArtikel=&BisArtikel=&VonParagraf=&BisParagraf=&VonAnlage=&BisAnlage=&Typ=&Kundmachungsnummer=&Unterzeichnungsdatum=&FassungVom=20.04.2012&NormabschnittnummerKombination=Und&ImRisSeit=Undefined&ResultPageSize=100&Suchworte=> (Zugriff: 20.04.2012)

Bundesgesetzblatt (2003): Bundesbahnstrukturgesetz, BGBl. I Nr. 138/2003 <https://www.ris.bka.gv.at/GeltendeFassung.wxe?Abfrage=Bundesnormen&Gesetzesnummer=20003066> (Zugriff: 27.02.2012)

Bundesgesetzblatt (1999): Schienenverkehrsmarkt-Regulierungsgesetz, BGBl. I Nr. 166/1999 <https://www.ris.bka.gv.at/Dokumente/BgblPdf/1999_166_1/1999_166_1.pdf> (Zugriff: 20.04.2012)

Bundesgesetzblatt (1999-2002): Öffentlicher Personennah- und Regionalverkehrsgesetz 1999, BGBl. I Nr. 204/1999 idF BGBl. I Nr 32/2002 <https://www.ris.bka.gv.at/GeltendeFassung.wxe?Abfrage=Bundesnormen&Gesetzesnummer=20000097> (Zugriff: 20.04.2012)

Bundesgesetzblatt (1998): Eisenbahnrechtsanpassungsgesetz 1997, BGBl. Nr. 15/1998 <https://www.ris.bka.gv.at/Dokumente/BgblPdf/1998_15_1/1998_15_1.pdf> (Zugriff: 20.04.2012)

Bundesgesetzblatt (1992-2002): Bundesbahngesetz, BGBl. Nr. 825/1992 i.d.F. BGBl. I Nr. 32/2002 <https://www.ris.bka.gv.at/GeltendeFassung.wxe?Abfrage=Bundesnormen&Gesetzesnummer=10007278&FassungVom=2002-02-19> (Zugriff: 20.04.2012)

Bundesgesetzblatt (1992-2009): Bundesbahngesetz, BGBl. Nr. 825/1992 i.d.F. BGBl. I Nr. 95/2009 <https://www.ris.bka.gv.at/GeltendeFassung.wxe?Abfrage=Bundesnormen&Gesetzesnummer=10007278&FassungVom=2009-08-19> (Zugriff: 20.04.2012)

Bundesgesetzblatt (1992-2012): Bundesbahngesetz, BGBl. Nr. 825/1992 i.d.g.F. <https://www.ris.bka.gv.at/Dokument.wxe?Abfrage=Bundesnormen&Dokumentnummer=NOR30003359&ResultFunctionToken=dd2b013e-c3d7-481e-84b5-7c15422438c6&Position=1&Kundmachungsorgan=&Index=&Titel=bundesbahngesetz&Gesetzesnummer=&VonArtikel=&BisArtikel=&VonParagraf=&BisParagraf=&VonAnlage=&BisAnlage=&Typ=&Kundmachungsnummer=&Unterzeichnungsdatum=&FassungVom=20.04.2012&NormabschnittnummerKombination=Und&ImRisSeit=Undefined&ResultPageSize=100&Suchworte=> (Zugriff: 20.04.2012)

Blankart, C. B. und C. Engelke (2008): Regulierung und öffentliche Gelder: Der Fall der Bahn. In: A. Picot (Hrsg.) 10 Jahre wettbewerbsorientierte Regulierung von Netzindustrien in Deutschland - Bestandsaufnahme und Perspektiven. München: C.H. Beck, 303-338. <http://www.wiwi.hu-berlin.de/professuren/vwl/oef/dok/docs/bahn.pdf> (Zugriff: 21.04.2012)

Blöchliger, H. und D. Seckler (2003): Wettbewerb auf Europas Schienen: Der Zug kommt ins Rollen. In: Die Volkswirtschaft, 12, 2003, 5-8.

Boas, T. C. und J. Gans-Morse (2009): Neoliberalism: From New Liberal Philosophy to Anti-Liberal Slogan. In: Studies in Comparative International Development, 2 (June 2009), 44, 137 - 161.

Bogner, A. und W. Menz (20093): Experteninterviews in der qualitativen Sozialforschung. Zur Einführung in eine sich intensivierende Methodendebatte. In: A. Bogner, B. Littig and W. Mehz (Hrsg.): Experteninterviews. Wiesbaden: VS Verlag für Sozialwissenschaften.

Booz Allen Hamilton (2006): Privatisierungsvarianten der Deutschen Bahn AG "mit und ohne Netz". Berlin

Bourdieu, P. (19982): Gegenfeuer. Wortmeldungen im Dienste des Widerstands gegen die neoliberale Invasion. Konstanz: Universitätsverlag.

Brenner, W. (2009): PPP und Schiene. In: AK Wien (Hrsg.): Privatisierung der Verkehrsinfrastruktur. Erfahrungen mit Public Private Partnership (PPP) in Österreich und Europa. Wien: AK Wien, 80-108.

Buchwald, K. und H. Heckenroth (1999): Gefährdung der Vogelwelt und ihrer Lebensräume durch den Straßenverkehr - Naturschutzproblematik, Planung und Durchführung von Schutzmaßnahmen. In: D. Apel (Hrsg.): Verkehr und Umwelt. Wege zu einer umwelt-, raum- und sozialverträglichen Mobilität. Bonn: Economica Verlag, 62-90.

Bundesamt für Raumentwicklung ARE (2007): Bewertung der externen Kosten des Strassen- und Schienenverkehrs in der Schweiz für das Jahr 2000. Synthese. <http://www.are.admin.ch/dokumentation/publikationen/00015/00357/index.html?lang=de&download=NHzLpZeg7t,lnp6I0NTU042l2Z6ln1acy4Zn4Z2qZpnO2Yuq2Z6gpJCDd31_fGym162epYbg2c_JjKbNoKSn6A--> (Zugriff: 21.04.2012).

Bundesministerium für Finanzen (2005): Budgetbericht 2005. <http://m.bmf.gv.at/Budget/Budgetsimberblick/Sonstiges/Budgetsimberblick/Budget2005/budgetbericht_05.pdf>(Zugriff: 27.02.2012)

Bundesministerium für Verkehr Innovation und Technologie (2005): Güterverkehr in Österreich <http://www.bmvit.gv.at/verkehr/gesamtverkehr/statistik/downloads/gv_2003.pdf> (Zugriff: 16.04.2012)

Burmeister, C. (2001): Der Wettbewerb der Eisenbahnen im europäischen Binnenmarkt. Baden-Baden: Nomos Verlagsgesellschaft.

Butterwegge, C., B. Lösch und R. Ptak, (Hrsg) (2008a): Kritik des Neoliberalismus. Wiesbaden: VS Verlag für Sozialwissenschaften.

Butterwegge, C., B. Lösch und R. Ptak, (Hrsg) (2008b): Neoliberalismus. Analysen und Alternativen. Wiesbaden: VS Verlag für Sozialwissenschaften.

Button, K. (20103): Transport Economics. Cheltenham: Edward Elgar Publishing Limited.

Caspart, W. (2008): Das Gift des globalen Neoliberalismus. Mit Turbokapitalismus in die Krise. Wien: Amalthea Signum Verlag GmbH.

Cramer, M. und E. Lichtenberger (2013): Parlamentarische Anfrage: Schulden der ÖBB und der Bundeshaushalt Österreichs, <http://www.europarl.europa.eu/sides/getDoc.do?pubRef=-//EP//TEXT+WQ+E-2013-000756+0+DOC+XML+V0//DE> (Zugriff: 02.03.2013)

Der Standard (mro/spri/jub/ruep) (2012): ÖBB: Ausverkauf an der Nebenstrecke. In: Der Standard. <http://derstandard.at/1345165435173/OeBB-Ausverkauf-an-der-Nebenstrecke> (Zugriff: 02.03.2013).

Destatis (2013): Verkehrsleistung <https://www.destatis.de/DE/ZahlenFak ten/Wirtschaftsbereiche/TransportVerkehr/Gueterverkehr/Tabellen/Gueter befoerderung.html> (Zugriff: 08.01.2013)

Deutsches Institut für Urbanistik (2005): Umweltfreundlicher, attraktiver und leistungsfähiger ÖPNV - ein Handbuch. Berlin: <http://www.umweltda ten.de/publikationen/fpdf-k/koepnv-kf.pdf> (Zugriff:23.03.2013)

Dickhaus, B. und K. Dietz (2004): Öffentliche Dienstleistungen unter Privatisierungsdruck. Folgen von Privatisierung und Liberalisierung öffentlicher Dienstleistungen in Europa. <http://www2.weed-online.org/uploads/EU-Studie-Privatisierung-DL-final.pdf> (Zugriff: 04.01.2012).

Die Bahnindustrie (2008): Die europäischen Eisenbahnpakete. Inhalte und Umsetzung der europäischen Verkehrspolitik <http://www.bahnindus trie.info/fileadmin/Dokumente/Publikationen/Hintergrundpapiere/Hintergr und_2008_03_Europaeische_Eisenbahnpakete.pdf> (Zugriff: 03.01.2012)

Die Presse (2012): ÖBB: „Sind noch längst nicht über den Berg". In: Die Presse. <http://diepresse.com/home/wirtschaft/economist/752914/OeBB_Sind-noch-laengst-nicht-ueber-den-Berg> (Zugriff: 08.03.2013).

Diekmann, A. (20104): Empirische Sozialforschung. Hamburg Rowohlt Taschenbuch Verlag.

Docherty, I. und J. Shaw (2009): Governance, Transport. In: K. Editors-in-Chief: Rob and T. Nigel (Hrsg.): International Encyclopedia of Human Geography. Oxford: Elsevier, 615-621.

Dullien, M. (2006): Wettbewerb auf der Schiene: Zu den Risiken und Nebenwirkungen <http://www.bahn-fuer-alle.de/media/docs/expertisen/dullien-wettbewerb.pdf> (Zugriff: 03.01.2012)

Ebenstein, A. (2003): Friedrich Hayek: a biography. Chicago: The University of Chicago Press.

Engartner, T. (2008a): Die Privatisierung der Deutschen Bahn. Über die Implementierung marktorientierter Verkehrspolitik. Wiesbaden: VS Verlag für Sozialwissenschaften.

Engartner, T. (2008b): Privatisierung und Liberalisierung - Strategien zur Selbstentmachtung des öffentlichen Sektors. In: C. Butterwegge, B. Lösch and R. Ptak (Hrsg.): Kritik des Neoliberalismus. Wiesbaden: VS Verlag für Sozialwissenschaften.

Engartner, T. (2009): 11.000 Jahre Verspätung. In: Die Zeit. 11, 05.03.2009 <http://www.zeit.de/2009/11/British-Rail> (Zugriff: 16.01.2012).

Europäischer Gerichtshof (2012): „Verkehr – Eisenbahnverkehr – Verpflichtung des Infrastrukturbetreibers, den Eisenbahnunternehmen in Echtzeit sämtliche Informationen über Zugbewegungen und insbesondere über etwaige Zugverspätungen zur Gewährleistung der Anschlüsse zur Verfügung zu stellen“, EuGH C-136/11 <http://curia.europa.eu/juris/document/document.jsf;jsessionid=9ea7d2dc30db18c627488d044d7a84b8bd2204a49e6c.e34KaxiLc3qMb40Rch0SaxuKchr0?text=&docid=130245&pageIndex=0&doclang=de&mode=lst&dir=&occ=first&part=1&cid=75030> (Zugriff: 06.03.2013)

Europäischer Gerichtshof (2013): „Vertragsverletzung eines Mitgliedstaats – Verkehr – Entwicklung der Eisenbahnunternehmen der Gemeinschaft – Richtlinie 91/440/EG – Art. 6 Abs. 3 und Anhang II – Richtlinie 2001/14/EG – Art. 4 Abs. 2 und 14 Abs. 2 – Betreiber der Infrastruktur – Organisatorische und entscheidungsbezogene Unabhängigkeit – Holdingstruktur – Unvollständige Umsetzung“, EuGH C-555/10 <http://curia.europa.eu/juris/document/document.jsf;jsessionid=9ea7d0f130d5f286a5d74d354d50a007bfa2c7c8ac73.e34KaxiLc3eQc40LaxqMbN4Oah8Ne0?text=&docid=134371&pageIndex=0&doclang=de&mode=req&dir=&occ=first&part=1&cid=1736936> (Zugriff: 19.03.2013)

Eurailpress.de (2007): EU-Parlament: Cross Acceptance beschlossen. In: Eurailpress.de, <http://www.eurailpress.de/search/article/view//eu_parlament_cross_acceptance_beschlossen.html> (Zugriff: 04.01.2012)

Eurailpress.de (cm) (2012): EU: Verkehrsministerrat beschließt Recast vom 1. Eisenbahnpaket. In: Eurailpress.de, <http://www.eurailpress.de/news/politik/single-view/news/eu-verkehrsministerrat-beschliesst-recast-vom-1-eisenbahnpaket.html> (Zugriff: 10.01.2013)

Europäische Kommission (2001): Weißbuch. Die europäische Verkehrspolitik bis 2010: Weichenstellungen für die Zukunft. Luxemburg <http://rp7.ffg.at/upload/medialibrary/Weissbuch.pdf> (Zugriff: 03.01.2011).

Europäische Kommission (2011): Weissbuch. Fahrplan zu einem einheitlichen europäischen Verkehrsraum - Hin zu einem wettbewerbsorientierten und ressourcenschonenden Verkehrssystem. Brüssel <http://eur-lex.europa.eu/LexUriServ/LexUriServ.do?uri=COM:2011:0144:FIN:DE:PDF> (Zugriff: 21.04.2012).

Europäische Kommission (2013): Neue Weichenstellung für die europäischen Eisenbahnen: Kommission unterbreitet Vorschläge für ein viertes Eisenbahnpaket <http://europa.eu/rapid/press-release_IP-13-65_de.htm> (Zugriff: 28.02.2013)

European Commission (2011): EU transport in figures. Statistical Pocketbook 2011. Luxemburg <http://ec.europa.eu/transport/publications/statistics/doc/2011/pocketbook2011.pdf> (Zugriff: 03.01.2012).

European Commission Directorate-General for Mobility and Transport (2011a): Transport in Figures 2011. Part 2: Transport. Chapter 2.2: Performance of Freight Transport expressed in tonne-kilometres. <http://ec.europa.eu/transport/publications/statistics/doc/2011/pb_2011_22_tkm_web.xls> (Zugriff:03.01.2012)

European Commission Directorate-General for Mobility and Transport (2011b): Transport in Figures 2011. Part 2: Transport. Chapter 2.3: Performance of Passenger Transport expressed in passenger-kilometres. <http://ec.europa.eu/transport/publications/statistics/doc/2011/pb_2011_23_pkm_web.xls> (Zugriff:03.01.2012)

Eurostat (2013): Datenbank Verkehr.<http://epp.eurostat.ec.europa.eu/portal/page/portal/transport/data/main_tables> (Zugriff: 07.03.2013).

Faby, H. (2008): Wirtschafts-& Sozialgeographische Methoden Unveröffentlichte Lehrveranstaltungsunterlagen, Universität Salzburg.

Felber, C. (2005): Hayeks Freiheit <http://www.christian-felber.at/artikel/pdf/hayek.pdf> (Zugriff: 14.11.2011)

Forschungs-Informations-System (2002): Zweites Eisenbahnpaket der Europäischen Union <http://www.forschungsinformationssystem.de/servlet/is/19630/> (Zugriff: 04.01.2012)

Forschungs-Informations-System (2005): Drittes Eisenbahnpaket der Europäischen Gemeinschaft <http://www.forschungsinformationssystem.de/servlet/is/135970/> (Zugriff: 04.01.2012)

Forschungs-Informations-System (2010): Bahnreform in anderen Ländern <http://www.forschungsinformationssystem.de/servlet/is/300616/> (Zugriff: 07.01.2012)

Friedman, M. (1976): Kapitalismus und Freiheit. München: Deutscher Taschenbuch Verlag

Fritz, G. (2011a): "Finanzierung nach Schweizer Modell". In: Wirtschaftsblatt, 22.04.2011.

Fritz, G. (2011b): Noch härtere ÖBB-Sanierung. In: Wirtschaftsblatt, 21.07.2011.

Fritz, G. (2011c): ÖBB bleiben auch im Sommer ein Sanierungsfall. In: Wirtschaftsblatt. 21.07.2011. <http://www.wirtschaftsblatt.at/archiv/481412/index.do> (Zugriff: 07.03.2012).

Fritz, G. (2011d): ÖBB haben mit Güterverkehr Probleme ohne Ende. In: Wirtschaftsblatt. 10.06.2011. <http://www.wirtschaftsblatt.at/home/oesterreich/branchen/oebb-haben-mit-gueterverkehr-probleme-ohne-ende-476190/index.do> (Zugriff: 07.03.2012).

Fritz, G. (2011e): „ÖBB sollen Kraftwerke und Immobilien verkaufen". In: Wirtschaftsblatt. <http://www.wirtschaftsblatt.at/home/oesterreich/branchen/oebb-sollen-kraftwerke-und-immobilien-verkaufen-464184/index.do> (Zugriff: 07.03.2012).

Fritz, G. (2011f): ÖBB verhandeln mit Ungarn über Rail Cargo-Zukunft. In: Wirtschaftsblatt. 15.06.2011. <http://www.wirtschaftsblatt.at/home/oesterreich/branchen/oebb-verhandeln-mit-ungarn-ueber-rail-cargo-zukunft-476827/index.do> (Zugriff: 07.03.2012).

Fritz, G. (2012): ÖBB-Chef: "Schwarze Zahlen sind bereits 2012 möglich". In: Wirtschaftsblatt. <http://wirtschaftsblatt.at/archiv/1272436/OeBBChef_Schwarze-Zahlen-sind-bereits-2012-moeglich> (Zugriff: 08.03.2013).

Fritz, T. (2006): Öffentliche Dienstleistungen in Binnenmarktgefahr. Schleichende Privatisierung. In: Attac (Hrsg.): Das kritische EU-Buch: Warum wir ein anderes Europa brauchen. Wien: Deuticke im Paul Zsolnay Verlag, 93-117.

Gansterer, M. (2012): im Interview mit Hametner Andreas (03.02.2012). Wien.

Garstenauer, K. (2004): Preisdifferenzierung beim Infrastruktur-Benützungsentgelt (IBE) <http://www.wu.ac.at/vw4/itl/praxis/logistik_cercle/garsten auer_-_preisdifferenzierung_zu_67._lc.pdf> (Zugriff: 07.03.2012)

Geyer, H. (2010): Angemerkt: Rumänien - für die ÖBB geht ein Fenster auf. In: Wirtschaftsblatt. <http://www.wirtschaftsblatt.at/home/meinung/kommen tare/angemerkt-rumaenien-fuer-die-oebb-gehtein-fenster-auf-404498/in dex.do> (Zugriff: 07.03.2012).

Geyer, H. (2011): Investieren à la ÖBB: Tunnelbau zu Babel. In: Wirtschaftsblatt. <http://www.wirtschaftsblatt.at/archiv/investieren-la-oebb-tunnel bau-zu-babel-483192/index.do> (Zugriff: 05.08.2011).

Gläser, J. und G. Laudel (2004): Experteninterviews und qualitative Inhaltsanalyse. Wiesbaden: VS Verlag für Sozialwissenschaften.

Götzl, X. (2011): Pünktlichkeitsstatistik. Wien.

Graf, M. (2010): Kern legt sich mit Ländern an. In: Salzburger Nachrichten. 5.10.2010.

Graf, M. (2011a): Das wäre eine gute Idee. In: Salzburger Nachrichten. 07.06.2011.

Graf, M. (2011b): Der Mann, der die ÖBB auf Kurs bringen will. In: Salzburger Nachrichten. 07.06.2011.

Graf, M. (2011c): Die ÖBB brauchen Geld zur Stärkung. In: Salzburger Nachrichten. 20.04.2011.

Graf, M. (2011d): Für die ÖBB rechnet sich Bahnfahren immer. In: Salzburger Nachrichten. 11.04.2011.

Graf, M. (2011e): Preiskampf auf der Schiene. In: Salzburger Nachrichten. 24.11. 2011.

Graf, M. (2011f): Westbahn wehrt sich mit Klage. In: Salzburger Nachrichten. 11.01.2011.

Graf, M. (2011g): Wir sehen die Konkurrenz im Auto. In: Salzburger Nachrichten. 08.08.2011.

Grossmann, B. und E. Hauth (2010): Infrastrukturinvestitionen: Ökonomische Bedeutung, Investitionsvolumen und Rolle des öffentlichen Sektors in Österreich. Studie im Auftrag des Staatsschuldenausschusses. <http://www.staatsschuldenausschuss.at/de/img/studie_infrastrukturinvestitionen-gesamtfassung_tcm163-197236.pdf> (Zugriff: 06.03.2012).

Haibach, P. (2011): Der Kunde hat immer Recht! In: Regionale Schienen, 4/2011, 14-15.

Haibach, P. (2012): im Interview mit Hametner Andreas (09.02.2012). Salzburg.

Halbmayer, E. und J. Salat (2012): Qualitative und quantitative Daten <http://www.univie.ac.at/ksa/elearning/cp/qualitative/qualitative-12.html> (Zugriff: 22.03.2012)

Haller, B. K. (2003): Eisenbahnliberalisierung in der EU. Darstellung der Situation und Konsequenzen für den deutschen Schienenverkehrsmarkt. Unveröffentlichte Diplomarbeit, Eberhard-Karls-Universität Tübingen,.

Harke, A., S. L'hoest und S. Wingen (2000): Vorgehensweise bei einer qualitativen Expertenbefragung am Beispiel Fondsmanager <http://www.student-online.net/Publikationen/605/Expertenbefragung.pdf> (Zugriff: 22.03.2012)

Harvey, D. (2007a): Kleine Geschichte des Neoliberalismus. Zürich: Rotpunktverlag.

Harvey, D. (2007b): Räume der Neoliberalisierung. Hamburg: VSA-Verlag.

Hayek, F. A. v. (1971): Der Weg zur Knechtschaft. München: Verlag Moderne Industrie.

Hayek, F. A. v. (20054): Die Verfassung der Freiheit. Tübingen: Mohr Siebeck.

Heidt, U. und E. Mangeng (1989): Kapitalismustheorien. In: F. Neumann (Hrsg.): Handbuch Politischer Theorien und Ideologien. Baden-Baden: Signal-Verlag Hans Frevert.

Heistinger, A. (2007): Qualitative Interviews - Ein Leitfaden zu Vorbereitung und Durchführung inklusive einiger theoretischer Anmerkungen <http://www.univie.ac.at/igl.geschichte/kaller-dietrich/WS%2006-07/MEXEX_06/061102Durchf%FChrung%20von%20Interviews.pdf> (Zugriff: 22.03.2012)

Hemmer, D. und B. M. Hollos (2003): Privatisierung und Liberalisierung öffentlicher Dienstleistungen in der EU-15. Eisenbahn und ÖPNV. <http://www.politikberatung.or.at/wwwa/documents/EisenbahnNEU.pdf> (Zugriff: 16.01.2012).

Herry, M., N. Sedlacek und I. Steinacher (2007): Verkehr in Zahlen. Ausgabe 2007. Wien <http://www.bmvit.gv.at/verkehr/gesamtverkehr/statistik/downloads/viz07gesamt.pdf> (Zugriff: 03.01.2012).

Hiptmayr, C. und J. Redl (2011): Bahnvorstellungen. In: Profil. 24, 10.06.2011. S46-49.

Hochreiter, G. (2006): Buchbesprechung - Der Weg zur Knechtschaft. von Friedrich A. von Hayek <http://www2.comanitas.com/uploads/media/Der_Weg_zur_Knechtschaft_01.pdf> (Zugriff: 08.11.2011)

Hodoschek, A. (2012): Westbahn: "Was schreib'ma auf die Rechnung?". In: Kurier. <http://kurier.at/meinung/kolumnen/wirtschaft-von-innen/westbahn-was-schreibma-auf-die-rechnung/825.362> (Zugriff: 02.03.2013).

Hof, V. (2005): Beschreibung und Bewertung von Privatisierungsalternativen der Österreichischen Bundesbahnen: unter besonderer Berücksichtigung der Privatisierung der japanischen Eisenbahn Wirtschaftsuniversität Wien.

Högelsberger, H. (2011): Die neue EU-Verordnung NR. 913/2010 für einen wettbewerbsfähigen Güterverkehr. In: Regionale Schienen, 1/2011, 32.

Höller, C. (2009): ÖBB-Reform: ÖVP stellt Bedinungen. In: Die Presse. 07.05.2009. <http://diepresse.com/home/wirtschaft/economist/476879/OeBBReform_OeVP-stellt-Bedingungen> (Zugriff: 27.02.2012).

Höpner, M., A. Petring, D. Seikel und B. Werner (2009): Liberalisierungspolitik. Eine Bestandsaufnahme von zweieinhalb Dekaden marktschaffender Politik in entwickelten Industrieländern. In: MPIfG Discussion Paper, 09 /7. <http://www.mpifg.de/pu/mpifg_dp/dp09-7.pdf> (Zugriff: 05.12.2012)

Horn, A. (o.J.-a): Die österreichischen Bundesbahnen nach 1945 <http://www.oebb.at/holding/de/Servicebox/OeBB-Konzern/Geschichte_der_oesterreichischen_Eisenbahn/nach1945.pdf> (Zugriff: 17.10.2011)

Horn, A. (o.J.-b): DÖStB, ÖStB und BBÖ zwischen 1918 und 1938 <http://www.oebb.at/holding/de/Servicebox/OeBB-Konzern/Geschichte_der_oesterreichischen_Eisenbahn/1918-1939.pdf> (Zugriff: 17.10.2011)

Horn, A. (o.J.-c): Von den Anfängen bis 1918 <http://www.oebb.at/holding/de/Servicebox/OeBB-Konzern/Geschichte_der_oesterreichischen_Eisenbahn/Anfaenge-1918.pdf> (Zugriff: 17.10.2011)

Huffschmid, J. (2004): Ein starker und demokratischer öffentlicher Sektor statt des Vorrangs für Privatisierung und Deregulierung. In: E. Memorandum-Gruppe (Hrsg.): EuroMemo 2003. Hamburg: VSA-Verlag, 159 - 166.

IBM Business Consulting Services (2004): Liberalisierungsindex Bahn 2004. Vergleich der Marktöffnung der Eisenbahnmärkte der Mitgliedstaaten der Europäischen Union, der Schweiz und Norwegens. Berlin

IBM Deutschland GmbH (2002): Liberalisierungsindex Bahn 2002. Berlin <http://www.google.at/url?sa=t&rct=j&q=liberalisierungsindex%202002&source=web&cd=1&ved=0CCIQFjAA&url=http%3A%2F%2Fwww.litra.ch%2Fdownload.php%3Ffile%3Ddcs%2Fusers%2F2%2FLIBIND.pdf&ei=S31VT7_iLoLR4QSesdTjBw&usg=AFQjCNGSDBu-55AZjuLpAvR7GGNRr6GCaw&cad=rja> (Zugriff: 06.03.2012).

IBM Global Business Services (2007): Liberalisierungsindex Bahn 2007. Marktöffnung: Eisenbahnmärkte der Mitgliedstaaten der Europäischen Union, der Schweiz und Norwegens im Vergleich. Berlin

IBM Global Business Services (2011): Liberalisierungsindex Bahn 2011. Brüssel

Karrass, A. (2008): Die Europäische Union als Beispiel für institutionalisierte (Sach-)Zwänge. In: C. Butterwegge, B. Lösch and R. Ptak (Hrsg.): Neoliberalismus. Analysen und Alternativen. Wiesbaden: VS Verlag für Sozialwissenschaften, 243 - 258.

Kerber, W. und F. A. Hayek (2001): Die Anmassung von Wissen: Neue Freiburger Studien Mohr Siebeck GmbH & Company KG.

Klaus, S. (2009): DeRegulierung der netzbasierten Infrastruktur. Identifikation und Analyse von Lenkungsinstrumenten im Rahmen von De-/Regulierungsvorgängen in Primärinfrastrukturen. Norderstedt: Books on Demand GmbH. <http://www.samuelklaus.ch/fileadmin/user_upload/PDF/09-03_klaus_deregulierung_infrastruktur.pdf> (Zugriff: 05.12.2011)

König, K. und A. Benz (1997): Zusammnenhänge von Privatisierung und Regulierung. In: K. König and A. Benz (Hrsg.): Privatisierung und staatliche Regulierung. Baden-Baden: Nomos Verlagsgesellschaft, 13 - 79.

Kozina, C. (2011): Ökonomische, soziale und ökologische Auswirkungen der geplanten Zugstreichungen auf der Strecke Graz-Salzburg. Graz <www.oenj-steiermark.at/verkehrssystem/pdfs/KOZINA_Auswirkungen_Zugstreichungen.pdf> (Zugriff: 20.04.2012).

Krätke, M. R. (1998): Die neue Weltordnung. Was ist neo und was ist liberal am Neoliberalismus? In: R. Stötzel and R. Adelmann (Hrsg.): Ungleichheit als Projekt. Globalisierung - Standort - Neoliberalismus. Marburg: BdWi-Verlag.

Kriedel, N. (2005): Lange Wellen der wirtschaftlichen Entwicklung. Münster: LIT Verlag.

Kromrey, H. (200912): Empirische Sozialforschung. Stuttgart: Lucius & Lucius Verlagsgesellschaft mbH.

Lacher, F. (2001): Die Österreichischen Bundesbahnen unter geänderten verkehrspolitischen Rahmenbedingungen. unveröffentlichte Diplomarbeit, Universität Wien.

Lahounik, G. (2004): Die Wettbewerbspolitik der EU im Verkehrssektor. In: Wirtschaft und Gesellschaft, 2, 2004, 31.

Lahounik, G. (2011): Mit fünf Promille aufs Abstellgleis. In: Wirtschaft & Umwelt, 4/2011, 18-20.

Linsinger, E. (2011): Schmutzgeld. In: Profil. 20, 16.05.2011.

Mader, M. (2012): im Interview mit Hametner Andreas (01.03.2012). Wien.

Magistrat der Landeshauptstadt Linz (2004): 20 Makrotrends. Linz <http://www.linz.at/images/Makrotrends.pdf> (Zugriff: 03.01.2012).

Mandl, A. (2012): im Interview mit Hametner Andreas (02.03.2012). Wien.

Mankiw, N. G. (20043): Grundzüge der Volkswirtschaftslehre. Stuttgart: Schäffer-Poeschel Verlag.

Mayring, P. (20025): Einführung in die qualitative Sozialforschung. Eine Anleitung zu qualitativem Denken. Weinheim, Basel: Beltz Verlag.

Mises, L. v. (1922): Die Gemeinwirtschaft. Untersuchungen über den Sozialismus. Jena: Gustav Fischer Verlag.

Moore, J. (1983): Why privatise? In: J. A. Kay, C. Mayer and D. Thompson (Hrsg.): Privatisation and Regulation. The UK Experience. Oxford: Oxford University Press.

Müller, C. A. (2003): (De-)Regulierung und Unternehmertum. St. Gallen: Verlag KMU HSG. <http://www.kmu.unisg.ch/org/kmu/web.nsf/SysWeb Ressources/Publikationen_Mueller_Christoph_Deregulierung/$FILE/Mue ller_Dereg_und_Unternehmertum_Webversion.pdf> (Zugriff: 05.12.2011)

Müller, G. (2012): Sekundäranalyse <http://www.socialinfo.ch/cgi-bin/dicopos sode/show.cfm?id=546> (Zugriff: 22.03.2012)

Nagl, P. (2012): im Interview mit Hametner Andreas (02.02.2012). Wien.

Neunteufel, K. (2003): Bahnliberalisierung auf dem Prüfstand : eine kritische Zwischenbilanz aus österreichischer Sicht. Unveröffentlichte Diplomarbeit, Wirtschaftsuniversität Wien.

NÖVOG (2013): Geschichte <http://www.noevog.at/de/default.asp?tt=NOE VOG_R159&id=87009> (Zugriff: 10.03.2013)

Nuhn, H. und M. Hesse (2006): Verkehrsgeographie. Paderborn: Ferdinand Schöningh.

ÖBB-Holding AG (2005): Geschäftsbericht 2004. Wien <http://konzern.oebb. at/de/Presse/Publikationen/Geschaeftsbericht2004.pdf> (Zugriff: 27.02.2012).

ÖBB-Holding AG (2006): Geschäftsbericht 2005. Wien

ÖBB-Holding AG (2007): Geschäftsbericht 2006. Wien

ÖBB-Holding AG (2008): Geschäftsbericht 2007. Wien

ÖBB-Holding AG (2009): Geschäftsbericht 2008. Wien

ÖBB-Holding AG (2010): Geschäftsbericht 2009. Wien <http://konzern.oebb. at/de/Presse/Publikationen/GB_09_Holding.pdf> (Zugriff: 27.02.2012).

ÖBB-Holding AG (2011a): Geschäftsbericht 2010. Wien

ÖBB-Holding AG (2011b): Wir bewegen Österreich. ÖBB-Nachhaltigkeitsbericht 2010. Wien

ÖBB-Holding AG (2012): Geschäftsbericht 2011. Wien

ÖBB-Infrastruktur AG (2013): Daten & Fakten <http://www.oebb.at/ infrastruktur/de/_p_3_0_fuer_Kunden_Partner/3_3_Schieneninfrastruktur/Zahlen_Daten_Fakten/02_DMS_Dateien/_Statistiken_zum_Schienennetz_.jsp> (Zugriff: 10.03.2013)

Oberegger, E. (2012): Zur Eisenbahngeschichte des alten Österreich. 1827 - 1918 <http://www.oberegger2.org/altoesterreich/titel.htm> (Zugriff: 27.02.2012)

OECD (2005): Structural Reform in the Rail Industry. Konferenz: OECD Policy Roundtables. <http://www.oecd.org/dataoecd/7/14/35911008.pdf> (Zugriff:03.01.2012)

ÖIAG (2011): Die Geschichte der ÖIAG <http://www.oeiag.at/htm/oiag/ge schichte.htm> (Zugriff: 05.12.2011)

Ormerod, P. (2006): The fading of Friedman. In: Prospect Magazine, 129. <http://www.prospectmagazine.co.uk/2006/12/thefadingoffriedman/> (Zugriff: 08.11.2011)

Österreichische Bundesarbeitskammer, Büro Brüssel (2011): Eisenbahn: Europäische Kommission weiter auf Liberalisierungskurs <http://www.akeuropa.eu/de/eisenbahn-europaeische-kommission-weiter-auf-liberalisierungskurs.html?cmp_id=7&news_id=982> (Zugriff: 04.01.2012)

Österreichische Bundesbahnen (2004): Geschäftsbericht 2003. Wien <http://konzern.oebb.at/de/Presse/Publikationen/Geschaeftsbericht2003.p df> (Zugriff: 27.02.2012).

Pfund, C. (2002): Die Trennung des Verkehrs von der Infrastruktur der Bahn oder die Trennungsphilosophie der Europäischen Union EU <http://litra.ch/download.php?file=dcs/users/2/gs_nr5_d.pdf> (Zugriff: 04.01.2012)

Pietrantonio, L. D. und J. Pelkmans (2004): The Economics of EU Railway Reform. Bruges European Economic Policy Briefings. 38.

Polanyi, K. (1978): The Great Transformation. Politische und ökonomische Ursprünge von Gesellschaften und Wirtschaftssystemen. Frankfurt: Suhrkamp.

Prinz, R. (2011): Zielnetz 2025+. Wien <http://www.oebb.at/infrastruktur/de/5_0_fuer_Generationen/5_4_Wir_bauen_fuer_Generationen/5_4_1_Schieneninfrastruktur/Zukunftbahn_Zielnetz_2025/__Dms_Dateien/_Downloads_Zukunftbahn.jsp> (Zugriff: 07.03.2012).

Privatbahn Magazin Online (2012): mofair kritisiert Entwurf für 4. Eisenbahnpaket <http://www.privatbahn-magazin.de/blog/?p=4471> (Zugriff: 10.01.2013)

Ptak, R. (20082): Grundlagen des Neoliberalismus. In: C. Butterwegge, B. Lösch and R. Ptak (Hrsg.): Kritik des Neoliberalismus. Wiesbaden: VS Verlag für Sozialwissenschaften, 13 - 86.

Puwein, W. (2001): Erfolge der ÖBB-Reform 1992. In: WIFO Monatsberichte, 9/2001, 567-579.

Rechnungshof (2010): Bericht des Rechnungshofes. Wien <http://www.rechnungshof.gv.at/fileadmin/downloads/2010/berichte/berichte_bund/Bund_2010_09.pdf> (Zugriff: 04.03.2012).

Rechnungshof (2011a): Bericht des Rechnungshofes. Nebenbahnen - Kosten und verkehrspolitische Bedeutung. Wien

Rechnungshof (2011b): Bundesrechnungsabschluss für das Jahr 2010. Kurzfassung. Wien <http://www.rechnungshof.gv.at/fileadmin/downloads/2011/berichte/bundesrechnungsabschluss/BRA_2010_Kurzfassung.pdf> (Zugriff: 07.03.2012).

Reggentin, L. (2011): EP-Plenum ebnet Recast den Weg. In: Deutsche Logistik-Zeitung. 17.11.2011, <http://www.dvz.de/news/international/artikel/id/ep-plenum-ebnet-recast-den-weg.html> (Zugriff: 04.01.2012)

Renner, A. (2003): Die zwei "Neoliberalismen". In: T. Abromreit (Hrsg.) DIE GRÜNEN - Vom Hoffnungsträger zum Totengräber - Anhang I. Bündnis 90 / Die Grünen, 2-16. <http://www.tristan-abromeit.de/pdf/28.1%20MdB%20Gruene%201.5.03%20Anhang%20I.pdf> (Zugriff: 20.11.2011)

Renner, G. (2013): Himmelstreppe und Reblausexpress: Wenn ein Land Bahn macht. In: Die Presse. <http://diepresse.com/home/politik/noewahl/1344509/Himmelstreppe-und-Reblausexpress_Wenn-ein-Land-Bahn-macht> (Zugriff: 02.03.2013).

Richter-Steinke, M. (2010): Auswirkungen von Privatisierungen auf Gewerkschaften. Die Privatisierung der europäischen Eisenbahnen am Beispiel der Deutschen Bahn im Kontext von Liberalisierung, Europäisierung und Globalisierung. Münster: MV-Verlag. <http://miami.uni-muenster.de/servlets/DerivateServlet/Derivate-5964/diss_richter-steinke_buch block.pdf> (Zugriff: 05.12.2011)

Rießberger, K. (2012): im Interview mit Hametner Andreas (02.03.2012). Wien.

Rodi, H. (1996): Effizienz im Schienenverkehr. Eine mikroökonom. Analyse unter besonderer Berücksichtigung der institutionellen Ausgestaltung des Trassenmarktes. Göttingen: Vandenhoeck & Ruprecht

Rodrik, D. (2011): Milton Friedman entzaubert: Ohne Staat kein Markt. In: Wirtschaftsblatt. <http://www.wirtschaftsblatt.at/home/meinung/ivyleague/milton-friedman-entzaubert-ohne-staat-kein-markt-491951/index.do> (Zugriff: 28.11.2011).

Röpke, W. (1948): Die Ordnung der Wirtschaft. Frankfurt/Main.

Rothengatter, W. (1991): Deregulating the European railway industry: Theoretical background and practical consequences. In: Transportation Research Part A: General, 4, 25, 181-191.

salzburg.orf.at (2013): Westbahn-Privatgesellschaft im Aufwind <http://salzburg.orf.at/news/stories/2566758/> (Zugriff: 01.03.2013)

Salzburger Nachrichten (2010): Kahlschlag bei ÖBB-Güterverkehr. In: Salzburger Nachrichten. 26.11.2010.

Scharler, M. (2007): Die Privatisierung der Österreichischen Bundesbahnen (ÖBB) und die Auswirkungen auf den ÖBB-Personenverkehr. Universität Innsbruck.

Schienen-Control GmbH (2006): Schienen Control GmbH – Bericht 2005. <http://www.schienencontrol.gv.at/files/wettbewerbsbericht05.pdf> (Zugriff: 06.03.2012).

Schienen-Control GmbH (2007): Eisenbahnregulierung 2006. Tätigkeitsbericht Schienen-Control GmbH.

Schienen-Control GmbH (2008): Eisenbahnregulierung 2007, Tätigkeitsbericht Schienen-Control GmbH. Wien <http://www.schienencontrol.gv.at/files/scg_20bericht_2007small.pdf> (Zugriff: 27.02.2012).

Schienen-Control GmbH (2009): Eisenbahregulierung 2008. Tätigkeitsbericht Schienen-Control GmbH. Wien

Schienen-Control GmbH (2010): Eisenbahnregulierung 2009. Tätigkeitsbericht Schienen-Control GmbH. Wien

Schienen-Control GmbH (2011a): Beförderte Personen gegliedert nach Verkehrsträgern für die Jahre 2006 - 2010 <http://www.statistik.at/web_de/statistiken/verkehr/schiene/personenverkehr/022431.html> (Zugriff: 22.03.2012)

Schienen-Control GmbH (2011b): Betriebs- und Verkehrsleistungen im Personenverkehr auf dem österreichischen Schienenverkehrsnetz im Jahr 2010 <http://www.statistik.at/web_de/statistiken/verkehr/schiene/personenver kehr/022525.html> (Zugriff: 22.03.2012)

Schienen-Control GmbH (2011c): Tätigkeitsbericht 2010. Wien <http://www.schienencontrol.gv.at/files/schienen-control_taetigkeitsbe richt-2010_1.pdf> (Zugriff: 27.02.2012).

Schienen-Control GmbH (2012a): Bericht der Schlichtungsstelle 2011. <http://www.schienencontrol.gv.at/files/dl/downloader.php?file=schienen -control_bericht-schlichtungsstelle-2011.pdf> (Zugriff: 20.03.2013).

Schienen-Control GmbH (2012b): Betriebs- und Verkehrsleistungen im Personenverkehr auf dem österreichischen Schienenverkehrsnetz im Jahr 2011 <http://www.statistik.at/web_de/statistiken/verkehr/schiene/personenver kehr/022525.html> (Zugriff: 06.03.2013)

Schienen-Control GmbH (2012c): Tätigkeitsbericht 2011. Wien <http://www.schienencontrol.gv.at/files/dl/downloader.php?file=schienen -control_taetigkeitsbericht-2011.pdf> (Zugriff: 05.03.2013).

Schmidt, I. (2007): Kollektiver Imperialismus, Varianten des Neoliberalismus und neue Regionalmächte. In: I. Schmidt (Hrsg.): Spielarten des Neoliberalismus. Hamburg: VSA-Verlag, 7 - 39.

Schmidt, M. G., (Hrsg) (20103): Wörterbuch zur Politik. Stuttgart: Alfred Kröner Verlag.

Schneid, H. (2011): ÖBB: Fekter stellt Weichen in Richtung Privatisierung. In: Die Presse. 05.06.2011.

Schrempf, R. (2011): Neue WESTbahn verspricht mehr Komfort und mehr Service. In: Regionale Schienen, 4/2011, 8-9.

Sileitsch, H. und K. Leban (2013): Schulden steigen auf 80 Prozent. In: Wiener Zeitung. <http://www.wienerzeitung.at/nachrichten/oesterreich/politik/525006_Schulden-steigen-auf-80-Prozent.html> (Zugriff: 02.03.2013).

Sinabell, F. und S. Schöfelder (2011): Präsentation Zielnetz 2025+. Wirtschaftlichkeit und Finanzierung - Challenging. Konferenz: Zielnetz 2025+: Zukunftsstrategie für die Eisenbahn-Infrastruktur, Wien: Wirtschaftskammer Österreich. <http://www.wifo.ac.at/wwa/downloadController/displayDbDoc.htm?item=VT_2011_112$.PDF> (Zugriff:21.04.2012)

Smith, A. (19072): Untersuchung über das Wesen und die Ursachen des Volkswohlstandes, deutsch von Stöpel, F. Berlin: Prager.

Solyp (2012): Harte Daten (Quantitative Daten) <http://www.solyp.com/de/knowledge-corner/strategielexikon/item/70-harte-daten-quantitative-daten> (Zugriff: 22.03.2012)

Stangl, W. (2012): Das Interview <http://arbeitsblaetter.stangl-taller.at/FORSCHUNGSMETHODEN/Interview.shtml> (Zugriff: 22.03.2012)

Stein, A. (2006): Geordneter Raum und öffentlicher Verkehr. Die Rolle des öffentlichen Verkehrs bei der Sicherung nachhaltiger Strukturen am Beispiel des Raumes Dresden. Hamburg-Harburg: LIT Verlag.

Steubing, L. (1999): Belastungen von Boden, Pflanze, Tier und Mensch durch den Straßenverkehr. In: D. Apel (Hrsg.): Verkehr und Umwelt. Wege zu einer umwelt- raum- und sozialverträglichen Mobilität. Bonn: Economca Verlag, 26-61.

Süddeutsche.de (2008): ÖBB verklagen Deutsche Bank <http://www.sueddeutsche.de/geld/riskante-finanzgeschaefte-oebb-verklagen-deutsche-bank-1.600601> (Zugriff: 16.04.2012)

Sußner, C. (2005): Das Experteninterview in der Bildungsforschung. Unveröffentlichte Hausarbeit, Philipps-Universität Marburg.

Teufelberger, U. (2004): Ausgliederungen der ehemals staatlichen Unternehmen British Rail und Österreichische Bundesbahnen : Strukturen im Vergleich. Universität Wien.

The Friedman Foundation For Educational Choice (2011): Milton Friedman's Bio <http://www.edchoice.org/The-Friedmans/Milton-Friedman-s-Bio. aspx> (Zugriff: 28.11.2011)

Ungerböck, L. (2010): Abstellgleis für ÖBB-Nebenbahnen gesucht. In: Der Standard. 24.09.2010. S19.

Ungerböck, L. (2011a): Bahnbetrieb muss für Tunnelbau bluten. In: Der Standard. 10.01.2011. S12.

Ungerböck, L. (2011b): "Bahnen verdienen ihre Infrastruktur nicht" [Interview mit Andreas Meyer]. In: Der Standard,. 25.11.2011. S25.

Ungerböck, L. (2011c): Neue Westbahn fährt mit Bus - und klagt gegen Maut. In: Der Standard. 14.09.2011. S29.

Ungerböck, L. (2011d): ÖBB Güterverkehr wieder zurück auf dem Holzweg. In: Der Standard. Juni 2011. Ö 17.

Ungerböck, L. (2012a): ÖBB-Töchter verlieren Teile ihrer Souveränität. In: Der Standard. <http://derstandard.at/1350258969596/OeBB-Holding-nimmt-Toechter-zur-Brust> (Zugriff: 01.03.2013).

Ungerböck, L. (2012b): ÖBB steigt beim Zusperren auf die Bremse. In: Der Standard. <http://derstandard.at/1350259864207/OeBB-steigt-beim-Zusperren-auf-die-Bremse> (Zugriff: 01.03.2013).

Ungerböck, L. (2012c): Rail Cargo stellt Weichen auf Auslagerung. In: Der Standard. <http://derstandard.at/1350259598529/Rail-Cargo-stellt-Weichen-auf-Auslagerung> (Zugriff: 01.03.2013).

Ungerböck, L. (2013a): "Strenge Mauern" für den Zug zum Binnenmarkt. In: Der Standard. <http://derstandard.at/1358305619102/Strenge-Mauern-fuer-den-Zug-zum-Binnenmarkt> (Zugriff: 27.02.2013).

Ungerböck, L. (2013b): Westbahn will nicht "für Gottes Lohn" fahren. In: Der Standard. <http://derstandard.at/1361241491437/Westbahn-will-nicht-fuer-Gottes-Lohn-fahren> (Zugriff: 01.03.2013).

Vaterlaus, S. und P. Zenhäusern (2011): Regulatorische Trennung von Netz und Betrieb bei der Bahn? In: Die Volkswirtschaft, 4, 2011, 47-50.

VCÖ (Hrsg) (2001): Verkehr fair steuern. Mobilität mit Zukunft. Wien: VCÖ.

VCÖ (2005): Öffentlicher Verkehr mit Zukunft. Wien: VCÖ.

VCÖ (Hrsg) (2010a): Energiewende - Schlüsselfaktor Verkehr. "Mobilität mit Zukunft". Wien: VCÖ.

VCÖ (Hrsg) (2010b): Öffentlicher Verkehr - Weichenstellungen für die Zukunft. Mobilität mit Zukunft. Wien: VCÖ.

VCÖ (Hrsg) (2010c): "Wie Wohnen Mobilität lenkt". "Mobilität mit Zukunft". Wien: VCÖ.

Veit, P. (2012): im Interview mit Hametner Andreas (08.02.2012). Graz.

Vida.at (2011): NEUFASSUNG des 1. Eisenbahnpakets: Vorschlag für eine Richtlinie zur Schaffung eines einheitlichen europäischen Eisenbahnraums (COM(2010)0475) – Serracchiani-Bericht <http://www.vida.at/servlet/BlobServer?blobcol=urldokument&blobheadername1=content-type&blobheadername2=content-disposition&blobheadervalue1= application%2Fpdf&blobheadervalue2=inline%3B+filename%3D%22Infos_zur_Abstimmung_des_RECAST_am_11.10.2011.pdf%22&blobkey=id&root=S03&blobnocache=false&blobtable=Dokument&blobwhere=1315993790898> (Zugriff: 04.01.2012)

Vogel, T. (2011): Hayeks "Verfassung der Freiheit" <http://www.rote-ruhr-uni.com/cms/IMG/pdf/Hayek.pdf> (Zugriff: 23.03.2013)

Weber, U. (2009): Besonderheiten der Verkehrsinfrastrukturfinanzierung. In: Die Volkswirtschaft, 5, 2009, 24-27.

Westbahn Management GmbH (2012): Wer wir sind, wen wir suchen, was wir bieten <https://westbahn.at/unternehmen/ueber-westbahn/> (Zugriff: 06.03.2012)

Willke, G. (2003): Neoliberalismus. Frankfurt/Main: Campus Verlag GmbH.

Winter, S. (2000): Quantitative vs. Qualitative Methoden <http://imihome.imi.uni-karlsruhe.de/nquantitative_vs_qualitative_me thoden_b.html> (Zugriff: 22.03.2012)

Wirtschaftslexikon24.net (2012): Sekundäranalyse <http://www.wirtschaftslexikon24.net/e/sekundaeranalyse/sekundaeranalyse.htm> (Zugriff: 22.03.2012)

Wischeropp, G. (2011): Veolia Verkehr gewinnt E-Netz Rosenheim. In: Regionale Schienen, 1/2011, 18-19.

Wohlgemuth, M. (2010): Mahnungen eines Liberalen <http://www.dradio.de/dkultur/sendungen/lesart/1221193/> (Zugriff: 08.11.2011)

Wolf, W. (2007): Verkehr.Umwelt.Klima. Die Globalisierung des Tempowahns. Wien: Promedia.

World Commission on Environment and Development (1987): Our Common Future. <http://www.un-documents.net/ocf-ov.htm#I.3> (Zugriff: 18.02.2011).

Zeller, C. (2011): Warum die SBB und ÖBB unterschiedlich auf den politisch produzierten Wettbewerbsdruck reagieren. In: Verkehrspolitisches Zirkular - DIE LINKE, 5 Winter 2011/12, 38-56.

Zeuner, B. (1998): Das Politische wird immer privater. Zu neoliberaler Privatisierung und linker Hilflosigkeit. . In: M. Heinrich and D. Messner (Hrsg.): Globalisierung und Perspektiven linker Politik. Münster: Westfälisches Dampfboot, 284 - 300.

Zirm, J. (2010): MÁV Cargo: Der ungarische (Alb-)Traum der ÖBB. In: Die Presse. 06.10.2010. <http://diepresse.com/home/wirtschaft/eastconomist/599860/MV-Cargo_Der-ungarische-AlbTraum-der-OeBB> (Zugriff: 07.03.2012).

Zirm, J. und R. Nowak (2011): Bures: "Ich bin gegen Proporz im ÖBB-Aufsichtsrat". In: Wirtschaftsblatt, 18.08.2011.

www.ingramcontent.com/pod-product-compliance
Ingram Content Group UK Ltd.
Pitfield, Milton Keynes, MK11 3LW, UK
UKHW021906290926
8980IPUK00015B/1096

9 783631 627099